高等职业教育教材

大学生职业素养基础教程

（第二版）

主　编　张英姿

副主编　周　慧　宋秀玲

主　审　赵　伟　韩雪松

中国铁道出版社有限公司
CHINA RAILWAY PUBLISHING HOUSE CO., LTD.

内容简介

本教程主要包括赢在起跑线上、树立责任意识、塑造职业形象、学会有效沟通、培养团队精神、提高求职技能、规划职业生涯和发起职场冲刺等八个模块，各模块前设有“素养提升目标”和“案例引导”，正文根据内容灵活安排了“阅读感悟”等互动内容，模块后有相应的“行动训练”“同步校园活动”“拓展阅读”等内容。书中采用大量案例并配以精彩点评，语言活泼、通俗易懂，具有较强的可读性。本书与《大学生职业素养实训手册》配套使用，项目引导、任务驱动，以学生训练为主体，以学生应具备的素养为本位，围绕相应的实训任务，引导学生通过参加训练，将所思、所感填写在手册上，内化于心、外化于行，达到“润物细无声”的教育效果。

本书适合培养应用型、技能型人才的高职高专院校和应用型本科院校作为大学生素质教育教材，也可作为岗前培训、职工培训教材和参考用书。

图书在版编目（CIP）数据

大学生职业素养基础教程 / 张英姿主编. —2版. —北京：中国铁道出版社，2016. 7（2022. 7重印）

高等职业教育教材

ISBN 978-7-113-20418-1

Ⅰ. ①大… Ⅱ. ①张… Ⅲ. ①大学生-职业选择-高等职业教育-教材 Ⅳ. ①G647. 38

中国版本图书馆CIP数据核字(2015)第105054号

书　　名：**大学生职业素养基础教程**

作　　者：张英姿

责任编辑：金　锋　吕继函　**编辑部电话**：（010）83527746　**电子邮箱**：jinfeng88428@163.com

封面设计：崔丽芳

责任校对：王　杰

责任印制：樊启鹏

出版发行：中国铁道出版社有限公司（100054，北京市西城区右安门西街8号）

网　　址：http://www.tdpress.com/51eds/

印　　刷：三河市航远印刷有限公司

版　　次：2013年8月第1版　2016年7月第2版　2022年7月第7次印刷

开　　本：787mm× 1 092 mm　1/16　**印张**：19.75　**字数**：512千

书　　号：ISBN 978-7-113-20418-1

定　　价：39.80元（含实训手册）

第二版 前言 Foreword

本书自2013年8月出版以来，受到了广大师生、读者的一致好评，截至目前，已经连续印刷4次，总印数近12 000册，在此对广大师生、读者表示衷心的感谢。为了更好地适应高职院校学生素质教育的要求，提高教材对学生的指导效果，我们在广泛收集教师和读者意见的基础上对本教材进行了修订再版。

本次修订以“贴近职场实际　便于学生实践”为宗旨，在保持《大学生职业素养基础教程》教材原版特色、框架结构和内容体系不变的前提下，在语言表达、活动案例、拓展阅读等方面进行了更新和充实。修订的主要内容有：

第一，对第一版中有关排版、编辑、内容等方面存在的纰漏和差错进行订正。通过修订，力求做到概念准确、表述正确。

第二，对有关模块及项目中的“同步校园活动”进行补充。通过补充，力求达到内容全面、强化实操。

修订后的教材依旧注重结合社会需要和企业用人需求，立足于帮助学生实现从“准职业人”向“职业人”的平稳过渡，保持了第一版突出的特色：

一是遵循成长历程。书中八个模块是以大学阶段为时间轴，按照学生的成长轨迹而编写，囊括了从学生入学开始到走向职场的全过程。

二是内容全面充实。教材内容涉及理想教育、感恩教育、责任感教育、礼仪、沟通、团队等多个方面，全方位提高学生的基本素养和能力。

三是案例丰富新颖。书中使用了大量生动活泼、发人深省的案例，其中很多是编者结合学生校园、职场的学习、生活和工作实际编写的，针对性和指导性较强。

四是力求“知行合一”。在每个项目后面都设计了“行动训练”环节，帮助学生在活动中体验，在体验中总结，在总结中升华。

本书修订的前期准备工作是由黑龙江交通职业技术学院职业素养教研室教师根据教材使用反馈意见、学生使用情况调研和研讨逐步梳理而成，再版后的教材仍由黑龙江交通职业技术学院老师编写审定。张英姿任主编，周慧、宋秀玲任副主编，赵伟、韩雪松任主审。参编人员有：魏春艳、庄鑫、赵琪、陈瑞雪、王若蓬、李艳武、蒋玉宝、徐威、吴垠锋。孟翔越、周贺、杜月、宋越、栗崧航、谭亚男在礼仪图片拍摄和制作方面做出了贡献。

希望修改后的教材依旧是广大青年学生喜爱的教材和素质教育教师的好帮手，为促进职业院校素质教育体系的专业化、精品化做出更大的贡献！

由于编者水平所限，书中难免仍有疏漏和不妥之处，敬请广大读者提出宝贵意见，以便做进一步的修订。

编　者

2016年2月

第一版 前言 Foreword

党的十八大报告中指出："把立德树人作为教育的根本任务，培养德智体美全面发展的社会主义建设者和接班人。"教育部在《关于提高高职教育教学质量的若干意见》中提出："高等职业院校要坚持育人为本，德育为先，把立德树人作为根本任务。重视培养学生的诚信品质、敬业精神、团队精神和责任意识、遵纪守法意识，培养出一批高素质的技能型人才。"

高等职业教育是一种以培养生产、建设、管理、服务第一线需要的高技能专门人才为目标的高等教育类型，以立德树人为根本任务的人才培养是高等职业教育的使命，培育职业素养是高等职业教育的第一要务。这就是说，高等职业院校培养出的人才不仅要有高超的技能，而且要有深厚的素养，要二者兼备；高等职业教育的人才培养目标决定了高等职业院校必须重视对学生职业基本素养的培育。高等职业教育培养出的学生不仅要"成才"，更要"成人"。

本书正是编者结合社会需要和企业用人需求，为职业院校学生量身打造的旨在提升学生职业素养的基础教材，借以帮助学生顺利地从校园人成长为一名优秀的职业人。

本书在编写过程中力求突出以下几方面特色：

一是遵循成长历程。书中八个模块是以大学阶段为时间轴，按照学生的成长轨迹编写，囊括了从学生入学开始到走向职场的全过程。

二是内容全面充实。教材内容涉及理想教育、感恩教育、责任感教育、礼仪、沟通、团队等多个方面，全方位提高学生的基本素养和能力。

三是案例丰富新颖。书中使用了大量生动活泼、发人深省的案例，其中很多是编者结合学生校园、职场的学习、生活和工作实际编写的，针对性和指导性较强。

四是力求"知行合一"。在每个项目后面都设计了"行动训练"环节，帮助学生在活动中体验，在体验中总结，在总结中升华。

全书主要包括赢在起跑线上、树立责任意识、塑造职业形象、学会有效沟通、培养团队精神、提高求职技能、规划职业生涯和发起职场冲刺等八个模块，各模块前设有"素养提升目标"和"案例引导"，正文根据内容灵活安排了“阅读感悟”等互动部分，模块后有相应的“行动训练”“同步校园活动”“拓展阅读”等内容。书中采用的大量案例并配以精彩点评，语言活泼、通俗易懂，具有较强的可读性。

在使用本书和手册时，建议分四个学期展开教学，如第一学期开展模块一、模块二、模块三教学；第二学期开展模块四、模块五教学；第三学期开展模块六、模块七教学；第四学期展开模块八教学，并进行就业实习指导。在教学过程中，宜采用“以项目为引导、用任务来驱动”的方式，以学生的训练为主体，以素质为本位，帮助学生将素质内化于心，外化于行。与此同时，教师可以打破常规，采用活动式、体验式的教学方式，并结合教学内容，灵活运用行动体验法、成果展示法、案例引导法、感受交流法和情景演示法等教学方法进行教学，增强教学效果。

本书由黑龙江交通职业技术学院老师编写审定。张英姿任主编，周慧、宋秀玲任副主编，赵伟、韩雪松任主审。参编人员有：魏春艳、庄鑫、赵琪、陈瑞雪、王若蓬、李艳武、蒋玉宝、徐威、吴垠锋。孟翔越、周贺、杜月、宋越、栗崧航、谭亚男在礼仪图片拍摄和制作方面做出了贡献。

本书在编写过程中得到了黑龙江交通职业技术学院领导的大力支持和帮助，也得到了各院校同仁和专家的关心和指导，在此一并向他们表示衷心的感谢！本书在编写过程中还借鉴和参考了许多专家、学者的理论和观点，并引用了一些教材、文献资料及同行的案例，这里不能一一注明，在此也向他们致以衷心的感谢！

希望本书能够成为大学生所喜爱的教材和素质教育教师的好帮手，为促进职业院校职业素质教育体系的专业化、精品化做出贡献！

由于编者水平所限，书中难免有疏漏和不妥之处，敬请广大读者提出宝贵意见，以便做进一步的修订。

编　者

2013 年 6 月

目录 Contents

模块一

赢在起跑线上

素养提升目标： 1. 适应大学生活，确立学业目标；

2. 具备自我设计和自我管理能力。

项目1　适应大学生活，聚力崭新起点

案例引导

四个值得品味的小故事

故事一　宽容

一只小猪、一只绵羊和一头乳牛，被关在同一个畜栏里。有一次，牧人捉住小猪，它大声嚎叫，猛烈地抗拒。绵羊和乳牛讨厌它的嚎叫，便说：“他常常捉我们，我们并不大呼小叫。”小猪听了回答道：“捉你们和捉我完全是两回事。他捉你们，只是要你们的毛和乳汁，但是捉住我，却是要我的命呢！”

案例启示　立场不同，即使是所处环境相同的人，也很难了解对方的感受，因此对别人的失意、挫折、伤痛，不宜幸灾乐祸，而应要有关怀、理解的心情和宽容的心。

故事二　靠自己

小蜗牛问妈妈：“为什么我们从生下来，就要背负这个又硬又重的壳呢？”

妈妈：“因为我们的身体没有骨骼的支撑，只能爬。但我们爬得又不快，所以要这个壳的保护！”

小蜗牛：“毛虫姐姐没有骨头，也爬不快，为什么她却不用背这个又硬又重的壳呢？”

妈妈：“因为毛虫姐姐能变成蝴蝶，天空会保护她啊。”

小蜗牛：“可是蚯蚓弟弟也没骨头，爬不快，也不会变成蝴蝶，他为什么不背这个又硬又重的壳呢？”

妈妈：“因为蚯蚓弟弟会钻土，大地会保护他啊。”

小蜗牛哭了起来：“我们好可怜，天空不保护，大地也不保护。”

蜗牛妈妈安慰他：“所以我们有壳啊！”

案例启示　不靠天，也不靠地，只有靠自己。

故事三 鲨鱼和热带鱼

曾有人做过实验，将一只最凶猛的鲨鱼和一群热带鱼放在同一个池子里，然后用强化玻璃在中间隔开。最初，鲨鱼每天不断冲撞那块玻璃，奈何这只是徒劳，它始终不能游到对面去。因为实验人员每天都会放一些鲫鱼在池子里，所以鲨鱼并不缺少猎物。然而它仍想到对面去，想尝尝那美好的滋味。这只鲨鱼每天仍是不断地冲撞那块玻璃，它试了每个角落，每次都是用尽全力，但每次都会伤痕累累，甚至浑身破裂出血。就这样持续了好一段时间，每当玻璃出现裂痕，实验人员马上加上一块更厚的玻璃。后来，鲨鱼不再冲撞那块玻璃了，对那些斑斓的热带鱼也不再兴致勃勃，好像他们只是墙上会动的壁画。它开始等着每天固定会出现的鲫鱼，然后用他敏捷的身手进行狩猎，好像又恢复了海中不可一世的霸气。但这一切只不过是假象罢了，实验到了最后的阶段，实验人员将玻璃取走，但鲨鱼却没有反应，每天仍是在固定的区域游着，它不但对那些热带鱼视若无睹，甚至于当那些鲫鱼逃到那边去，他就立刻放弃追逐，无论如何也不愿再过去。实验结束了，实验人员讥笑它是海里最懦弱的鱼。

案例启示 永远不要畏惧，更不要轻易放弃。

故事四 钓竿

有个老人在河边钓鱼，一个小孩走过去看他钓鱼，老人技巧纯熟，所以没多久就钓上了满篓的鱼，老人见小孩很可爱，要把整篓的鱼送给他，小孩摇摇头，老人惊异地问道："你为何不要？"小孩回答："我想要您手中的钓竿。"老人问："你要钓竿做什么？"小孩说："这篓鱼没多久就吃完了，要是我有钓竿，我就可以自己钓，一辈子也吃不完。"我想你一定会说：好聪明的小孩。错了，他如果只要钓竿，那他一条鱼也吃不到。因为，他不懂钓鱼的技巧，光有鱼竿是没用的，因为钓鱼重要的不在于"钓竿"，而在于"钓技"。

案例启示 有太多人认为自己拥有了人生道路上的"钓竿"，再也无惧路上的风雨，如此，难免会跌倒于泥泞地上。就如小孩看老人，以为只要有钓竿就有吃不完的鱼，就像职员看老板，以为只要坐在办公室，就有滚滚而进的财源。

知识提升

一、鸟瞰象牙塔

当我们背上理想的行囊，带着家长的殷切期望和社会的重托，充满好奇地走进美丽的象牙塔时，这意味着我们已经站在人生的新起点，即将开始新的人生旅途。如何迈出第一步，如何度过大学生活，是大学新生面临的现实问题。

进入大学，有幽美的校园环境、宽敞明亮的教室、设施齐全的运动场、现代化的图书馆等，一切都让人感到陌生而新奇，这是我们憧憬的大学生活，我们将要在此开始新的奋斗历程。

学分制、选课制等，一切都和高中时代不一样了。

大学也采用集中授课制，但不一定在固定的教室，与固定的同学一起上课；大学也有课表，也有作息时间表，但还是有相当大的自由空间，需要合理规划和安排；大学也有班主任或辅导员，但他或她不会与你朝夕相处，时时陪护，他或她会在生活、学业乃至职业发展上给予你细心的指导；大学老师也逐堂讲课，但在教育过程中更加注重引导，强调技能与素质并重，授课与自学并行，老师很可能不会堂堂课程布置作业，即使有，也不必照搬照抄，而需要创造性地完成；大学也有课余文化生活，但可以选择的范围更加宽广，其目的都是为了锻炼能力、完善自我。上大学后也会回家，但却不是一天一次或一周一次，而是几个月一次，需要自己打理自己所有的生活；上大学后不再是孩子，已经是成年人，需要独立生活，独立学习，独立思考，独立规划自己的未来，对自己和他人负责。

总的来说，大学阶段相对高中阶段，培养目标更高，学习生活内容更丰富，自由度更大，更需要大学生好好规划大学生涯，有效地进行自我管理。

二、探索象牙塔

读大学，究竟读什么？

是知识吗？

现在是一个知识爆炸的时代，知识的更新日新月异，知识的淘汰率很高。有人说大学毕业生每年知识淘汰率是 20%，也就是说，他在大学里学到的知识每年将被淘汰掉 20%。如果这个大学生没有及时充电再学习，那么五年之后，他和一个普通的、没上过大学的人是差不多的。其实我们在学校里学到的知识在社会上最多能用到 20%，另外 80% 都得靠社会实践和再学习积累。

是方法吗？

大学生一走出校门，不管是做学问、搞经营，还是走仕途，都要面对瞬息万变的社会：不断更新的专业知识；不断进步的价值观念；不断变化的生存环境。那么，什么才是应对变幻莫测的大千世界的金钥匙呢？有人认为，掌握了良好的学习方法和解决问题的方式的大学生，就能做到一专多能、一通百通，就不会沦落为学无所长、学无所用的“啃老族”。可是，科技发展日新月异，解决问题的方法也不能一成不变。用老眼光看新问题，用旧瓶子装新酒，都是不行的。

大学是从学生转变为社会人的最后一个加油站，因此，读大学，最重要的是提高自己的职业素质和就业能力，学会做人，学会做事，学会独立生活，为走向社会打好基础。

1. 学会认知

学会认知，主要包括两个方面：一是专业学习和普通文化学习相结合，互相促进，共同发展；二是学会运用注意力、记忆力和思维能力来学习，善于运用系统科学方法论。

学习知识的同时学会如何学习，如何认真把握学习的方向，如何利用学校教育来开发自己的潜力，增进知识，增强解决问题、创造与批评思考的能力。

大学学习的目的在于培养高等专业人才，除了专业知识的传承之外，更重视学生独立思考、独立判断能力的培养。大学的培养方案中要求学生对课程及书本内容进行认识、理解、分析、整理、综合及应用，完成一个立体的培养训练计划。因此，学会掌握良好的学习方法，将是大学生们在大学中重要的课题。

2. 学会做事

学会做事，即积极探索、努力实践所学知识，有意识培养多种实践能力。学会做事主要包括参加社团工作、科学进行时间管理和健康管理等，全面提升自身组织、行动、管理及策划能力，规划好大学生涯。

社团工作是大学学习生活的重要组成部分。合理规划社团工作，有助于提升自己的各项素质和能力，为未来的职业发展增加筹码。科学的时间管理和健康管理，既是大学学习生活的重要内容，也是提高学习效率的重要保障。大学生活是十分短暂的，如何充实大学学习生活，将是大学生涯规划第一步。

人的一生就是进行尝试，尝试得越多，生活就越美好。

——爱默生

3. 学会共同生活

学会共同生活，也就是学会设身处地去理解他人，从而消除彼此间的隔阂、偏见与敌对情绪，和周围人群友好相处，并且要培养具有为实现共同的目标与计划而团结合作的精神。

大学是一个全新的环境，对于一个新生而言，面对陌生的校园、陌生的老师和同学，必须尽快适应新生活，学会与他人和谐相处。因此，独立生活的能力、处理人际关系的能力、团队合作的能力显得尤为重要。只有重视这些能力的培养，大学阶段的学习和生活，才是富有意义且有成就的。

4. 学会生存

学会生存，目的是能获得良好的职业发展。大学期间，积极参与社会实践，发展自我兴趣爱好，不断提升自身综合素质，也就获得了未来职业发展的通行证，就有了生存的本钱。

学会生存，主要包括的内容有：注意全面发展，即身心、智力、敏感性、审美意识、个人责任感、价值观念等方面的发展；要有个性、自主性和首创精神，这一切都是进行创造和革新的保证；学会掌握改变自己命运所需的基本能力，即思考、判断、想象、表达、情绪控制和社会交往等方面的能力，这些能力既是个人为完善自身的个性所需要的，也是作为社会成员发挥自主性和首创精神进行革新与创造的保证。

生活得最有意义的人，并不是年岁活得最大的人，而是对生活最有感受的人。

——卢梭

三、上好第一课

军训是大学生入学以后接受的一次特殊教育。军训在军事集体中进行，每个成员在个性差异下交往、融合，个体就能在精神上大大丰富起来，在智能上更快地成熟，也能更快练就坚毅的品质。

大学生军事训练是根据《中华人民共和国兵役法》《中华人民共和国国防教育法》及《中共中央国务院关于深化教育改革全面推进素质教育的决定》，围绕国家人才培养的长远战略目标和国防后备力量建设的需要，对大学新生开展的一项带有强制性的训练。通过训练，促使大学生履行兵役义务，接受国防教育，激发爱国情感与集体主义精神，增强国防观念与组织纪律观念，磨炼吃苦耐劳的精神与坚韧不拔的意志，为培养社会主义事业的建设者和接班人打好基础。

下面我们通过几个案例来看看大学生通过军训应该收获些什么。

案例1-1 把遵守纪律当成一种自觉行为

军人是不可以违反纪律的，如果你不能遵守这些严格得甚至有些过分的纪律，那剩下的路就只有一条——赶紧离开。

在一个公园里，一群小孩正在玩打仗的游戏。一个小孩被派为哨兵站岗，扮演军长的小孩命令他不准擅自离开，他就一直在那儿站着。

后来，孩子们玩累了各自回家去了，就把他一个人忘在那儿站岗。天色已晚，站岗的小孩哭了起来。公园管理员寻着哭声跑过来，让他赶快回家。

“我是哨兵，我要服从军长的命令，军长命令我不得擅自离开，因此我不可以走！”孩子倔强地说。

公园管理员想了想，站直了身子，正色地下令道：“哨兵同志，我是司令员，现在我命令你立即回家！”

小孩听到命令后，这才高高兴兴地回家去了。

点评 也许你会认为这个故事很可笑，但故事中孩子对“纪律”的遵守、对“军长”的服从、对“哨兵”职责的忠诚，却不得不说是对军人的纪律和职责最完美的诠释。

案例1-2 把追求结果当成执行任务的最大动力

在一次有很多企业老总参加的管理沙龙上，主持人做了一个实验，要求参与人员在20分钟内，将一份紧急材料送给某报社社长，并请他在回条上签字。主持人特别申明：谁都不能拆开看手中的材料。

在这次测验中，有一名参会人员大胆地打开了资料袋，发现里面竟然什么都没有，是个空信封，随后还提出了若干批评意见。主持人问各位受邀嘉宾：“作为一名执行者，你认为这位先生的做法对不对？”

在场老总的回答内容虽然各不相同，但几乎所有的人都表示：“打开信封是不对的，决不能看。”

点评

作为一名执行人员，我们需要激情，在接到任务后，就应该想着该怎样去完成它。如果你在一开始对任务就充满了怀疑，不管怀疑大小，团队的目标都是很难实现的。

在实现执行目标的过程中，无论领导的决策是否正确，你首先要做的，就是坚决执行，这是第一位的。第二，你要问清楚要你做的事，以及可以提供的支持是什么。第三，你不管做成什么样，都必须将结果反馈给领导。这一点非常重要，因为一个领导层，其决策的对错是需要经过实践来检验的，所以不管能否最终完成，你都得积极行动起来。

行动训练

训练一 “破冰行动”

训练要求：

（1）以方阵为单位，所有参与者排成两个同心圆，随着歌声同心圆反方向转动，歌声一停，面对面的两人要相互握手并进行自我介绍（介绍的内容包括：姓名、来自哪里、性格特点、个人兴趣爱好、家庭情况，以及个人愿意让对方了解的有关自我的信息，还可以用手机合影留念）。

（2）歌声再起时，继续转动，在间歇停止的过程中会结识很多新朋友。歌曲结束时每个成员面对的人就是自己的伙伴，形成二人小组，各自做自我介绍，然后漫谈几分钟。当对方自我介绍时，倾听者要全身心地投入，通过语言与非语言的观察，尽可能多地了解对方。

训练二 “爱好碰碰碰”

训练要求：

（1）训练前准备好高台和一块“爱好碰碰碰”展示板，并提供书写工具。“爱好碰碰碰”展示板如下图所示。

喜爱玩电脑的人： 	热爱看书的人： 	热衷于唱K的人： 	爱好画画的人： 
善于表达的人： 	喜欢结交朋友的人： 	爱笑的人： 	对数学在行的人： 
长于思考的人： 	有责任感的人： 	爱好运动的人： 	经常奇思妙想的人： 

（2）训练时请每位同学在板上选择一个最符合自身特点的区域，将名字写在区域内，然后到高台上进行演讲（演讲内容可以介绍姓名、来自哪里、兴趣爱好、此时此刻的心情等），时间不超过1分钟。

项目2 融入大学生活，实践科学规划

案例引导

命运掌控在自己手中

戚霖，某大专院校优秀毕业生，毕业后顺利进入某知名企业，目前已经成为部门里的业务骨干。

戚霖对大学的学习和生活有充足的心理准备，从未后悔过当初的选择。刚一入学时，他没有像有些同学那样，抱怨“时运不济”，胡思乱想，把时间浪费在上网、玩游戏、聊天上。他坚信，成功要靠自己去把握，历经磨炼，才能成才。

于是，他给自己定了三个目标：第一，在毕业前拿到自考本科文凭；第二，积极参加学校各类活动，争取担任学生干部，在为同学服务的同时锻炼提高自己；第三，积极向党组织靠拢，通过自己的优异表现加入中国共产党。以上三个目标，在大家看来会显得实际，甚至有些功利，但正是如此清晰的目标，指引他走向了学业生涯的成功。他说：“人不应该好高骛远，但不能没有目标；通过努力可以实现的事情就是我的目标，而这些目标的实现是有助于我将来踏入社会，顺利就业的。”

他给自己设定清晰的目标以后，是如何实现的呢？

首先，他始终保持着专业成绩名列前茅。大学期间的六个学期，他有五个学期都是综合成绩第一，每年都获得学校的奖学金。他也是同年级学生中最早一批通过英语四级考试的，在别的同学“享受生活”的时候，他却在背英语单词。他参加了本科专业的自学考试，毕业时顺利拿到了本科文凭。

其次，在班集体中，他热心帮助同学，主动承担班级的各种工作，真诚的行动得到了同学们的认可，很快被推选为班长，并一直任职到大学毕业。同时，他积极参加学校的各类活动，比如“新生晚会”“职业生涯规划大赛”“专业技能竞赛”“校园文艺之星”等。他的专业技能得到了不断的提升，综合能力日渐提高，并获得了多个院系级和省市级奖项。

特别是，在大学期间，他热衷于文书稿件的撰写，选修了应用文写作课程，还保持经常练字的好习惯。毕业的时候，他的一手好字和不断被发表的新闻稿件成了其就业后发展进步的优越条件。

回首往事，他说人生最重要的就是任何时候都不要气馁，要给自己确立目标，要付出努力，要耐得住寂寞、经得起诱惑，决定的事情一定要坚持，不管面对多少困难，也要将自己的命运牢牢掌控在自己的手中，未来才会更加美好。

案例启示

不讳于梦想，不怠于目标，才能无愧于人生。每一次努力，最终绘成梦想的蓝图。

知识提升

一、树立志向，明确目标

1. 树立远大的志向

志向即人生的远大理想。在中学阶段，学生的未来目标是非常具体的，对自己的志向没有切实而明确的思考，但到了大学阶段就必须认真思考直至形成成熟的思想，然后去追求它、实现它。

有了物质，人才能生存；有了理想，人才能生活。生存与生活有什么不同呢？动物是生存，而人则应该生活。

——雨果

有人提出了三大黄金定律。第一，找出十个生命中最重要的价值观：理想、诚实、正直、财富、自由、健康、快乐、名誉、成就、爱情等；第二，按重要性优先级从1~10排序；第三，针对前三项重要性，询问自己：这些价值被实现后，对自己有什么意义？若不能实现，会给自己带来什么样的痛苦？人生的目的有可行性吗？

对财富、官职、学问、爱情的追求，不能只顾自己，不顾家庭、他人和社会，这是在立志时要考虑的。弗洛伊德认为人有“本我”“自我”和“超我”三层意义。作为大学生既不能囿于“本我”的自然境界，也不能止于“自我”的功利境界，而是要通过思想品格的修炼，超越“自我”，达到高尚的道德境界乃至天地无私的崇高境界。只有这样，我们的人生目标才会高远，学习的动力源泉才会永不枯竭。它使你生涯知所趋赴，使你的学习永葆激情活力。

德国哲学家雅斯贝尔斯在谈及大学观念时，也明确地强调这一点，他说：“大学应始终贯穿这一思想观念：即大学生应是独立自主、把握自己命运的人。他们有选择地去听课，聆听不同的看法、事实和建议，为的是自己将来去检验和决定。真正的大学生能主动地替自己定下学习目标，善于开动脑筋，并且知道工作意味着什么等，这是一种精神上的升华，每一个人都可以感受到自己被召唤成为最伟大的人。”

2. 设定明确的目标

志向或理想是相对于人生而言的，是远大的、最终的目标。为实现自己的理想，在人生的不同阶段要设定不同的具体目标。

明确目标在大学生涯设计中是非常关键的，离开目标的设定就谈不上生涯的设计。切实的目标能使我们分清轻重缓急、脚踏实地、把握现实；合理的目标能使我们产生积极的心态，催人奋进，翘首未来；高尚的目标能使我们看到使命，担起责任，造福人类……

大学生在设定奋斗目标时，要注意以下几点：

第一，目标对于我们至关重要，努力学习是设定目标并达到目标的基础。美国在20世纪60年代有一个调查，被调查的1万人中，有97%的人没有设定目标，只有3%的人设定并达到了目标，而且世界上也只有3%的人是最为优秀和杰出的。由此可见，设定目标对于人生是多么重要！

第二，设定目标必须坚持高标准，并以积极的心态去实现目标。有句名言说得好，“每个人都有走向成功的权利，但是我们逐渐降低了成功的标准，于是我们甘于平庸”。每个人的自身条件确有悬殊，但关键是要做好自己，如果我们不甘平庸，那么我们就必须改变自己、完善自己，大多数的成功也就是从改变自己开始的。

第三，围绕大学目标的实现选择合适的路径，提出自己在思想、学习、工作、生活、能力培养方面的具体措施与行动计划。从方法上来说：一是要适时调整大学目标的内容、规格和质量标准；二是要以学校为导向，要充分利用学校提供的教育教学资源和老师的指导，使自己不断丰富、不断提高；三是要以专业为依托，认识专业是立足社会的基石，充分把握所学专业的内涵与外延；四是要以周围优秀同学为参照，大学毕业之后，无论是选择继续深造，还是选择就业，都应该寻找一个与自己有相同点的学长或同学（也可以是某方面的成功者）作为典型进行参照，取长补短，从而使路径的选择更为理性，计划的执行更加坚决。

在世界上出人头地的人，都能够主动寻找他们要的时势，若找不到，他们就自己创造出来。

——萧伯纳

二、瞄准目标，规划管理

（一）清晰的学业规划

刚刚踏进大学之门，常常会觉得毕业遥遥无期，这样就会因为缺乏紧迫感而浪费了许多时间。如果采用倒推法，把大学生涯目标分解到每个年级，就能够深刻体会到大学时间的紧迫和任务的艰巨。

比如，2012级的学生是2015年毕业，实际上在2014年就要面临求职的压力，这时必须具有证明自己学识、能力的各种证书、证件，如英语等级证书、计算机证书、岗位技能证书及各类获奖证书等。以英语等级考试为例，由于从考试到拿到证书最快也要两个月的时间，如果想在求职时用英语等级证书为自己加分，那么，最迟要在2014年5月通过考试，7月份拿到证书，才能用于下半年的求职招聘。仔细推算一下就会发现，毕业前，参加英语考试的机会只有三次，即2013年上半年和下半年各一次，2014年上半年一次。仅一个英语等级证书就已经如此紧迫，同时还要考取其他各种重要的证书，你会发现大学的时间非常紧迫，我们的青春并不是可以无限透支的。

作为一个面向未来的人，大学生要着眼于今后事业的长远发展，规划自己，管理学习。规划学业时，要把自己想干什么、能干什么、社会要求干什么有机地结合起来，分析所在的环境，包括社会发展趋势、行业岗位需求、学校提供的学习资源、家庭环境为自己提供的条件等客观实际，根据自己的价值观、个性、兴趣、能力特长等特点制定学业目标、行动方案和学业策略，以便于发挥自己的潜能和优势，实现个人职业素养的快速提升。

在制定学业规划过程中，需明确在大学的这几年中要完成几个阶段目标，例如考取省级英语A级证书、拿到计算机二级证书、通过职业技能鉴定并获得职业资格证书等等。学业阶段目标制定出来以后，要进行分解，如按时间段可分为年度学习目标—学期学习目标—月学习目标—周学习目标—日学习目标，也可按照职业需要的素养制定基层目标。例如某学院物流专业学生小李英语学习目标制定见下表。

清晰的目标可以保证学业管理落实到学习生活的每一天，确保学业管理的严格执行。然而，很多学生制定了学业规划，却束之高阁或虎头蛇尾，学业规划不能实施或实施后不能持久，最终无法实现既定的学业目标。其实学业规划只是蓝图，要想实现宏伟的蓝图，我们必须保持积极的心态，增强动力和执行力，进行知识储备，才能为今后设计出科学的职业生涯规划奠定基础。

在校期间年度学习目标	学期学习目标			自我检验
第一学年通过英语A级考试，能用英文进行简单交流	第一学期：为英语A级考试做充分准备，英语期末考试成绩达到90分以上	9月份：每天熟记10个单词，做1个阅读理解，每周三次20分钟的听力	第一周：记住英语教材1、2单元单词，并能默写、听懂课文，完成配套练习	记忆单词量达标，课文默写尚未达到预期，听力仍需加强，周末增加学习时间
		10月份：争取参加英语类社团，增加英语交流的机会	第三周：……	
		11月份：……		
	第二学期：过A级	4月份：每天做4个阅读理解	第一周：……	
		5月份：每天听半个小时的听力		
		6月份：参加考试		
第二学年……	……	……	……	……

（二）科学的时间管理

时间是一种特殊的资源，它的供给毫无弹性，每天就是24小时，我们无法开源；它不能被蓄积，我们无法节流；它无法失而复得，所以我们无论花费多大的代价，都挽回不了失去的时间；不论做什么事情，时间都是必须被消耗的资源，因此，它又是不可替代的。

1. 学会时间管理

人生最宝贵的两项资产，一项是头脑，一项是时间。无论你做什么事情，即使不用脑子，也要花费时间。没有时间，计划再好，目标再高，能力再强，也是空的。因此，管理时间的水平高低，会决定你事业和生活的成败。

“一寸光阴一寸金，寸金难买寸光阴。”中国人在早期就已经认识到时间管理的重要性了。“人生有涯”更是将时间管理与人的生命相提并论。孔老夫子也曾经站在河边对着湍急的江水喟然长叹：“逝者如斯夫，不舍昼夜！”

西方的管理大师也都对时间管理高度重视。彼得·杜拉克就曾说：“时间是最高贵而有限的资源。”

迁延蹉跎，来日无多，二十丽姝，请来吻我，衰草枯杨，青春易过。

——莎士比亚

2. 时间管理方法

时间管理比你想象的更重要，因为我们的时间比我们想象的要少得多。面对时间，有的人怨天尤人，老是抱怨时间不够用；有的人却能轻松驾驭时间，取得生活和事业上的成功。对于我们每个人而言，同样是每天 24 小时，为什么有的人安排得井然有序，应对自如；而有的人从早忙到晚，废寝忘食，却依然有忙不完的事情。究其原因，效率是其中的一个重要因素，而效率的背后却是时间利用的差异，也就是时间管理的效能。只有管理好时间，才能把工作做好、把生活的方方面面安排好。

那么如何才能管理好时间呢？让我们运用时间管理四象限法则，按照事件的重要性和紧急性进行分类，科学分配时间，高效处理问题。

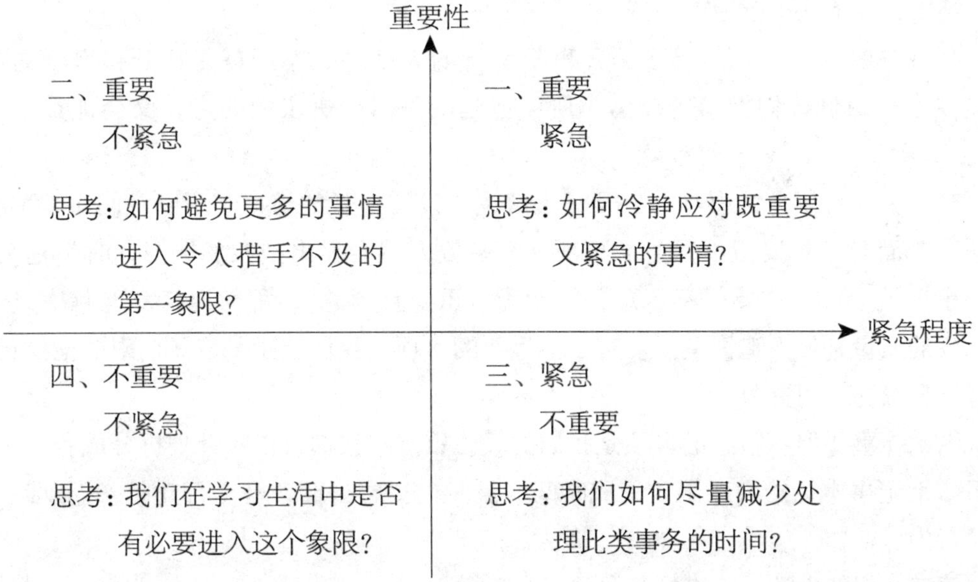

第一象限：如即将到来的考试，一周后要交的实验报告、作业等。

第二象限：如建立人际关系、期末考试、有规律的复习、锻炼身体等。

第三象限：如不速之客、电话铃声、赶火车等。

第四象限：如无节制地看电视、睡觉、玩游戏、打扑克、逛街等。

现在同学们不妨回顾一下你上周的学习、工作和生活，你在哪个象限花的时间最多？我们可以兼顾紧急与重要程度，把每日待处理的事项分为以下三个层次：（1）今天“必须”做的事（即最为紧迫的事）；（2）今天“应该”做的事（即有点紧迫的事）；（3）今天“可以”做的事（即不紧迫的事）。

总而言之，高效时间管理的核心是：先轻重，后缓急，要事第一。也就是说，在考虑做事的先后顺序时，应该先考虑事情的“轻与重”，再考虑事情的“缓与急”。那么，要做好时间管理需要哪些小技巧呢？

第一，借助记事本。

可能你以前从来没有管理过自己的时间，一下成为高效能人是不太容易。我们需要从现在做起，循序渐进。

准备一个大小适中，可以随身携带的记事本。将能想到的事情按轻重缓急进行分配，然后在记事本上进行明确的标注（这是计划的雏形）。

每天要求自己尽量遵从记事本的安排内容做事。如果有变化，用其他颜色的笔记录实际行动，然后定期检查自己的行为，分析哪些实际行为是不可取的，哪些改变是合情合理的。

经过一段时间的磨合，我们的计划会越来越合理，而我们也会觉得自己不再每天都忙得焦头烂额，但是什么收获都没有。

第二，杜绝拖拉行为。

明日复明日，明日何其多？凡事都留待明天处理的态度就是拖延，拖延的习惯最能损害及减低人们做事的动力。所以拖延既是阻碍进步的恶习，又会加重生活的压力。

对于重要且紧急的事项，必须马上解决，没有拖延的借口，所以我们通常都会速战速决。而对于重要但不紧急的事项，大多数人就会显出拖拉的恶习，时间拖久了，这些事项就会由“重要但不紧急”转变为“重要且紧急”，那时再慌乱地解决只会影响完成的质量，使人追悔莫及。对于不重要的事项，我们鼓励采取无期限的拖拉行为，以节省宝贵的时间资源。

因此，重要但不紧急的事项是我们的关注重点。我们可以将计划拆分成若干小块，然后借助记事本，给自己限定完成时间并且时刻提醒自己，马上行动起来，以此杜绝拖拉行为。

第三，保持生活、工作的正常秩序。

如前所述，一个人如果办公桌上乱七八糟，他平均每天会为找东西花一个半小时，每周要花七个半小时。

如果这个现象也经常发生在你的身上，那么接下来，你首先要清理一下周边的环境。没有用的物品要及时处理掉；有用的物品按类存放；经常使用地放在容易取得的位置，并做好标记；使用过后要及时放回原位。摆放物品时，在方便的前提下，尽量满足自己的审美观，使自己不论是在工作还是生活中都能得到美的享受，保持愉快的心情。

第四，充分利用零散时间。

我们经常会整段整段地划出时间来处理重要且紧急的事情，大多数人在完整时间区段中均会认真投入工作，但是他们却容易忽略零散时间的重要性，以为零散时间无关紧要，因而零散的时间总是得不到足够的重视。因此，这些时间就会在我们的指间悄悄溜走。

比如，我们在一天当中会有很多等待时间：在车站等公交车、两个会议之间的短暂间隔、在食堂排队打饭、在超市排队结账等，如果能够把这些零散的时间利用起来，我们能获取很多信息。我们可以随身携带资料，随时翻阅，比如查收邮件、背诵单词、打回访电话等。

第五，学会说“不”。

有些时候，我们经常会因为外界因素的干扰，使得自己原本已经安排好的时间受到极大的影响。为了避免这种情况的出现，我们应该有勇气用智慧向别人说“不”。

案例1-3 生命中的鹅卵石

在一次时间管理的课上，教授在讲桌上放了一个装水的瓶子，然后又从桌子下面拿出一些拳头大小，正好可以放进瓶子的鹅卵石。当教授把石块放完后，问他的学生：“你们说这瓶子是不是满的？”

“是！”所有的学生异口同声地回答说。

“真的吗？”教授笑着问，然后再从桌底下拿出一袋碎石子，把碎石子从瓶口倒下去摇一摇，再加一些，于是再问班上的学生：“你们说，这瓶子现在是不是满的？”这回他的学生不敢答得太快了。最后，班上有位学生怯生生地答道：“也许没有满。”

“很好！”教授说完后，又从桌下拿出一袋沙子，然后把沙子慢慢倒进瓶子，倒完后再问班上的学生：“现在你们告诉我，这个瓶子是满的呢？还是没满？”“没有满。”全班同学这下学乖了，大家都很有信心地回答。“好极了！”教授再一次称赞这些学生们。教授从桌子底下拿出一大瓶水，把水倒入看起来已经被鹅卵石、小碎石、沙子填满了的瓶子。

这些事都做完后，教授正色地问班上的同学：“我们从上面这些事情学到了什么重要的道理？”

班上一阵沉默，然后一位自以为聪明的学生回答说："无论我们的工作多忙，行程排得多满，如果要逼一下的话，还是可以多做些事的。"这位学生回答完后心中很得意地想："这门课到底讲的是时间管理啊！"

教授听到这样的回答后，点一点头，微笑道："答案不错，但这并不是我要告诉你们的重点。"说到这里，这位教授故意顿住，用眼睛向全班同学扫一遍后说："我最想告诉各位的是：如果你不先将大的鹅卵石放进瓶子去，你也许以后永远没机会把他们再放进去了。各位有没有想过，什么是我们生命中的鹅卵石？"

点评 鹅卵石代表着我们最重要的选择。每个人心目中一定都有不同的鹅卵石，选择错误，生命就留下了缺憾。

（三）合理的生活管理

1. 学会生活

高中生的大部分时间和精力都用在学习上，生活上的事情绝大多数由父母包办打理，从吃饭、洗衣服到理发，有的家长甚至每天给孩子收拾床被、打洗脸水等，等到上大学后，生活环境有了很大的变化，我们没有了父母、长辈的呵护，许多事情要开始学会独自处理了，可以说，真正的独立生活开始了。

刚入大学的新生，首先应学会日常生活的打理，要学会准时起床、运动，学会自己整理床铺、收拾房间；学会自己洗衣服、缝补衣服；学会自己照料自己……在学习的过程中，如果能够和同学进行交流就更好了，因为同学间的互相影响和互相学习能够在一定程度上促进自理能力的提高。

2. 学会理财

21世纪的大学生不应该仅仅有智商，还应该具备一定的"财"商。上大学后，没有了家长的悉心照料，任何事情都要自己去处理，许多大学生都没有理财概念，开始的时候大手大脚地花钱，到了月底或学期末要靠"借债"、吃方便面过日子，校园生活过的是"前松后紧"、狼狈不堪。

我们在大学时代就应该养成良好的理财习惯，为自己的现在和将来精打细算，这样会在走向社会后收益巨大。在提高理财能力的过程中，养成合理的消费习惯也很重要。当然，最好的理财方式就是"投资自己"。

因此，大学新生要学会理财：在生活中，分清哪些开支是必须的；哪些开支是完全不必要的；哪些开支是可有可无的。把钱花在刀刃上，避免完全不必要的消费，可花可不花的尽量少花。此外，还要根据家庭经济状况衡量日常消费。与此同时，确定自己每个月的消费计划，使之切实可行，并且要严格要求自己按照计划执行。多余的钱可以存入银行，以备急需时使用。

其实，大学期间的理财不仅局限在支出上，还可以在收入上改变结构。我们的开销就只有靠父母吗？答案是否定的。我们还可以在节省开支的基础上靠自己的努力去创造财富。比如，利用课余时间做兼职，这样不仅能够锻炼自己，提高社会实践能力，更会激发自身潜力，为今后就业、创业打下坚实的基础。

（四）必要的健康管理

有人说："21 世纪是健康管理的世纪！"的确，通过新闻，我们不难发现：在巨大的工作压力之下，有些人患上了"压力胖"；奔波于快节奏的城市中，很多人出现了"亚健康"；更有的人在长时间、高强度的工作岗位上献出了自己的生命，造成了"过劳死"。保持身心健康，已经日渐成为人们关注的话题。

案例 1-4 自己的身体打败了自己

黄滨是某高职院校毕业班的学生，他来自一个贫困的农民家庭，从小的愿望就是当一名科学家。他不仅天资聪颖，还对自己要求严格。他学习异常刻苦，在所有兄弟姐妹中他的学习成绩是最好的，家人也对他寄予了厚望。高考的时候，他发挥失常，志愿又报得不理想，最后只能进入一所高职院校。但是，他并不服输，他相信通过刻苦和努力，理想一定能够实现。在校期间，他几乎把所有的时间都用在了学习上，天天在教室、图书馆、宿舍三点一线行走。有时候，晚上还"加夜班"，打着手电筒继续看书。除了念书，他什么活动都不参加，甚至根本不锻炼身体。遇到不得不参加的集体活动，他勉强参加，但是回宿舍后，一定会更加紧张地学习。学校要求每位学生买一个学习机，提高英语听力，为了不增加家里的负担，他想办法自己省。早饭不吃，午饭和晚饭基本就是一点米饭加咸菜，隔几天才吃个鸡蛋。但是省下来的生活费毕竟有限，于是他去找了一份家教的工作。这样他学习的时间又少了，强烈的负疚感让他要求自己每天睡得更少。辅导员了解情况后，找他谈话，希望他注意自己的身体，不要为了学习，牺牲了健康。但是，黄滨不以为然，他觉得自己是从农村苦过来的，身体很棒，不会出现什么问题。

然而，现实往往事与愿违，黄滨在保持优异的学习成绩的同时，慢慢开始失眠，到了凌晨两三点还没有睡意，即使睡着了，也是频频做噩梦，第二天起来的时候头昏脑涨，感觉很累。而且他发现自己的记忆力和注意力都在下降。一天，正在上课的时候，黄滨突然感觉腹部一阵剧痛。老师和同学连忙把他送去了医院。经医生诊断，他患了急性胆结石，由于结石很大，必须手术摘除胆囊。医生还发现，他有很严重的贫血症状，需要调理，短期内不宜进行高强度的学习，建议他休学一年。黄滨之所以这样，就是因为长期不吃早饭、营养不均衡造成的。黄滨到这时候才后悔没有听辅导员的话，让自己的身体打败了自己。

点评 身体才是革命的本钱，没有了健康的体魄就等于失去了一切。

一个人的身体，绝不是个人的，要把它看作是社会的宝贵财富。凡是有志为社会出力，为国家成大事的青年，一定要十分珍视自己的身体健康。

——涂特立

纵观大学校园，激烈的竞争、紧张的学习、择业的困难等也给大学生们带来了压力与困惑，一些人开始认知失调、心理失衡、行为失范，很多人生活方式不健康，喜欢熬夜、运动量少，产生了身体和心理健康问题。然而，健康的身心是大学生未来从事职业活动的基础，没有健康的身心，美好的生活、伟大的梦想都将归零。因此，加强对身心健康的自我管理成了每一位大学生成长、成熟的重要任务。

那么，大学生的健康包括哪些方面？应该如何管理好自身的健康呢？身心健康，顾名思义，不仅是指身体方面，还应包括心理方面。这两方面都健康，才算得上是一名身心健康的大学生。身体健康的重要性是共知的，用句通俗的话说，身体不好什么事也办不成。心理健康更是至关重要的，我们不仅要关注自己的身体健康，更要关心心理健康。促进身心健康管理，可以从以下六个方面着手：

第一，树立正确的人生观和世界观。想要拥有健康的心理，就要以积极进取、服务于社会的人生观作为自己人格的核心，并以此为中心把自己的需要、愿望、目标和行为统一起来，树立远大理想，以天下为己任，从而产生强大的学习内驱力，推动大学生努力完成学业，自觉完善人品人格。

第二，积极参加实践活动，提高社会适应能力。当前社会竞争越来越激烈，大学生们面对新的形势，有的人感到不习惯、不舒服，失去了安全感，甚至产生自卑、胆怯的心理，总想逃避现实、逃离实际生活或依赖他人、自我放任、盲目反抗社会，最终导致心理障碍或精神疾病。所以大学生应该积极参与社会实践活动，在校内外社会生活实践锻炼中树立风险意识，增强心理承受能力。除在校园内参与一些兼职活动外，还可以深入到工厂、公司等组织，体会工作的实际状况，学会与他人交往，磨炼自己的心理承受力，提高自己的社会适应能力。

第三，养成科学的生活方式。生活方式对身心健康的影响已为科学研究所证明。健康的生活方式指生活有规律、劳逸结合、科学用脑、坚持体育锻炼、少饮酒、不吸烟、讲究卫生等。大学生的学习负担较重、心理压力较大，为了长期保持学习的效率，必须科学地安排好每天的学习、锻炼、休息，使生活有规律。学会科学用脑就是要勤用脑、合理用脑、适时用脑，避免用脑过度引起神经衰弱，使思维迟缓，记忆能力减退。

第四，加强自我心理调节。自我调节心理健康的核心内容包括调整认识结构、情绪状态，锻炼意志品质，提高适应能力等。大学生处于青年期阶段，从心理发展的意义上说，这个阶段是人生的“多事之秋”。这是因为，经验的缺乏和知识的匮乏决定了这个时期学生的心理发展的某些方面落后于生理机能的成长速度。因而，在其发展过程中难免会发生许多尴尬、困惑、烦恼和苦闷的事情。另一方面，我国社会现状正在发生复杂和深刻的变化，社会竞争日趋激烈，生活节奏日益加快，科学技术急剧发展。这种现状也会在大学生中引发这样或那样的心理矛盾和心理冲突。这些心理矛盾和心理冲突如果总是挥之不去，日积月累，就有可能成为心理障碍而影响学习和生活。大学生需要正视现实，进行自我调节，充分发挥主观能动性去改造环境，努力实现自己的理想目标。

第五，培养充足的自信心。自信心是人类对自己未来取得活动成功的能力的确信程度。它是在大学生经验积累的基础之上，对自己在将来的学习、社会事件中是否具备继续获取成功的能力的评价和期待。大学生缺乏自信心，就会产生自卑和自我能力怀疑，就等于是自己击败自己。

相反，大学生也不可以盲目自信，过高估计自己的能力。在现实生活中制定出超过自己能力控制范围的目标，不仅不能培养和发展自己的自信心，反而会加大自身的心理负担。建立在对自己能力正确认识基础上的自信心是学习和事业成功的基石，是一个人走向成功的必要条件。

第六，掌握必要的心理健康知识。大学生在必要时可以求助于有丰富经验的心理咨询医生或长期从事心理咨询的专业人员和心理老师。心理老师具备较深厚的理论功底和丰富的生活实践经验，能够给面对困惑的大学生指导和帮助。

总之，大学生要做到管理好自身的健康，认识到身心健康是关系到成才与否的头等大事。只有健康的心理素质和健康的生理素质相结合，加之其他积极因素的相互作用，大学生才具备了实现职业生涯目标的可靠的内在素质。

行动训练

训练一 大学里最想做的十件事

训练要求：

（1）每个同学在《大学生职业素养实训手册》中填写在大学里自己要做的最重要的十件事。

（2）与同学们分享自己写下的十件事。

（3）课后请老师或学长帮助自己修改和完善大学期间计划做的十件事，并经常向其请求给予指导。

训练二 时间管理

刘明是某专业大一的在校学生，感觉每天都忙得不亦乐乎，可效率和效果都不理想。以下为刘明一天要做的事件清单：

（1）和家人联络感情。

（2）打篮球。

（3）网聊。

（4）写作业。

（5）到实验室做实验。

（6）专业理论学习。

（7）计算机考试网络报名（截止前的最后一天）。

训练要求：

（1）请每位同学帮刘明就要做的事情按照紧急重要程度排序。

（2）在上面排序的基础上进行时间管理，排出最佳时间表，并与同学们交流结果。

（3）自由发言，谈谈如何运用时间管理方法。

同步校园活动:"梦想与路径"主题讨论会

活动要求

（1）全院各班采用"团支部活动"或"班会"的形式开展讨论会。鼓励同学们利用视频、PPT 等辅助手段进行交流探讨，并邀请辅导员指导和参与，提高讨论会的效果。

（2）此主题讨论旨在激励每一名大学生要树立远大的理想，并为实现理想，科学地规划自己的圆梦之路。讨论过程中，同学们可以畅谈自己的梦想，将梦想与自身的职业发展道路相结合，还要为梦想的实现设计一条可行的路径。同时交流怎样做才能把握住青春，通过努力学习和实践，不断修正路径，进而实现梦想。

（3）各班在开展讨论会时，需营造良好的活动氛围，如黑板上有主题:"梦想与路径——× × 班主题讨论会"，拍摄照片等，并将主题讨论会的相关资料（如照片、总结、发言稿、PPT 等）整理存档，以备参加各类优秀集体评比活动。

拓展阅读

阅读一 时间管理的七大方法

方法一：学会列清单。

把自己要做的每一件事情都写下来，这样做首先能让你随时都明确自己手头上的任务。不要轻信自己可以用脑子把每件事情都记住，而当你看到自己长长的 list 时，也会产生紧迫感。

方法二：改变你的想法。

美国心理学之父威廉·詹姆士对时间行为学研究后发现这样两种对待时间的态度:"这件工作必须完成，但它实在讨厌，所以我能拖便尽量拖"和"这不是件令人愉快的工作，但它必须完成，所以我得马上动手，好让自己能早些摆脱它。"

当你有了动机，迅速踏出第一步是很重要的。不要想立刻推翻自己的整个习惯，只需强迫自己现在就去做你所拖延的某件事。然后，从明早开始，每天都从你的 to do list 中选出最不想做的事情先做。

方法三：遵循 20 比 80 定律。

生活中肯定会有一些突发困扰和迫不及待要解决的问题；如果你发现自己天

天都在处理这些事情，那表示你的时间管理并不理想。成功者花最多时间在做最重要、而不是最紧急的事情上，然而一般人都是做紧急但不重要的事。

方法四：安排“不被干扰”时间。

每天至少要有半小时到一小时的“不被干扰”时间。假如你能有一个小时完全不受任何人干扰，自己关在自己的空间里面思考或者工作。这一个小时可以抵过你一天的工作效率，甚至有时候这一小时比你三天工作的效率还要好。

方法五：严格规定完成期限。

巴金森在其所著的《巴金森法则》中，写下这段话：“你有多少时间完成工作，工作就会自动变成需要那么多时间。”如果你有一整天的时间可以做某项工作，你就会花一天的时间去做它。而如果你只有一小时的时间可以做这项工作，你就会更迅速有效地在一小时内做完它。

方法六：做好时间日志。

你花了多少时间在做哪些事情，把它详细地记录下来，早上出门（包括洗漱、换衣、早餐等）花了多少时间，搭车花了多少时间，出去拜访客户花了多少时间……把每天花的时间一一记录下来，你会清晰地发现浪费了哪些时间。这和记账是一个道理。当你找到浪费时间的根源，你才有办法改变。

方法七：理解时间大于金钱。

用你的金钱去换取别人的成功经验，一定要抓住一切机会向顶尖人士学习。仔细选择你接触的对象，因为这会节省你很多时间。假设与一个成功者在一起，他花了40年时间成功，你跟10个这样的人交往，你不是就浓缩了400年的经验？

阅读二 大学学习必须做的十件事

学习是大学期间的主要任务，学习成绩是大学生最需要关切的事情。关于大学学习，有如下十个忠告：

1. 对自己负责

在大学里，没有人会时时在你身边照顾你，指导你走正确的道路。一切都要靠你自己，因此要自己对自己负责。

2. 尽快把注意力集中到课堂

如果一门课一学期有35节课，那么每节课都会讲授3%的内容。如果一周开了小差，你就会落后8%的内容了。

3. 充分利用网络媒体

无论使用电脑还是手机，你都要记得强大的网络技术不仅可以帮你广交朋友、娱乐休闲，更可以为你提供新闻大事和点评、专业领域的前沿动态以及就业的最新消息等，让你身在校园，放眼世界。

4. 确认你加入了正确的团队

有些课程，特别是数学、自然科学和外语，是分等级教学的。你需要确认自己所选的课程对于你自己的能力来说不会太难，也不会太容易。作为选课参考的测试及各式各样的表格不一定总正确，所以要相信自己对这门课的感觉。

5. 详细检查自己的课程大纲

标出哪些是重点，哪些不是，找出课程的知识点及其结构。

6. 开始记笔记

从第一堂课开始就养成记笔记的良好习惯。记笔记可以使你更好地跟进课程，并且在考试时你会发现，80% 的试题都是基于课堂笔记的。

7. 利用图书馆

除了课堂学习之外，绝大部分的知识都来自图书馆。

8. 安排好时间

在你的日历上（或者电子日历）标出重要的日子，比如考试的时间、教授的办公时间、论文截止日期及节假日。注意时间上有冲突的地方，并提早解决。

9. 找一个安静的地方好好自习

自习的时候远离所有的小玩意，如手机、计算机等，这些东西比发呆都更加影响学习。

10. 按时完成作业

作业是检验学习效果的有效途径，按时提交作业是学习的基本要求。

阅读三 大学校长送给我们的话

1. 千万不要说空话，一次失信足以让你的信赖度大大降低，千万记得要低调做人，高调做事，没有任何借口，保证完成任务。

2. 如果你只是为了得到权力，那么你进错学生会了，你动机不正，除了学会喝酒，互相吹捧，增加腐败，你到最后什么都得不到。

3. 如果你的家庭一般的话，那么记得你在大学有很多意外用钱的地方，比如修第二专业或将来的各种提高班。为了你的家人和你自己的前途，永远别乱花钱。

4. 朋友，你大学的朋友很可能就是你将来事业的一部分，他们会帮助你。但是你也应该让自己有帮助他们的实力。所以，你要努力，你和你的朋友会一起在将来打造一个可能很辉煌的事业。很好听是吗？但是记住，你们都要努力。

5. 很多事情当你再回忆时会发现其实没什么。所以，不管你当时多么生气愤怒，都告诉自己不必这样，你会发现其实真的不必。

6. 学习，永远别忘记。不管别人怎么说大学是个提高综合能力的地方，如果你学习失败了，你就什么也不是——不排除意外，但你考虑好了吗？你会是那个意外吗？

7. 千万别说脏话，无论对谁（包括一无所知的小孩子），你应该知道习惯的力量。找工作或和别人接触时，随便的一个字或者几个字会让你在别人心中的形象大打折扣。千万千万记住！不会有人喜欢听你那恶心的话，只会让人觉得你是街头流氓而已。

8. 别为你自己和别人下定论，无比重要。你所看到听到的可能只是一面，为这个失去可能的朋友，很不值。

9. 尊严是最重要的，但是在大学里，要懂得利用这个空间锻炼自己，要让自己的尊严有足够大的承受力，要知道，社会是一个最喜欢打碎人的尊严的地方，除了你自己，没人会为你保留它。

10. 经常给家里打个电话，即使他们说不想你。虽然你有很多朋友，但你应该想想你父母的儿女能有几个。可以的话常回家看看，打个电话问候一下，他们也会很欣慰的。

11. 你可以有喝醉的时候，我们可以接受，但是你要明白和真正的朋友一醉才能让伤心事方休，否则，你只会是别人的谈资和笑柄。

12. 如果你四年内很少去图书馆的话，你就等于自己浪费了一大笔财富。所以，常去那里，随意翻翻，都有收获。

13. 不论男人还是女人，注意形象是很必要的，爱美之心人人有，但在大学里把容貌当作重要的东西来炫耀的话，可能不会吃亏，但是早晚会吃亏。

14. 面对不公平的东西，不要抱怨，你的不公平可能恰恰是别人的公平。所以，你不如去努力奋斗，争取你自己最合适的公平。

15. 千万别迷恋网络游戏。

16. “我爱你”。别对很多人说这句话，在大学里，我的意思是，希望你只对一个人说，这是尊重你爱的人，更是尊重你自己的感情。

17. 大学，因为你待的地方是大学，所以你有空间承受失败和打击，因此，你真的应该找找自信和自傲的区别，可以用一辈子的。

18. 学生会主席之类的干部，如果你尊重他们，告诉你自己，那是因为他们是你的学长，而不是因为他们是你的上级，事实上，大家都只是学生而已，只是学生。

19. 从绝望中寻找希望，人生终将辉煌。

20. 如果你不抽烟的话，你的精力将比抽烟的时候好得多，这是绝对的。你的确要学得有心计，但是永远记住，在社会上要胜利的唯一的方法永远只有一个，那就是实力，永远不用怀疑。

21. 人生百态，不要对新的看不惯的东西生气，无所谓的，在大学里就开始训练自己的冷静力，这是一种能力。遇大事时，能安静并能快速想出办法的人，很厉害。

22. 记着，在所谓的学生会里即便你就是主席，如果你的四级没过没有毕业证的话，也无用，没单位想要你这样的人，单位需要的是工作的人，而不是当官的人，更何况现在的某些主席，学到的是喝酒、抽烟，相互吹捧。

23. 不要幻想自己成为校园的宠儿，当你明白百分之七十的初中生都可以上大学时，你应该明白人们不会去崇拜一个群体的大多数的。

24. 英语一定要学好，但英语绝对不会是你生活的全部保障，所以多学点知识可能有时会“救命”的。

25. 你可以看不惯一些东西，但是你应该学会接受——如果你没法改变那一切的话。

26. 对陌生人，要么把对方当作一张白纸，要么把对方当你的朋友，总之别当作敌人，即使你听到再多的关于他（她）的不好的传闻。

27. 爱你的人，不管你接不接受，你都应该感谢对方，这是对他们的尊重。

28. 如果周围有人嫉妒你，那么你可以把他（她）从你的竞争者之列排除了，嫉妒人之人，难以成大事。

29. 进入大学，就是一个新的环境，你会接触新的人，你的所有过去对于他们来说是一张白纸，这是你最好的重新塑造自己形象的时候，改掉以前的缺点，每进入一个新的环境，都应该以全新的形象出现。

30. 还能冲动，表示你还对生活有激情，总是冲动，表示你还不懂生活。不要轻言放弃，人最大的悲哀莫过于心死。

31. 别抱怨四六级之类的东西，那是你能力的证明。要有精英意识，考虑一下，大学的人了，迷恋武侠言情，已经没有意义。

32. 莫过于耿直，莫过于圆滑。外圆内方即可。

33. 要有魄力，即使是失败，也不要让自己的人生平庸。

34. 喜欢一个人，就勇敢地告诉他或她，大学是学习的地方，但要理解爱情的力量。追求你真正爱的人，只要自己认为值得，那就是值得的。如果真的不行，做普通朋友也很好，记得不要伤害一个你喜欢的人。

35. 应该相信一句话：没有不可能的事情。现在我们是学生，只要去做，十年后呢？二十年后呢？没人能想象。

36. 每个人都有潜在的能量，只是很容易被习惯所掩盖，被时间所迷离，被惰性所消磨。不去想是否能够成功，既然选择了远方，便只顾风雨兼程。

阅读四 推荐大学生朋友们读的书

开卷有益，但是生命有限，大学期间要做很多事，更应该读很多书，重要的是要读有意义的书。

必读之书：一些经典名著，滋养了人类的灵魂，是每个人必备的精神食粮，需要反复阅读，如《论语》《哈姆雷特》等。

能读之书：一些经典之作理论艰深、文字晦涩、时代意义并不强，所以推荐一些必读而易读之作，如《哲学的故事》《剑桥插图中国史》等。

愿读之书：读书不仅是任务，更是乐趣，良好的阅读应该出于自愿，毫不勉强，只有这样才能读出人生趣味来，如《金庸作品集》《王小波全集》《那些忧伤的年轻人》等。

时新之书：经典并非只是百年前的作品，每个时代都有自己的经典之作，如《文化苦旅》《挪威的森林》《万历十五年》等。

有用之书：读书除了积累知识、提高文化素养，也有现实功用的需要。除了经典名著以外，还可阅读一些有实用价值的书，如《高效能人士的七个习惯》《世界上最伟大的推销员》等。

书山有路勤为径。愿我们在不断地阅读中重塑自己的人格，从圣贤豪杰的智慧中汲取有益的营养，为未来的发展打下坚实基础。

1. 文学类

《牡丹亭》《哈姆雷特》《浮士德》《瓦尔登湖》《追忆似水年华》《新月集》《先知》《约翰·克利斯朵夫》《人间词话》《博尔赫斯小说集》《北回归线》《边城》《愤怒的葡萄》《张爱玲典藏全集》《围城》《未央歌》《小王子》《局外人》《一九八四》《麦田里的守望者》《金庸作品集》《百年孤独》《王小波文集》《野火集》《挪威的森林》《不能承受的生命之轻》《文化苦旅》《平凡的世界》《老人与海》《檀香刑》《圣女贞德》《毕司沃斯先生的房子》。

2. 哲学类

《沉思录》《坛经》《哲学的故事》《西方的智慧》《精神分析引论》《人，诗意地安居》《中国文化要义》《第二性》《西方哲学史》《中国哲学简史》《动机与人格》《人生十论》《苏菲的世界》。

3. 励志类

《人性的弱点》《人性的优点》《世界上最伟大的推销员》《高效能人士的七个习惯》。

4. 历史类

《史记》《资治通鉴》《世界文明史》《宽容》《中国近三百年学术史》《剑桥插图中国史》《乡土中国》《光荣与梦想》《晚清七十年》《第二次世界大战的起源》《全球通史》

《历史研究》《万历十五年》。

5. 经济类

《卓有成效的管理者》《后工业社会的来临》《追求卓越》《第五项修炼》《新卖橘者言》《经济学原理》《经济学》。

6. 政治类

《政治学》《论自由》《建国方略》《开放社会及其敌人》《文明的冲突与世界秩序的重建》《第三波》。

7. 科学类

《万物简史》《科学史》《中国科学技术史》《科学与人类行为》《所罗门王的指环》《别闹了，费曼先生》《时间简史》《过去 2000 年最伟大的发明》。

8. 其他

《曾国藩家书》《中国人的精神》《寂静的春天》《历史深处的忧虑》《那些忧伤的年轻人》。

模块二

树立责任意识

素养提升目标：1. 明确人一生要承担的责任；

2. 学会做一个有责任感的人。

项目 1　感恩——时刻牢记人生责任

案例引导

伴随一生的情感

很久以前，有一棵高大的苹果树。她很爱一个小男孩，男孩也每天跑来在她身边玩耍。男孩把树叶编成皇冠扮成森林的国王，男孩沿着树干一直爬到树顶摘苹果吃，男孩抓着树枝荡秋千。玩累了男孩就在树荫的庇护下睡觉。男孩很爱这棵树，树也很高兴。

日子一天一天过去，男孩也在慢慢长大。

有一天，男孩来到树下。树说："来啊，孩子，爬上我的树干，抓着我的树枝荡秋千，吃吃苹果，在我的树荫下玩耍，快快乐乐的！"男孩却说："我已经不是小孩子了，我不要再爬树和玩耍了。""我想买一些玩具来玩，我需要钱，你可以给我一些钱吗？""真抱歉"，树说："我没有钱，只有树叶和苹果。孩子，拿我所有的果子到城里去卖吧，这样你就会有钱了。"男孩很高兴，于是爬到树上，摘下并带走了所有的苹果。看到自己能帮助男孩，树心里很高兴。男孩摘走苹果以后很久没有来过，树很伤心。

有一天，当男孩长成一个真正的大人的时候，他回来了。树高兴得发抖，她说："来啊！孩子爬上我的树干，抓着我的树枝荡秋千，快快乐乐的！""我太忙了，没时间爬树。"男孩说："我必须为我的家庭工作。"他说："我想要妻子和小孩，所以，我需要一间房子。你可以给我一间房子吗？""真抱歉，孩子"，树说："我没有房子，森林就是我的房子。不过，你可以砍下我的树枝去盖房子，这样你就会快乐了。"于是，男孩砍下了她所有的树枝，心满意足地去盖房子了。树因为见到男孩，觉得很快乐。但是，自那之后，男孩又很久没回来。树觉得很孤独，心里很难过。

一个炎热的夏日，男孩回来了。树太快乐了，快乐得几乎说不出话来。"来啊！孩子"，她轻轻地对男孩说："过来，来玩呀！""我已经老了，玩不动了。"男孩说："我想坐船离开这里，让自己的身心放松一下。你可以给我一艘船吗？""砍下我的树干去造船吧！"树说："这样你就可以远航了，你就会快乐了。"于是，男孩砍下了树干，做了一条船。他坐着船去了很远的地方，很久都没有再露面。

很多年之后，男孩已经变成了白发苍苍的老人，他又回到这里。"真抱歉，我的孩子"树说："我已经没有什么东西可以给你了。""我的苹果没了。""我的牙齿也咬不动苹果了。”男孩说。“我的树枝没了，你不能在上面荡秋千了”，树说：“你也不能爬上来了。”“我太老了，也爬不动了。”男孩说。树说：“真希望我能给你些什么，可是我什么都没有了，只剩下一个老树根，我很抱歉。”“我现在不需要那么多”，男孩回答：“只要一个可以让我安静坐着休息的地方，这些年来我好累好累。”“太好了！”树一边说，一边努力挺直身子。“正好啊，老树根是最适合坐下来休息的。来啊！孩子，坐下，快坐下休息一下。”男孩坐了下来。树很快乐，她高兴得流下了泪水。

春天倚着她幻想，夏天倚着她繁茂，秋天倚着她成熟，冬天倚着她沉思，这棵大树就是我们的爸爸和妈妈啊！

案例启示

孩子是父母生命的延续，是父母一生的牵挂。假如孩子是一只小鸟，父母愿做一棵会跑的大树，无论孩子飞得多高多远，只要他们累了，父母总是随时让他们栖息，永远是他们避风的港湾。

知识提升

一、感恩父母——百善孝为先

正如毕淑敏在《孝心无价》一文中所写的：“‘孝’是稍纵即逝的眷恋；‘孝’是无法重现的幸福；‘孝’是一失足成千古恨的往事；‘孝’是生命与生命交接处的链条，一旦断裂，永无连接。”大学生要抓紧时间，为父母尽一份力所能及的孝心，不要把点滴的忽略变成永久的遗憾。

努力学习是大学生的“孝”，望子成龙是天下父母的共同愿望。勤奋学习，将来成为对国家、对社会有用的人，是大学生对父母辛劳的安慰，也是以后多向父母尽孝的基础。学会独立生活照顾自己，是大学生的“孝”。大学生要学会安排自己的生活，要让父母放心。勤俭节约也是大学生的“孝”。父母在儿女面前永远是那么大方、永远是无私地付出，但这并不意味着父母的钱赚得很容易。要理解父母的辛劳，不浪费父母的钱，多为父母分担些家务。

由于求学阶段没有独立的经济能力，大学生从物质上给予父母关爱相对困难，因此大学生孝敬父母的方式更多的是给他们精神上的快乐。首先要尊重父母，体谅他们，不要因不耐烦说一些伤害父母的话。遇事要经常与父母沟通交流。儿女永远是父母心头的牵挂，记得有时间要经常回家看看父母，无法经常回家也要常与父母联系。一个问候的电话；一条温馨的短信；一封暖暖的书信，都可以表达儿女对父母的眷恋。

“十月胎恩重，三生报答轻。”子女的爱永远无法与父母的爱相比。懂事的子女要理解父母的艰辛与不易，要尽己所能，尽早为父母承担一些责任。

一个人若是没有热情，他将一事无成，而热情的基点正是责任心。

——列夫·托尔斯泰

二、感恩朋友——友情贵且真

俗话说：“一个篱笆三个桩，一个好汉三个帮。”人生在世，是离不开朋友，少不了朋友的友谊和支持的。友情是博大的，如果你愿意，有许多人都可以成为你的朋友；友情是温暖的，像太阳照彻我们的灵魂，温暖我们的心房；友情是珍贵的，需要精心呵护，用心经营。

友情的维系需要很多内容：友情需要平等，友情需要真诚，友情需要宽容，友情需要信任，友情需要关爱，友情需要沟通……然而这一切都源于对朋友怀有一颗感恩的心，感谢朋友曾给予我们的帮助、陪伴、信任、支持和快乐。用真诚的心去感恩朋友，用真挚的言行去善待身边的每一位朋友，这样才会结交更多的朋友，积累更多的财富，使我们的生命更加多姿多彩。

大学友情贵且真。结交朋友，对于大学生来说同样重要。老师、同学、室友和学长等都是大学生活中必不可少的朋友。特别是同学，同学之间通过思想上互相帮助，品行上互相磨炼，学问上互相切磋，生活上互相关心。在友情的滋润下，共同成熟进步，一起见证青春的梦想，走向美好的明天。

有这样一个故事：一个大学生，大学四年总是独来独往，因为他说他有更重要的事情要做，没有时间和大家说话，没有时间和大家分享心情，等等，后来他一个人去了国外，走前他给每一个同学都发了一封信：很难过错过了你们，一个人，即便成功，精彩也无人分享，比失败更可怕，所以友情是人生旅途中激人奋进的伴侣，大学生需要寻找并建立真挚的友情友谊，不能做独行侠。封闭自己，只会使自己陷于孤立，保持积极开放的心态，我们就会接触更多的人，分享更多的经验和快乐，同时也会被更多的人接纳。

三、感恩爱人——承担爱的责任

大学生恋爱，是一个体味人生、积累经验的过程，是一个提高自己审视能力、决策能力和交往能力的过程，也是经营自己人生的一个开始。恋爱过程能让人的心灵愉悦并能够激发人的潜能。在这个过程中，聪明的大学生不会只知道依赖、矫情和任性，更知道在爱的滋润下修正和完善自己，这便是一个全面提升的过程。然而大学生对于爱情，不能奢望它过于完美，世界上没有十全十美的人或事，或多或少都会有一些遗憾。无论爱情是成功或失败，我们都会获得成长的收获。

爱情也是一项事业，关系着一生幸福的事业，它需要用一生来经营。大学时代的爱情，正是锻炼自己眼光、决策水平、情感把控能力的机会，也是对自己能力检验和培养的过程。所以，恋爱着的大学生们不妨转变一下思路，练能力从“练爱”开始，经营事业从“经营爱情”开始。恋爱不是渴望得到对方的肉体与躯壳；不是渴望得到对方的金钱与容貌。恋爱是思想的沟通与灵魂的绽放；是情感的融合与交际的拓宽；是一个孤独的灵魂得到真实的依靠；是一个懵懂的想法得到释然的倾诉。

案例 2-1 爱情——美好生活愿景

一天，一个男孩对一个女孩说：“如果我只有一碗粥，我会把一半给我的母亲，另一半给你。”小女孩喜欢上了小男孩。那一年他 12 岁，她 10 岁。

过了十年，他们的村子被洪水淹没了，他不停地救人，有老人，有孩子，有认识的，有不认识的，唯独没有亲自去救她。当她被别人救出后，有人问他：“你既然喜欢她，为什么不救她。”他轻轻地说：“正是因为我爱她，我才先去救别人。她死了，我也不会独活。”于是他们在那一年结了婚。那一年他 22 岁，她 20 岁。

后来，全国闹饥荒，他们同样穷得揭不开锅，最后只剩下一点儿面了，做了一碗汤面。他舍不得吃，让她吃；她舍不得吃，让他吃。三天后，那碗汤面发霉了。当时，他 42 岁，她 40 岁。

因为祖父曾是地主，他受到了批斗。在那段年月里，组织上让她“划清界限、分清是非”，她说：“我不知道谁是人民内部的敌人，但是我知道，他是好人，他爱我，我也爱他，这就足够了！”于是，她陪着他挨批、挂牌游行，夫妻二人在苦难的岁月里接受了相同的命运。那一年，他 52 岁，她 50 岁。

许多年过去了，他和她为了锻炼身体一起学习气功。这时他们调到了城里，每天早上乘公共汽车去市中心的公园，当一个青年人给他们让座时，他们都不愿自己坐下而让对方站着。于是两人在一起手里抓着扶手，脸上都带着满足的微笑，车上的人竟不由自主地全都站了起来。那一年，他 72 岁，她 70 岁。

她说：“十年后如果我们都已死了，我一定变成他，他一定变成我，然后他再来喝我送他的半碗粥。”

70 年的风尘岁月，这就是爱情。

点评　爱是分享，爱是陪伴，爱是理解，爱是信任，爱是奉献，爱更是责任……

作为祖国未来的建设者和接班人，我们需要在大学时代树立起正确的恋爱观。

首先，正确处理好爱情与学业的关系。爱情是人生中的重要部分，但不是人生的全部，它应该服从于事业，促进事业的发展。真正的爱情是人生中的伟大因素，但并不是唯一的因素，生活中还有许多其他的人生意义。没有事业的爱情如同沙漠中播种，缺乏坚实的根基和土壤，迟早会枯萎。只有爱情同事业的结合，爱情才有旺盛和持久的生命力。随着年龄的增长、性生理的成熟、性心理的发展，大学生产生了对异性的向往和追求，这是人本我的表现，但是大学生应该把学业放在首位，摆正爱情与事业的关系，不能把宝贵的时间都用于谈情说爱上而放松了学习，要把握人生行程中的航向，才有可能到达人生最大价值的顶点。

其次，注意恋爱道德，提倡志同道合的爱情。爱情是发自内心的、自觉自愿的、建立在一定生活和思想基础之上的选择，恋爱双方的人格完全平等，在爱情中的地位也完全平等，所以不能勉强对方，也不能勉强自己。爱情不同于其他人际交往就在于它的专一性和排他性。因此，在确定恋爱关系时，所出现的“三心二意”“朝秦暮楚”“多角恋”都不是真正的爱情，这是对对方，也是对自己感情的不尊重和不负责。爱情是建立在共同基础上的心灵沟通，因此，在恋爱的选择上最重要的条件应该是志同道合，思想品德、事业理想和生活情趣等大体一致。马克思和燕妮的崇高爱情就是建立在志同道合的基础上的，正因如此，他们的爱情才经受住了艰难困苦的考验。大学生恋爱观应该是理想、道德、义务、事业和情爱的结合。

最后，要懂得爱情是一种责任和奉献。大学生在进入恋爱状态前，就应该懂得，爱不仅是得到，更重要的是一种责任和奉献。在社会生活中，人具有两方面的责任：一是个人对社会应尽的责任；二是个人对家庭、父母、孩子、朋友和伴侣的责任。第二方面的责任属于私人生活的性质，是社会干预最为微弱的生活领域，是主要依靠道德的修养和自觉的责任感来维持的。正因如此，它反映了一个人的人格形象。大学生一旦进入爱的王国，就必须具有强烈的责任感和奉献精神，只有这样才能获得崇高的爱情。

每个人身上都有一口泉眼，不断喷涌出生命、活力、爱情。如果不为它挖沟疏导，它就会把周围的土地变成沼泽。

——马克·拉瑟福德

四、感恩社会——承担社会责任

要组成民主法治、公平正义、诚信友爱、安定有序、人与自然和谐相处的社会，人与人之间就要持有感恩精神，相互关爱，人与社会、自然之间要相互整合，这也是构成和谐社会的基本要求。

社会是大学生成长的依托，也给了大学生很多关爱。关注社会、了解社会、投身社会，是大学生面对社会应有的态度，也是做一名有社会责任感的大学生的要求。

案例 2-2 最美司机吴某：用生命诠释责任，用行动履行责任

吴某是某长途客运公司的快客司机，跑杭州—无锡线路。2012 年 5 月 29 日中午，他驾驶的大型客车从无锡返回杭州，车上载有 24 名乘客。11 时 40 分左右，车行驶至锡宜高速公路宜兴方向阳山路段时，一块大铁片突然从天而降，击碎挡风玻璃后，砸向吴某的腹部和手臂。

监控画面记录下了当时突发的一幕，时间共 1 分 16 秒：被击中时的一瞬间，吴某本能地用右手捂了一下腹部，看上去很痛苦，但他没有紧急刹车或猛打方向盘，而是强忍疼痛让车缓缓减速，稳稳地停下车，打起双闪灯，拉好手刹，最后他解开安全带挣扎着站起来，打开车门，疏散旅客。他回头还对受到惊吓的乘客说："别乱跑，注意安全。"做完这一切，吴某瘫坐在了座位上。他用自己强烈的责任心和超人的意志力，挽救了全车 24 名乘客宝贵的生命。随后，吴某被紧急送往医院救治。参与抢救的医生发现，这块从天而降、数斤重的铁片，在击碎挡风玻璃后直接刺入了吴某的腹部，导致其整个肝脏破裂、多根肋骨折断。抢救输血达 1 万多毫升。最后，24 名乘客无一受伤，而年仅 48 岁的吴某，因伤势过重，抢救无效，于 2012 年 6 月 1 日不幸去世。

点评

在人们心目中，这位司机不仅是现代中国的一位"最美司机"，还是我们这个时代当之无愧的"平民英雄"。当事故发生的生死一瞬间，他的第一个举动就是把客车平稳地停了下来，或许这只是他一个下意识的职业举动，但是支配他做出这个动作的一定是长期养成的职业责任感，也正是这样的一种职业责任感，换来了一车乘客的安全。1 分 16 秒！一段普通客运司机对 24 条鲜活生命完美交代的辉煌时间；1 分 16 秒，他在用生命诠释责任，用行动履行责任！当我们被惊心动魄的 1 分 16 秒震撼时，被平静稳步的 1 分 16 秒感动时，我们更应该记住这位"最美的司机"。让我们为这位平凡、伟大的司机虔诚地祈祷，同时大声告诉他、告诉世界：我们也会做个好人，认真履行责任，开好"人生之车"！

做一个有社会责任感的人，应当成为大学生的共同价值追求和人生理想。虽然，我们大多数人都是平凡的，但这并不妨碍我们做一个有社会责任感的人，成为一个具有公民精神、普世情怀的人。多一分热情，多一些对社会的关注，当别人遇到困难和不幸时，能够毫不犹豫地伸出援助之手；当面对腐败和不良现象时，能够大胆地发出质疑和批评的声音；当面对邪恶和危险时，能够勇敢地挺身而出。只有这样，我们的人生才会变得更有价值和意义，我们生活的这个世界也将因人性美而变得更加美好。大学生作为迈向社会的“天之骄子”，怀感恩之心，存感恩之情，行报恩之举，应当成为每个大学生的行为准则。

每一个人都应该有这样的信心：人所能负的责任，我必能负；人所不能负的责任，我亦能负。如此，你才能磨炼自己，求得更高的知识而进入更高的境界。

——林肯

五、做一个感恩的人

感恩绝不仅仅是对人说声“谢谢”这么简单的事。常怀感恩之心的人通常都比较幸福，有精神，对未来充满希望。他们的心情常常是积极乐观的，他们也更乐于帮助别人，更富有同情心，精神更有依托，信仰更虔诚，他们也更容易原谅别人，对金钱的态度更开明。而且，一个人越懂得感恩，就越不容易产生沮丧、焦虑、孤独、嫉妒和过于敏感的心理。

同学们要学会表达自己的感恩之情，把自己的幸福传达给更多的人，可以从以下几个方面去做：

写感恩日记。如果你喜欢写作，一天中抽出几分钟静心回味生活的瞬间，思考一些值得你现在感恩的事情，把精力集中在实实在在的人和事上。每天点滴感恩的积累，将使你的生活愉悦、精彩。

养成感恩的习惯。每天清晨醒来时，感谢上苍让我们拥有如此美好的生活；感谢我们爱的和爱我们的人；感谢所有曾给过我们帮助的人。

写感谢信。别人给予了我们帮助或适时点拨了我们，让我们获益良多。写一封感谢信，不需要多正式，只要把自己的感激之情传达了，别人会感受得到你的情意的。

小小的拥抱。对至亲好友，在合适的时机，以一个小小的拥抱来告诉他们：你们对我如此重要。不求回报的小小善意，不要为了私利去做好事，也不要因为善小而不为。留心一下他人，看看他喜欢什么或需要什么，行动强于话语。

列一份感谢清单。以一份清单表达你对他的感受，为什么喜欢他或他帮助了你哪些地方，而你因此深怀感激。收到这份清单的人将会非常感动。

公开表达谢意。不要拘泥于空间，更不要羞涩，就算在一个公开的地方，对一个顺道帮助你的陌生人，你大声说感谢，一定会换来别人善意的微笑。

意外惊喜不一般。小小的惊喜可以使事情变得不一般。比如说，在同学过生日时，你送一本他找寻很久的书；在父亲过生日时，偷偷地干完父亲安排给自己的事情，让他能够得到休息；妈妈劳累了一天，你在周末的时候给妈妈做一桌好菜，等等。意外惊喜带来的幸福之情将溢满你们的心扉。

对不幸也心怀感激。即便生活不如意，使你遭遇挫折与打击，也要怀有感恩。不是去感恩这些伤心的遭遇，而是去感恩那些一直在你身边的亲人、朋友。生活的沉淀会锻造出一个健康和积极的心态。

行动训练

训练一 “我的责任剖析”

训练要求：

（1）每个同学分别思考以下问题：我是谁？我要什么？我要做什么？我所做的是对的吗？我拥有什么？我拥有的重要吗？我将要寻找什么？我要怎么实现？

（2）谈谈自己对这些问题的看法，通过分享感受每个人应该承担的责任。

训练二 “我向父母报平安”

训练要求：

（1）每个同学课后给父母打一个电话或编辑一条短信，简单介绍自己初到大学的情况，送上遥远的祝福。

（2）写一封家书，邮寄给父母，谈谈你在大学的收获和感悟。

项目2 责任——永不消逝的职业精神

案例引导

付出总有回报

杨顺是一家家具公司的营销部经理，一次，公司安排他带领一个团队去参加一个大型的产品展示会。由于时间紧、任务重，有很多事情需要他们加班加点去完成。可是杨顺带去的这批工人中，有很多人不听杨顺的安排，他们和往常一样，不愿意多干一分钟，一下班就溜回宾馆或去逛街。杨顺要求他们进行展位设计，他们却说："没加班工资，我凭什么工作？"杨顺让他们把资料整理一下，他们反驳道："你也不过是一个打工仔，职位就比我们高那么一点，何必那么卖命呢？"

只有一名员工每天毫无怨言地陪着杨顺加班加点，在展会开始的前一天晚上，公司老总亲自来到会场，检查展板的准备情况。那时已经是凌晨了，老总到达会场，看到杨顺和一名安装工人正在挥汗如雨地趴在地上，细心擦拭着地板上的每一片污垢，而其他工人却不在。

见到老总，杨顺抱歉地说："对不起，是我失职了，没有把所有工作人员都留下来参加工作。"老总拍了拍杨顺的肩膀，没有责怪他，而是指着他身边的那个工人说："他是你特意留下来的吗？""不是的，老总，他是主动留下来的，别的工作人员还讽刺他，说他是傻瓜。"听了杨顺的叙述，老总没有做出任何表示，他招呼自己的几名随行人员一起参加到工作中去。

展会结束后，老总开除了那天没有参加工作的所有人员，并将那位主动留下来工作的工人提拔为安装分厂的副经理。那些被开除的人很不服气，他们找老总理论："我们只是多睡了几个小时的觉，而且，我们都是在下班时间才离开的，而他只是比我们多干了几个小时，凭什么提拔他为副经理，却把我们都开除？"

老总说道："用自己的前途换取几个小时的懒觉，这是你们自己选择的，没有谁强迫你们，而且据我观察，被我提拔的那个工人不只比你们多干了几个小时，他在工作中一直都是一个积极主动的人，总是在默默地奉献，提拔他是对他工作负责和默默付出的回报。"

案例启示　认真负责的工作态度是美好未来的通行证。

知识提升

比尔·盖茨曾对他的员工说："人可以不伟大，但不可以没有责任心。"比尔·盖茨这句话很简单也很实在。的确，一个人只有具有高度的责任感，才能在自己的工作中勇于负责，在每一个环节中力求完美，保质保量地完成计划或任务。所以，微软非常重视对员工责任感的培养，责任感也成为微软招聘员工的重要标准。正是这样才成就了富可敌国的微软商业帝国。

工作就意味着责任。在现代社会中，每个人都承担着特定的责任：为人父母者承担着养育子女的责任；子女成人后，又要承担起孝敬和赡养父母的责任；教师在工作中要承担起教书育人的责任；医生要承担起治病救人的责任。作为一名员工，工作就意味着责任。在企业中，我们每一个人在工作中都应该明确自己的工作岗位，明确自己的工作岗位所对应的工作内容、工作范围和工作性质，同时，也就明确了自己在这个位置上的责任及自己逃避责任的后果。1940 年，德国法西斯对英国展开"空中闪电战"，伦敦是受破坏最严重的城市之一。当时有人提议为了安全让皇室成员撤离伦敦。王后说："在任何情况下，国王是不会离开伦敦的，这是他的责任。"美国总统肯尼迪在就职演讲中也说过："不要问美国给了你们什么，要问你们为美国做了什么。"这句关于责任的经典话语激励了无数美国青年。世界著名文学家高尔基说："负责任，是一个人最基本的品质。如果我们放弃了责任，也就等于放弃了整个世界。"社会学家戴维斯说："放弃了自己对社会的责任，就意味着放弃了自己在这个社会中更好的生存机会。"工作中，我们要找好自己的位置，扮好自己的角色，干好自己的本职工作，对自己每一天的工作负责。一个充满责任意识的人，一个勇于承担责任的人会因为这份承担而让自己的生命更有分量。

一、对工作负责，就是对自己负责

责任感决定着一个人事业上的成功与失败。有这样的一个故事，有个老木匠准备退休，老板舍不得他的好工人走，就问老木匠能否再建一座房子，老木匠说可以。但是大家后来都看出来了，他的心已不在工作上，他用的是软料，干出的是粗活。就在房子建好的时候，老板把大门的钥匙递给他，并对他说："这是你的房子，是我送给你的礼物。"老木匠惊得目瞪口呆，羞愧地无地自容。其实，我们又何尝不是这样？如果我们不负责任，消极地应付工作，在关键时刻不愿尽最大努力，那么就等于是把我们深困在自己"建造的房子"里了。因此，不管你的工作看起来是怎样卑微，你都应当付之以艺术家的精神，有满腔的热忱和强烈的责任感。在任何情形下，都不要对自己的工作表示厌恶，更不要放弃你的工作责任心。如果你为环境所迫而做一些乏味的工作，那你也应当设法从这些乏味的工作中找出乐趣，付出你的努力，表现你的责任心。要懂得，从应当做而又必须做的事情中，总能找出乐趣，这是我们对于工作应抱的负责任的态度，有了这种态度，无论做什么工作，都一定能获得成功。

案例 2-3 玛丽与杰西卡的“解雇”

维尔公司要裁员了，玛丽和杰西卡都已经在公司待了近十年，却又都不幸上了解雇名单，被通知一个月之后离职。

玛丽十分气愤，逢人就大声嚷嚷：“我在公司干了这么多年，平时兢兢业业，工作没有任何差错，就是没有功劳也有苦劳嘛，凭什么解雇我？”开始的时候，其他同事出于同情，还会安慰她几句，可玛丽老是唠唠叨叨，尤其是她竟含沙射影，仿佛自己被人陷害了似的，看谁都不顺眼，对谁都没有好脸色。慢慢就闹得大家都怕遇见她，看到她来了，就远远躲开或绕道而行。玛丽还把气发泄在工作上，心想：“反正我在这儿只有一个月了，干好干坏一个样，干吗还那么好好干呀，就让陷害我的人和老板遭受损失去吧。”结果，她的工作做得相当糟糕。

杰西卡看到自己的名字上了解雇名单后，当然也难过了一阵，但她的态度和玛丽截然不同：既然只有一个月时间了，不如给大家留个好印象。于是，她从不对别人抱怨什么，别人偶尔提起时，她反而说自己能力不足，需要再好好学习。她还逢人就道别：“过些日子，我就要走了，不能再与你们共事了，请多保重。”大家见她这么做，反而更亲近她了，这也让她的心情好多了。在工作上，杰西卡的想法是：“在岗一天就应该认真干一天，尽量给公司、老板和同事留下一些好的回忆，即使我走了，也有人会想起我。”

一个月很快到了，玛丽如期离职，杰西卡却被老板留了下来。老板说：“像杰西卡这样即使被解雇了，还这么认真对待工作的员工，更是我们需要的，我们怎么舍得让她离开呢？”

点评

对于那些没有怨言、默默奉献的人，暂时看起来是有些傻，而且也不一定能被老板看到，可这些“傻”人往往具有强烈的责任感，他们这样做并不是为了给谁看，而是完全出于对工作的负责，而且会把这种负责贯穿到工作的始终。

只要你对待工作总是认真负责，长此以往，总有被老板发现的时候，而老板是完全能够分清谁“傻”、谁“聪明”的。

在工作中，你获取的不仅仅是工资，还有更重要的经验、能力和机会。有责任感的人不会用聪明或傻作为自己的标准，主动承担责任可以说是他们与生俱来的好品质，他们不会计较所谓的“聪明”或“傻”，即使因为暂时的傻而吃亏，只要有这样的品质，无论到哪儿都会受到欢迎和重用。

良农不为水旱不耕，良贾不为折阅不市，士君子不为贫穷怠乎道。

——荀子

二、增强职责意识，提高工作质量

（一）做到勇于承担责任

通常，对于“承担责任”一词我们可以从两方面理解：一是指分内应做的事，如职责、岗位责任等；二是指没有做好自己的工作，而应承担的不利后果或强制性义务。

在工作中每个人都有自己的责任，只有清楚地认识到自己的责任，才能更好地承担责任。有些人之所以工作出现问题，就是因为不清楚自己的责任造成的，他们把本该属于自己的责任看成与自己无关的事情，所以没有尽心尽力地去工作。当明确了自己的责任后，才会有的放矢，懂得统筹安排，把工作做得趋于完美。所以学会认清责任，就是为了更好地承担责任。但是如果我们仅仅满足于明确责任，尽职尽责地完成分内的任务，还是远远不够的。因为，你承担多大的责任，就会获得多大的成功，如果你想成功，除了努力做好本职工作外，还应该主动去做一些分外的事，只有这样，你才能时刻保持斗志，在工作中不断锻炼、充实自己，并得到领导的认可，获得更好的发展机会。即使你的投入无法立刻得到相应的回报，也不要气馁，继续一如既往地付出吧，回报可能会在不经意间以出人意料的方式出现。你的心情会随之明媚，智慧会随之增长，你的周围会聚集更多志同道合的同事，让你在不知不觉中成为一个优秀团队的核心。

但是，不管你多么地努力、尽职尽责，有时还是多少会现出一些问题，因为，没有谁能做得尽善尽美。当问题出现时，人们往往会对承认错误怀有恐惧，因为，承认错误常常就意味着将承担责任或接受惩罚。有些不负责任的员工，首先会将问题归罪于客观原因或者他人，总是寻找各式各样的理由和借口来为自己开脱。这样会让领导觉得你不但缺乏责任感，而且还不愿意承担责任。如何对待已经出现的问题，能看出一个人是否能够勇于承担责任，是否具有基本的职业道德。一个主动承认错误的员工至少是勇敢的，是值得信任和尊重的。

如果将勇于承担责任内化成自己的一种习惯和生活态度，我们就会自然而然地承担起责任，而不是刻意地去做。当我们少一些抱怨，多一些感恩；少一些牢骚，多一些敬业；少一些理由，多一些责任时，机会便会悄然而来。

人在履行职责中得到幸福，就像一个人驮着东西，但心里很舒畅；人要是没有它，不尽什么职责，就等于驾驶空车一样，也就是说，白白浪费。

——罗佐夫

案例 2-4 35个紧急电话

普通的一天，奥达克余百货公司却迎来一位并不普通的顾客——一位名叫基泰丝的美国记者。

基泰丝虽然是美国人，但是婆家却在东京。她来到奥达克余百货公司是为了给婆家买见面礼。在售货员热情的服务下，她买了一台"索尼"牌唱机。

奥达克余百货公司的热情服务，让基泰丝觉得自己的购物很愉快。但回到住所开机试用时，却意外地发现该机根本无法使用。顿时，她对奥达克余百货公司的好感一扫而光，取而代之的是火冒三丈。身为记者，基泰丝觉得自己非常有必要揭发商场的丑恶行为，以免消费者重蹈覆辙。所以，她迅速写好了一篇新闻稿，题目是《笑脸背后的真面目》。

然而就在基泰丝买走商品的下午，售货员很快就发现，自己误将一台样品卖给了一名美国顾客。于是，售货员立即向公司警卫做了报告，但是警卫们四处寻找却一无所获。

紧接着，售货员立即告知了公司经理，经理接到报告后，立即开始发动一切力量找寻基泰丝，然而寻找基泰丝并不容易，因为只知道她名叫基泰丝，是一位美国女记者，唯一的线索就是她留下的一张"美国快递公司"的名片。

为了对自己的顾客负责，百货公司开始了连夜查找，他们打遍了东京各大酒店的电话，但是仍然毫无结果。在这种情况下，百货公司仍旧没有放弃自己对顾客的责任，他们又打长途电话向"美国快递公司"日本大阪总部查询，终于找到了基泰丝父母的电话号码，经过他们才找到了基泰丝在东京的住址和电话。为了寻找基泰丝，百货公司总共打了35个紧急电话。

奥达克余百货公司在第二天一早，就立即给基泰丝打了道歉电话。接着，百货公司的副经理和提着大皮箱的公关人员，亲自前来拜访基泰丝。他们除了给基泰丝送来了合格的唱机外，还加送了一些小礼品，以表歉意。

基泰丝看到百货公司人员的诚意后，渐渐没有了怒气，这时，副经理把公司连夜纠正失误、寻找基泰丝的经过如实地说给基泰丝听，以争取她的谅解。

听完了讲述，基泰丝陷入了沉思，奥达克余百货公司为了让自己拿到合格的唱机，竟如此大费周折，还不惜打了35个紧急电话。基泰丝彻底被奥达克余百货公司的认真负责感动了。最终，她不仅撤下《笑脸背后的真面目》，还为此赶写了一篇新闻稿，题目叫《35次电话》。基泰丝的稿件很快引起了巨大反响，奥达克余百货公司一心为客户负责的名声，很快在消费者中传开了，越来越多的消费者慕名前来购买商品，百货公司一时间门庭若市。

点评 如果没有责任意识，就不会有这样大海捞针的行动，就不会有及时改正错误的机会。今天的市场竞争，从某种意义上讲，就是责任感的竞争。

（二）消除“差不多”思想

现代生活中很多人做事常常抱着“差不多”的心理，在工作中不求进取，马马虎虎，得过且过，对存在的问题懒得思考，对隐患不去克服，总觉的问题“差不多”解决了就行。其实人们都懂得“谋其上，得其中；谋其中，得其下”的道理。如果在工作中一直抱着这种“差不多”的心态，当一天和尚撞一天钟，长此以往，对自己的要求就会越来越低，工作质量就会逐步下降，终有一天要犯大错，甚至可能丢了饭碗。

案例2-5 “差不多”先生

你知道中国最有名的人是谁吗？提起此人可谓无人不知，无人不晓。他姓差，名不多，是各省各县各村人氏。你一定见过他，也一定听别人谈起过他。“差不多”先生的名字天天挂在大家的口头上，因为他是全国人的代表。

“差不多”先生的相貌和你我都差不多。他有一双眼睛，但看得不是很清楚；有两只耳朵，但听得不是很分明；有鼻子和嘴，但对气味和口味都不很讲究；他的脑子也不小，但他的记性却不很精明，他的思想也不是很缜密。

他常常说：“凡事只要差不多就好了，何必太精明呢？”

小的时候，妈妈叫他去买红糖，他却买了白糖回来。妈妈骂他，他摇摇头说：“红糖白糖不是差不多吗？”

他在学堂的时候，先生问他：“直隶省的西边是哪一省？”他说是陕西。先生说：

“错了。是山西，不是陕西。”他说：“陕西同山西，不是差不多吗？”

后来他在一个钱铺里做伙计，也会写，也会算，只是总不精细。十字常常写成千字，千字常常写成十字。掌柜的生气了，常常骂他。他只是赔笑道：“千字比十字只多一小撇，不是差不多吗？”

有一次，他为了一件要紧的事，要搭火车到上海去。他从容地走到火车站，迟了两分钟，火车已开走了。他白瞪着眼，望着远远的火车上的煤烟，摇摇头说：“只好明天再走了，今天走同明天走，也还差不多。可是火车公司未免太认真了。八点三十分开，同八点三十二分开，不是差不多吗？”他一面说，一面慢慢地走回家，心里总不明白为什么火车不肯等他两分钟。

有一天，他忽然得了急病，赶快叫家人去请东街的汪医生。家人急急忙忙地跑去，寻不着东街的汪大夫，却把西街的牛医王大夫请来了。“差不多”先生病在床上，知道寻错了人，但病急了，身上痛苦，心里焦急，等不得了，心里想道：“好在王大夫同汪大夫也差不多，让他试试看吧。”于是这位牛医王大夫走近床前，用医牛的法子给差不多先生治病。不一会儿，差不多先生就一命呜呼了。

“差不多”先生将死的时候，一口气断断续续地说道：“活人同死人也差不多，凡事只要差不多就好了，何必太认真呢？”他说完了这句格言，方才绝了气。

点评

1% 的错误会带来 100% 的失败。“差不多”心理要不得！一个粗枝大叶、不讲细节的人，不管走到哪里，都是不会受到欢迎的，更不会有多大的成功，因为细节决定成败。有时我们所缺少的不是技术、设备、流程和理念，而是消灭这种“差不多就可以”的心理的决心。

以上案例选自著名学者胡适先生于八十多年前写的《差不多先生传》。“差不多”所反映出来的是没有认识到标准的重要性、做事不认真、不负责任、对自己要求不够严格、没有更高目标的风气。一个由许多人组成的公司是经不起连续差 1% 的“差不多”的。由上到下传达一项任务，如果一个人差 1%，下一个人又差 1%，等到真正执行任务的人接到这项任务的时候，恐怕这项任务已经变得面目全非了，而他会做出什么样的工作也就可想而知了。同样，当由下向上传递一项建议的时候，每一层的人都抱着“传递得差不多就可以了”的心理，最后到最高层领导那里，你的建议就可能变成了一项对你的惩罚措施。

我们每个人、每个企业，都要努力避免陷入到这个误区当中。无论做什么事情，都要多问自己几次“真的可以‘差不多’吗？差的那一点会给自己、给公司、给顾客带来什么害处？”消灭“差不多”心理，完善自己的责任意识系统，并不是一个不可实现的梦。

（三）注意“细节决定成败”

我国伟大的思想家老子曾说：“天下难事，必作于易；天下大事，必作于细。”细节到位，执行力必然就有了。因此，作为员工，应该把做好工作当作义不容辞的责任，而非负担，要认真对待、注重细节，不能有半点的马虎大意。工作的意义在于把事情做好，应以较高的、大家认同和满意的标准来要求自己。

案例 2-6 平凡因细心而不平凡

2003 年 9 月，谭某从旅游学院毕业。学旅游管理专业的他本来希望成为一名导游，可最后却到大连香格里拉酒店做了送餐员。2005 年秋，他被推荐参加集团的贴身管家培训。两个多月的紧张训练后，谭某不仅顺利过关，还成为金牌学员。

2006 年 8 月，酒店总统套房贴身管家职位升迁，留下了一个空缺，经过层层选拔，谭某最终从 900 多名基层员工中脱颖而出，正式出任贴身管家。

2007 年 9 月 6 日，夏季达沃斯论坛在大连隆重举行。论坛创始人、主席施瓦布要下榻香格里拉大酒店总统套房。谭某通过浏览外国网站，输入关键字搜索，查看过期报纸，得知施瓦布喜欢喝鲜榨果蔬汁，对古董收藏情有独钟，等等。谭某将准备工作做得无微不至。当日，当施瓦布迈进总统套房时，不由眼前一亮，书桌一旁，摆放着一本由谭某精心挑选的古董研究书籍，不太厚，英文版的。茶几上放的是刚刚榨好新鲜果汁，他端起来喝了一口，有些意外。这杯果汁，居然跟他在瑞士家中太太希尔德所榨的口味一样。这也太神奇了吧？原来谭某之前浏览外国网站时，无意间发现一家女性刊物采访施瓦布妻子的文章，其中就透露了她做鲜味果汁的养生小贴士。

2009 年 9 月 10 日，夏季达沃斯论坛再次在大连举行。这座城市有多家条件极好的五星级大酒店，行业竞争十分激烈。早在 6 月的一天，香格里拉酒店总经理便接到了从瑞士打来的电话，对方是施瓦布的秘书，他要为施瓦布预定总统套房。这位秘书说道：“上次论坛期间，贵酒店服务质量非常好，尤其是一位叫谭某的年轻人给老板留下了非常好的印象，希望这一次还能得到他的服务。”秘书还特别提出：“施瓦布先生指定香格里拉酒店承接此次论坛的欢迎晚宴，届时，将有超过 1000 位国家元首、大财团 CEO、总裁及企业精英参加。”谭某没有想到，自己当初的一些悉心的照料，竟会为酒店接到如此大单发挥作用。

12 日晚，施瓦布一行就要离开大连了。前来送行的人很多，有中央、省、市等各级政要和商界名人，按照酒店的规定，贴身管家只能送到酒店门口。因此，谭某跟随人流，走到酒店门口，便停下来。施瓦布的首席保镖飞快地跑进酒店，一把拉住谭某的手，急切地说："快来，施瓦布先生点名要和你道别呢！"谭某随着他走近施瓦布，一时间激动得不知说什么好。施瓦布亲切地握住他的手，对酒店总经理夸道："这位年轻人工作非常出色。以后我来大连，还要入住你们香格里拉酒店！"

点评

成功是一个日积月累、持续不断的过程，任何想侥幸、速成的想法都注定要失败的。努力做事只能把事情做对，用心做事才能把事情做好。要把重视细节、将小事做细培养成一种习惯。机会往往隐藏在细节之中。

把每一件简单的事做好就是不简单；把每一件平凡的事做好就是不平凡。

——张瑞敏

看不到细节或不把细节当回事的人，则对工作缺乏认真的态度，对事情只能敷衍了事，更是一个缺乏责任心的问题。这种人无法把工作当作一种乐趣，而只是当作一种不得不受的苦役，因而在工作中也会有缺乏热情的表现。能够考虑到细节、注重细节的人，不仅认真对待工作，将小事做细，而且注重在做事的细节中找到机会，从而使自己走上成功之路。

美国标准石油公司曾经有一位小职员叫阿吉伯特。他在出差住旅馆的时候，总是在自己签名的下方写上"每桶 4 美元的标准石油"字样，在书信及收据上也不例外，签名后一定写上那几个字。他因此被同事叫作"每桶 4 美元"，而他的真名反而没有人叫了。公司的董事长洛克菲勒知道这件事后说："竟有职员如此努力宣扬公司的声誉，我要见见他。"于是邀请阿吉伯特共进晚餐。后来，洛克菲勒卸任，阿吉伯特成了第二任董事长。

在签名的时候署上"每桶 4 美元的标准石油"，这算不算细节？严格说来，这件小事并不在阿吉伯特的工作职责之内。但是阿吉伯特做了，并坚持把这个细节做到了极致。那些嘲笑他的人中，肯定有不少人的才华、能力在他之上，可是最后，只有他成了董事长。

通过上面的案例我们不难发现，注重细节也是一个人有责任心、有责任感的体现。我们不奢望自己取得多么辉煌的成就，赢得世人的敬仰，但我们完全可以做一个有责任感的平凡人，本着"工作无小事"的态度去工作，赢得自尊和别人的尊重，这样我们的工作乃至生活都会变得更加轻松和快乐。

行动训练

训练一 责任大拷问

训练要求：

（1）每个同学思考以下问题：我做过错事吗？我让身边的人伤心过吗？我愿意承认错误吗？我承认过错误吗？我应该怎么做？

（2）勇敢地说出自己的答案，在分享过程中，使同学们认识到“抬头要有底气、低头要有勇气”的道理。

训练二 “对不起，我错了！”

训练要求：

（1）将全班同学分成若干个小组，每组人数在8人左右。

（2）各组成员相隔一臂站成几排，根据老师指令行动。喊“一”时，向左转；喊“二”时，向右转；喊“三”时，向前跨一步；喊“四”时，向后转；喊“五”时，原地不动。

（3）当有人做错时，做错的人要走出队列，站到大家面前先鞠躬，然后举起右手高声说：“对不起，我错了！”

（4）几个回合之后，请各组讨论出错时的心理状态、勇敢站出来的感觉以及做这个训练的感想，并派一名代表做总结发言。

同步校园活动："诚信是金"主题讨论会

活动要求

（1）全院各班采用"团支部活动"或"班会"的形式开展讨论会。鼓励同学们利用视频、PPT等辅助方法进行交流探讨，并邀请辅导员指导和参与，提高讨论会的效果。

（2）此主题讨论旨在引导同学们认识诚信的重要性，培养诚信意识。讨论过程中，同学们可以讲述关于诚信的经典故事，分享诚信的名言，列举大学生求职造假、考试作弊等不诚信的表现和不良影响，讨论社会诚信危机的问题，提高同学们对诚信这一良好品格的认同感，进而学会诚信做人。

（3）各班在开展讨论会时，需营造良好的活动氛围，如黑板上有主题："诚信是金——××班主题讨论会"，拍摄照片等，并将主题讨论会的相关资料（如照片、总结、发言稿、PPT等）整理存档，以备参加各类优秀集体评比活动。

拓展阅读

阅读一 三袋米的故事

这是一个真实的故事。这是个特困家庭，儿子刚上小学时，父亲去世了。娘儿俩相互搀扶着，用一堆黄土轻轻送走了父亲。

母亲没改嫁，含辛茹苦地拉扯着儿子。那时村里没通电，儿子每晚在油灯下书声朗朗、写写画画，母亲拿着针线，轻轻、细细地将母爱密密缝进儿子的衣衫。日复一日，年复一年，当一张张奖状覆盖了两面斑驳陆离的土墙时，儿子也像春天的翠竹，噌噌地往上长。望着高出自己半头的儿子，母亲眼角的皱纹布满了笑意。

当满山的树木泛出秋意时，儿子考上了县重点一中。母亲却患上了严重的风湿病，干不了农活，有时连饭都吃不饱。那时的一中，学生每月都得带30斤米交给食堂。儿知道母亲拿不出，便说："娘，我要退学，帮你干农活。"母亲摸着儿的头，疼爱地说："你有这份心，娘打心眼儿里高兴，但书是非读不可。放心，娘生你，就有法子养你。你先到学校报名，我随后就送米去。"儿固执地说不，母亲说快去，儿还是说不，母亲挥起粗糙的巴掌，结实地甩在儿脸上，这是16岁的儿第一次挨打。

儿终于上学去了，望着他远去的背影，母亲在默默沉思。

没多久，县一中的大食堂迎来了姗姗来迟的母亲，她一瘸一拐地挪进门，气喘吁吁地从肩上卸下一袋米。负责掌秤登记的熊师傅打开袋口，抓起一把米看了看，眉头就锁紧了，说:“你们这些做家长的，总喜欢占点小便宜。你看看，这里有早稻、中稻、晚稻，还有细米，简直把我们食堂当杂米桶了。”这位母亲臊红了脸，连说对不起。熊师傅见状，没再说什么，收了。母亲又掏出一个小布包，说:“大师傅，这是5元钱，我儿子这个月的生活费，麻烦您转给他。”熊师傅接过去，摇了摇，里面的硬币叮叮当当。他开玩笑说:“怎么，你在街上卖茶叶蛋？”母亲的脸又红了，支吾着道个谢，一瘸一拐地走了。

又一个月初，这位母亲背着一袋米走进食堂。熊师傅照例开袋看米，眉头又锁紧，还是杂色米。他想，是不是上次没给这位母亲交代清楚，便一字一顿地对她说:“不管什么米，我们都收。但品种要分开，千万不能混在一起，否则没法煮，煮出的饭也是夹生的。下次还这样，我就不收了。”母亲有些惶恐地请求道:“大师傅，我家的米都是这样的，怎么办？”熊师傅哭笑不得，反问道:“你家一亩田能种出百样米？真好笑。”遭此抢白，母亲不敢吱声，熊师傅也不再理她。

第三个月初，母亲又来了，熊师傅一看米，勃然大怒，用几乎失去理智的语气，毛辣辣地呵斥:“哎，我说你这个做妈的，怎么顽固不化呀？咋还是杂色米呢？你呀，今天是怎么背来的，还是怎样背回去！”

母亲似乎早有预料，双膝一弯，跪在熊师傅面前，两行热泪顺着凹陷无神的眼眶涌出:“大师傅，我跟您实说了吧，这米是我讨……讨饭得来的啊！”熊师傅大吃一惊，眼睛瞪得溜圆，半晌说不出话。

母亲坐在地上，挽起裤腿，露出一双僵硬变形的腿，肿大成梭形。母亲抹了一把泪，说:“我得了晚期风湿病，连走路都困难，更甭说种田了。儿子懂事，要退学帮我，被我一巴掌打到了学校……”

她又向熊师傅解释，她一直瞒着乡亲，更怕儿知道伤了他的自尊心。每天天蒙蒙亮，她就揣着空米袋，拄着棍子悄悄到十多里外的村子去讨饭，然后挨到天黑后才偷偷摸进村。她将讨来的米聚在一起，月初送到学校。母亲絮絮叨叨地说着，熊师傅早已潸然泪下。他扶起母亲，说:“好妈妈啊，我马上去告诉校长，要学校给你家捐款。”母亲慌不迭地摇着手，说:“别、别，如果儿子知道娘讨饭供他上学，就毁了他的自尊心，影响他读书可不好。大师傅的好意我领了，求你为我保密，切记切记！”母亲走了，一瘸一拐。

校长最终知道了这件事，不动声色，以特困生的名义减免了儿子三年的学费与生活费。三年后，儿子以627分的成绩考进了清华大学。欢送毕业生那天，县一中锣鼓喧天，校长特意将母亲的儿子请上主席台，此生纳闷:“考了高分的同学有好几个，为什么单单请我上台呢？”更令人奇怪的是，台上还堆着三只鼓囊囊的蛇皮袋。此时，熊师傅上台讲了母亲讨米供儿上学的故事，台下鸦雀无声。校长指着三只蛇皮袋，情绪激昂地说:“这就是故事中的母亲讨得的三袋米，这是世上用金钱买不到的粮食。下面有请这位伟大的母亲上台。”

儿子疑惑地往后看，只见熊师傅扶着母亲正一步一步往台上挪。我们不知儿子那一刻在想什么，相信给他的那份震动绝不亚于惊涛骇浪。于是，人间最温暖的一幕亲情上演了，母子俩对视着，母亲的目光暖暖的、柔柔的，一绺儿有些花白的头发散乱地搭在额前，儿子猛扑上前，搂住她，嚎啕大哭："娘啊，我的娘啊……"

阅读二 父亲送我上大学

那一天，是父亲第一次穿皮鞋，并且在粗糙的脚上套了一双劣质丝光袜子。那一天，父亲还特意刮了胡子，使他看起来不再过分地苍老。那一天，父亲送我出门上大学。

吃完早饭，父亲的腰板挺得直直的，碰到早起拾粪的老头儿，父亲就抢先神采奕奕地打招呼："起这么早啊！送孩儿上学去呢！"父亲的语气里充满了骄傲和自豪。

坐火车的人特别多，我们是没有买到座票的。父亲手里捏着两张没座的车票，说："好在时间也不长，挺一挺就过去了，你整天上学的，身子弱，怕经受不住吧，有下车空下来的座儿，我给你寻一个。"

火车进站了。父亲扛着包奋力往车门里挤，边呼喊着我的名字，瞅空还伸出一只手来把我往里拉扯。我们被人流推着往前走，到了一排座椅旁，看中间有个座位没人，父亲赶紧把包放在地上，用手抓牢椅背，喊住我，不走了。座位那一端的乘客正将脚舒适地放在那个空座位上，见我们突然停在前面不走了，就马上警觉起来，不耐烦地冲我们嚷道："走啊！站在这里干嘛，挤得都透不过气了，前面有空座位呢！"父亲小心地赔着笑，说："对不住，对不住，小孩儿身子弱，都快挤不动了。这个位置有人么？"那人更不耐烦了："有！上厕所了，哼！"说着，生硬地转过头，留给我们一个后脑勺。父亲尴尬地笑了笑，不知道说什么好，两只大手不知所措地搓着。我看不下去了，说："站着吧，爸，没事的！"父亲看了看我满脸的汗水，没应声。重新转过头，面对那人，鼓了鼓气，又将笑容堆满了脸，连眼角的皱纹都挤得密密麻麻的。父亲说："您行个方便吧！我这是个学生娃，头回出门，上大学哩！念了十几年的书，身子骨都熬坏了，大人没事，我怕他遭不了这个罪，您就行个方便给他坐一会儿吧！您的人来了孩儿就起来。"那人终于回头看了看我，极不情愿地把脚挪开了。父亲赶紧说："谢谢，谢谢！我不会抽烟，要不非得敬您一支哩！"

那个座位后来再没有来过人。我靠在椅背上迷迷糊糊睡了一夜。几次停靠站时醒来，睁开模糊的眼，见父亲瘦高的身影依然直直地站着。我让了他好几次，每次都给他一句"站惯了"顶回去。父亲便这么站了大半夜，只是后来人少了，才能在包上坐一坐。下了火车，我对父亲说："您一眼也都没眨啊？"父亲说："没啥，一夜工夫很快就熬过来了。再说，贴身揣着几千块学费，心里也放不下啊！"

终于到我的大学了。这是我和父亲第一次见到大学什么样，堂堂皇皇的大门，门口还直挺挺地站着俩保安。我今后就要在这儿学习了！父亲把包拽了拽，挺起胸往里走，兴奋地对我说："还有警察给你把门哩！"

我的一切都安置下了，父亲还没地方住，我和他便一起找到学校的招待所去。一问，20元一个铺位，我和父亲都吓了一跳，父亲说："就这一晚？"他犹豫了一会儿，说："住下就住下吧，不过也不急这一会儿。现在我们出去走走，看你还缺啥，置办了，晚上我再回来交钱，反正床铺是有的。"我知道他心下一时舍不得掏20块钱出来，只好不勉强他，心想让他缓一缓也好。

父亲在寝室里跟我一块儿待到很晚。我晓得他想跟我多说说话。然而，他的话却不多，大多时候是干坐着，隔三岔五的才重复一句。

夜深了。我说："爸我送您去招待所吧，昨晚没合一眼，早点儿躺躺吧！"父亲挺起瘦高的身躯，说："那好，我去了，你也抓紧睡下，不要送！"我执意和他一起去。父亲说："别执拗，我又不是不识得路。睡下吧，我走了。"蹬蹬蹬，说着，他瘦高的身影已迅速在楼梯下消失。

第二天，我起了个大早，去招待所找父亲。他肯定不舍得在这儿长住，说不准今天就走了。校园里的空气也像家里一样，稀稀薄薄的，只不过道路却宽广，没有尘，路边的树干上还扯着许多花花绿绿迎新的条幅。我走在路上，想家，心想："妈肯定也早起了吧？妈正在给猪娃、鸡仔喂食吧？她还在呆呆地念挂着她的儿子吧？"我有些伤感。这时，就在这时，我看到了父亲。稀薄的空气中，他躺在路边的一个石椅上，枕着提包，瘦高的身躯困难地蜷在一起，一条胳膊在椅子外面耷拉着，他好像正睡得沉沉的。爸咋会躺在这儿？没去招待所？我脑里一片空白，猛地冲上去叫道："爸！爸！爸！……"父亲睁开眼，噌地坐起来，揉揉眼，看清是我，尴尬地一笑，慌乱说："你咋起这么早？"我不说话。这会儿，父亲刻满倦容的脸十分清晰地放大在我眼前，脸上那松弛的皮肤，还有鬓边那一片灰白的头发茬，父亲老了！父亲竟然睡在外面！20元钱！我的心好像针刺一般，痛，都麻木了。父亲伸伸胳膊轻轻打了几个呵欠，我看得出，他在掩饰他的慌乱。他解释说，这招待所咋恁死，回去时关门了，叫也叫不开。我说："您别说了爸，别说了，我知道！"父亲搓着手，不再吭声了。沉默了好一会儿，他才又低沉地说："也不是舍不得那几个钱，主要是不划算。大热天的，外面打个盹儿算啥？搁家的时候，不还寻着往外乘凉么？钱该花的时候就花，你在外面哩！别让恁妈操心！"

当天下午，父亲乘火车走了。还是没买座位票。

阅读三 责任感可以创造奇迹

几年前，美国著名心理学博士艾尔森对世界100名各个领域中杰出人士做了问卷调查，结果让他十分惊讶——其中61名杰出人士承认，他们所从事的职业，并不是他们内心最喜欢做的，至少不是他们心目中最理想的。

这些杰出人士竟然在自己并非喜欢的领域里取得了那样辉煌的业绩，除了聪颖和勤奋之外，究竟靠的是什么呢?

带着这样的疑问，艾尔森博士又走访了多位商界英才。其中纽约证券公司的金领丽人苏珊的经历，为他寻找满意的答案提供了有益的启示。

苏珊出生于中国台北的一个音乐世家。她从小就受到了很好的音乐启蒙教育，非常喜欢音乐，期望自己的一生能够驰骋在音乐的广阔天地，但她阴差阳错地考进了大学的工商管理系。一向认真的她，尽管不喜欢这一专业，可还是学得格外刻苦，每学期各科成绩均是优异。毕业时被保送到美国麻省理工学院，攻读当时许多学生可望而不可即的MBA。后来，她又以优异的成绩拿到了经济管理专业的博士学位。

如今她已是美国证券业界风云人物，在被调查时依然心存遗憾地说："老实说，至今为止，我仍不喜欢自己所从事的工作。如果能够让我重新选择，我会毫不犹豫地选择音乐。但我知道那只能是一个美好的'假如'了，我只能把手头的工作做好……"

艾尔森博士直截了当地问她："既然你不喜欢你的专业，为何你学得那么棒？既然不喜欢眼下的工作，为何你又做得那么优秀？"

苏珊的眼里闪着自信，十分明确地回答："因为我在那个位置上，那里有我应尽的职责，我必须认真对待。""不管喜欢不喜欢，那都是我自己必须面对的，都没有理由草草应付，都必须尽心尽力，尽职尽责，那不仅是对工作负责，也是对自己负责。有责任感可以创造奇迹。"

艾尔森在以后继续的走访中，发现许多成功人士的反思与苏珊的思考大致相同——因为种种原因，我们常常被安排到自己并不十分喜欢的领域，从事了并不十分理想的工作，一时又无法更改。这时，任何的抱怨、消极、懈怠，都是不足取的。唯有把那份工作当作一种不可推卸的责任担在肩头，全身心地投入其中，才是正确与明智的选择。正是这种"在其位，谋其政，尽其责，成其事"的高度责任感的驱使下，他们才赢得了令人瞩目的成功。

从艾尔森博士的调查结论，使人想到了我国的著名词作家乔羽。他曾在中央电视台艺术人生节目里坦言，自己年轻时最喜欢做的工作不是文学，也不是写歌词，而是研究哲学或经济学。他甚至开玩笑地说，自己很可能成为科学院的一名院士。不用多说，他在并非最喜欢和最理想的工作岗位上兢兢业业，为人民做出了家喻户晓、人人皆知的贡献。

"热爱是最好的教师"，"做自己想做的事"，这些话已经是耳熟能详的名言。但是，"责任感可以创造奇迹"，却容易被人忽视。对许多杰出人士的调查说明，只要有高度的责任感，即使在自己并非最喜欢和最理想的工作岗位上，也可以创造出非凡的奇迹。

模块三

塑造职业形象

素养提升目标： 1. 掌握最基本的校园礼仪；

2. 掌握最基本的职业礼仪。

项目 1　校园礼仪——顺利就业的奠基石

案例引导

二个经典的礼仪故事

故事一　孔子尊师

公元前 521 年春，孔子得知他的学生宫敬叔奉鲁国国君之命，要前往周朝京都洛阳去朝拜天子，觉得这是个向周朝守藏史老子请教“礼制”学识的好机会，于是征得鲁昭公的同意后，与宫敬叔同行。到达京都的第二天，孔子便徒步前往守藏史府去拜望老子。正在书写《道德经》的老子听说誉满天下的孔丘前来求教，赶忙放下手中笔，整顿衣冠出迎。孔子见大门里出来一位年逾古稀、精神矍铄的老人，料想便是老子，急趋向前，恭恭敬敬地向老子行了弟子礼。进入大厅后，孔子再拜后才坐下来。老子问孔子为何事而来，孔子离座回答：“我学识浅薄，对古代的‘礼制’一无所知，特地向老师请教。”老子见孔子这样诚恳，便详细地讲述了自己的见解。回到鲁国后，孔子的学生们请求他讲解老子的学识。孔子说：“老子博古通今，通礼乐之源，明道德之归，确实是我的好老师。”同时还打比方赞扬老子，他说：“鸟儿，我知道它能飞；鱼儿，我知道它能游；野兽，我知道它能跑。善跑的野兽我可以结网来逮住它，会游的鱼儿我可以用丝条缚在鱼钩来钓到它，高飞的鸟儿我可以用弓箭把它射下来。至于龙，我却不能够知道它是如何乘风云而上天的。老子，就像龙一样啊！”

故事二　晏子讲礼

一次，齐景公举行酒宴，饮到高兴处，便对大臣们说：“各位痛快地饮酒，不要拘束君臣礼节！”晏子听说后，容色顿变，严肃地对齐景公说：“国君的话不妥！禽兽都是以雄健有力者为首，弱肉强食，所以天天都在更换首领。大臣们如果抛弃礼节，就有更换国君的危险，敢问您将如何处理呢？”景公听了，很不高兴地背过身子，不让他继续说下去。过了一会儿，景公出去了。回来后，晏子坐着不动，也不起立，君臣碰杯，晏子先饮。景公怒容满面，瞪着晏子说：“刚才你不是还教训我人不可没有礼节吗？你讲的礼节哪儿去了？”晏子离开座席，向景公拜了再拜，恭敬地说：“我哪里敢这样呢？之所以这样做，是想让国君了解没有礼节的实际情形啊。”景公听了，恍然大悟，说：“看来是我的错啊！先生请入座，我按您说的办好了。”此后，景公完善礼制、整顿法度来治理齐国，由此官员守礼，百姓肃然。

案例启示

中华民族自古以来素以重“礼仪”而著称。古往今来，许多来到中国的外国友人，看到这里的人们普遍接受礼仪的教化与熏陶，在言行举止上以讲礼仪为美德，待人谦恭温和，相互间关系融洽，心里钦羡之余，发出由衷的感叹：中国实为“礼仪之邦”！从此，中国人也以其彬彬有礼而著称于世。

知识提升

礼仪是人类为维系社会正常生活而要求人们共同遵守的最起码的道德规范，它是人们在长期的共同生活和相互交往中积淀下来的一种文化，并始终以某种精神的约束力支配一个人的行为；它是人类文明进步的重要标志，是推动时代发展和促进个人成功的重要因素。所以，当代大学生应该重视和学习最基本的礼仪知识。

“礼”即礼貌、礼节；“仪”即仪表、仪态、仪式。礼仪是对礼貌、礼节和仪式的总称。

礼仪是指在交往中体现出来的人们之间互相尊重的意愿，就是与人交往的程序、方式及实施交往行为时的外在表象方面的规范，包括语言、仪容、仪态、风度，等等。

荀子说：“人无礼则不生，事无礼则不成，国无礼则不宁”。精辟阐明了“礼”对社会生活的重要性。

金正昆教授指出，站在不同的角度上，往往还可以对礼仪这一概念做出种种殊途同归的界定：

从个人修养的角度来看，礼仪可以说是一个人的内在修养和素质的外在表现；

从道德的角度来看，“道德仁义，非礼不成”；

从交际的角度来看，礼仪可以说是人际交往中实用的一种艺术，也可以说是一种交际方式或交际方法；

从民俗的角度来看，礼仪可以说是在人际交往中必须遵行的律己敬人的习惯形式；

从传播的角度来看，礼仪可以说是一种在人际交往中进行相互沟通的技巧；

从审美的角度来看，礼仪可以说是一种形式美。

礼仪不仅可以体现一个人的个性气质、道德修养、审美情趣和文化品位，而且也是提升个人形象、扩大社会交往、促成事业成功的一个重要条件。大学生是当代优秀青年群体的代表，也是未来各行各业的主力军。随着我国教育改革和发展的不断深入，个人素养的提高将是增强毕业生就业竞争力的重要砝码。因此，学习礼仪知识，注重礼仪修养，理所应当成为当今大学生的一门重要必修课。

当代大学生肩负着对国家、对社会更高的责任感和历史使命，因此不仅应该学好文化知识，还需要在方方面面用礼仪素养不断丰富自己。校园礼仪是大学生提高礼仪素养的第一步。

一、大学生个人礼仪

一般而言，人们对于一个人的评价与看法，通常与对他的第一印象直接相关。具体来看，人们对于一个人的第一印象，主要来自对其仪容、服饰、谈吐等方面的综合认识，而大学生们所要塑造和维护的个人形象也应该从这些方面着手。

（一）大学生的仪容

青年学生正处于朝气蓬勃、生命力旺盛的时期，爱美之心，人皆有之，但学生仪表美最难得的是大方自然，清纯率真，即“清水出芙蓉，天然去雕饰”，其具体要求如下：

1. 讲究卫生

要做到清新自然，关键是要讲究卫生。完善仪表，从头开始，应勤洗头，杜绝头屑，别让头上“雪花飘飞”；脸是人最清洁、最精致的面部名片，应勤洗、勤护理；及时刷牙，去除口腔食物残渣和异味，别让口腔出现“花红柳绿的春天”；勤洗手，保持清洁，避免病从口入；勤修指甲，保持手部的卫生；勤洗脚，勤换鞋袜，勤洗刷晾晒。

2. 设计发型

男生不宜留长发，应保持上不遮眉，侧不遮耳，后不遮领，不宜剃光头。女生不宜烫发，尤其是全烫。

3. 适度化妆

男生不宜化妆；女生在日常生活中，最好不化妆；若出席正式场合可化淡妆，但要做到清新自然，与服饰相配合，与时间、场合相协调。

4. 去除异味

去除异味的方法有刷牙、漱口、嚼口香糖、喝茶、吃薄荷等。

案例3-1 浓妆艳抹不相宜

一位职校女生，非常喜欢打扮，在一次开学前，特意去美发会所做了一个时髦发型。返校当天，她描了浓浓的眼影，涂了鲜艳的口红，耳朵上戴了一对又大又圆、明晃晃的耳环，指甲上涂了她最喜爱的深蓝色指甲油。校园里她的回头率的确很高，但不是因为漂亮，而是夸张的打扮，让人看着不舒服。

点评 "腹有诗书气自高"，"浓妆淡抹总相宜"。多读书，多加强内在的修养，才有助于提高穿衣打扮的品味，穿出成功形象，穿出魅力。

化妆，是修饰仪容的一种高级方法，它是指采用化妆品按一定技法对自己进行修饰、装扮，以便使自己容貌变得更加靓丽。

在人际交往中，进行适当的化妆是必要的。这既是自尊的表示，也意味着对交往对象较为重视。

上面提到的女学生在化妆的问题上，不懂得化妆要适度、自然的原则，结果弄巧成拙。

（二）大学生的服饰

大方得体的服饰能尽显青年人的青春活力，体现青年学生的自然清纯。所以，学生着装尽量不要太成人化，应根据时间、地点、场合来着装。在教室、图书馆、学术报告厅、餐厅等公共场所，不宜穿背心、拖鞋、超短裙、运动短裤等，更不宜图一时方便，把室内睡衣穿到公共场所。如果是娱乐、休闲时候，可以随意一些。女生忌穿过紧、过薄、过露、过短的服装。

案例3-2 他是学生吗？

炎热的夏季，一位知名企业家在系主任的陪同下走进礼堂准备作报告，这时闯进来一个男生，只见他染着金黄色头发，并且在头上扎了一个高高的小辫子，穿着荧光绿透视背心，橘黄色沙滩裤，脚踏人字拖，脖子上戴着闪闪的大金链子，手脖上带着金属骷髅手链，尤其左臂有面积很大的个性文身。企业家打量了他一眼，奇怪地问身边的主任："他是学生吗？"

点评

在学习场合，穿着得体是对老师和同学的尊重。虽然不要求我们西装革履，但是一定要符合学习场所的要求，男同学要穿长裤，女同学不能穿超短裙，也不适合穿拖及脚面的“沙滩裙”及色彩艳丽的“拼接撞色裙”。男女同学均不能穿拖鞋上课。

总之，大学生作为社会最具希望的一个群体，应该自觉以高标准严格要求自己。在日常学习、生活和工作中，应多着便于行动、适合年龄特征的休闲装、便装和校服。在一些特定的场合，着装应体现自己的文化层次、道德水准和审美情趣。

阅读感悟

礼义廉耻，国之四维，四维不张，国乃灭亡。

——管子

二、大学生交往礼仪

（一）与教师交往的礼仪

与教师的交往是大学生人际交往中最重要的内容。教师是大学生感悟人生、获取知识的引路人。古人云：“师同父母”，“滴水之恩必当涌泉相报”。为此，作为深受教师教诲之恩的大学生，在与教师交往的过程中应尊敬老师，尊重教师的劳动，虚心接受教师的批评教育，严格遵循有关的礼仪规范。

1. 课堂中应注意的礼仪

（1）为教师做好课前准备，如擦干净黑板、讲台，搬教学仪器等。

（2）上下课时要和老师相互致礼。

（3）在上课时，如果老师讲的内容没有听懂，应下课再问或举手示意，不可突然提出，这种做法是非常不礼貌的。

（4）老师提问学生时，学生应当站起来回答。答不上来的问题应表示歉意。在别人回答时，不应随便插嘴。别人答错了，也不应讥笑嘲讽。

（5）向老师请教时态度要谦虚，不要随便打断老师的讲述。若遇观点不同，可用征询语气委婉地说出自己的不同意见，谦虚地与教师探讨，不要反问和质问老师。

案例 3-3

不讲礼貌的小涛

本班男同学小涛在音乐课课间休息时，对着距他十几米远的钢琴老师大声喊道:“你过来一下！”正好被小涛叫的这位老师脾气很好，其温柔宽容的性格全校闻名。她没有生小涛的气，只是对小涛笑了笑，没有说话。小涛不理解，继续大声说:“你过来嘛，我有个问题要问你。”

这事引起了同学们的不满，大家纷纷指责小涛不讲礼貌。当然，小涛也及时地给老师赔了礼，道了歉。

点评

小涛的失礼之处在于：对老师不尊重，没有使用尊称“老师”和敬语“您”，缺乏礼仪修养；在公共场所大声喧哗，不守公共秩序，不守公德；向老师请教问题不虚心，不使用敬语“请”，大大咧咧、不拘小节；在女老师面前，不懂得尊重女士。

2. 进出办公室时应注意的礼仪

（1）学生进老师办公室一定要敲门，得到允许时方可进入。

（2）进入后轻关门，与视线所及的老师点头致意。

（3）注意不要坐在其他老师的座位上，也不要随便乱翻办公室的东西。

（4）事情办完，立即离开，并与老师礼貌告别，出门轻轻带上门。

（5）到办公室找领导，一定要预约。

案例 3-4

为学莫重于尊师

几位同学，肩并肩有说有笑地走着，迎面走来一位老师，他们也不认识，但当这位老师走到这几名同学身边时，其他人还在说笑，只有一位同学A，恭敬地鞠了一躬，说了声“老师好”。老师当然也很高兴地回答了一句“你好”，别的同学都没哼一声。等老师过去了之后，同学B说那个同学有病，不认识的老师还给鞠躬，同学C说他根本是装样子，给别人看的。同学A没有反驳他们，只是说了一句：“做一个有礼貌的人是做学生的最基本要求。”

点评　尊师重道是大学生应遵守的最基本的行为准则。在校园的每一位老师都潜移默化地教育和影响着我们，永远是我们值得尊重和敬爱的老师！

（二）与同学交往的礼仪

同学是大学生在校园生活中最主要的交往对象，与同学的交往礼仪主要体现在以下几个方面：

1. 相互尊重

（1）见面时要主动与同学打招呼问候。与同学打招呼一方面表示对对方的尊重，另一方面表明自己自信健康的心态。

（2）当同学遇到困难，如学习暂时落后、遭遇不幸、偶尔的失败时，不应嘲笑、讽刺、歧视，而应热情帮助，真诚地伸出援助之手。

（3）在与同学交往的过程中，要一视同仁，不能只跟经济条件好的或在班级、学院担任职务的同学交往。

2. 礼貌相待

（1）在有求于同学时，需用“请”“谢谢”“麻烦你”等礼貌语言，借用学习用品时，应先征得同意后再拿，用后及时归还并致谢。

（2）在打招呼时，可称同学的全称或称某某同学，如果关系比较亲密，也可以只称其名，而不称其姓。公开场合下不可称呼同学的小名或绰号。

3. 男女同学交往的注意事项

男女同学交往，要以礼相待，相互尊重，相互帮助。男同学应彬彬有礼，女同学应文雅大方，接触的地点要公开，举止、言谈要大方有礼，相互不要靠得太近。男女同学之间不宜过分亲昵，即使是恋人，也不能不分时间、不分场合地过分亲热，否则不但会让旁观者感到十分尴尬，也有损于自己的形象，而且不符合学生的身份，破坏了校园的风气。

男女同学之间，不能互起绰号，不能讲粗话、脏话和庸俗的传闻，不能久久凝视对方，不能打打闹闹。

对异性同学的容貌、身体和衣着，不应品头论足。对异性同学的弱点、缺点，不可进行嘲讽，而应热心帮助。

三、大学生校园礼仪

虽然大学生的社会活动不像社会工作人员那样频繁，一般经常出入的场合主要是办公室、教室、图书馆、食堂、学生活动中心等，但在这些简单的场所中也要遵守一定的礼仪规范。

（一）参观礼仪

新生入学，各系或学院往往会组织新生参观学校的图书馆、教学区等活动场所，这对于新同学迅速地熟悉大学校园，尽快地实现从中学生到大学生的转变有重要的作用。在参观过程中，要遵守参观礼仪，其具体内容如下：

（1）遵守纪律，听从指挥，提前集合好，按时到达参观地点。

（2）认真聆听介绍，不要讲话，不要对带队的老师或高年级的同学指指点点。未经允许，不要随便走动和随意翻东西。

（3）提问时要有礼貌，听完解答后应表示感谢。

（二）教室礼仪

教室是同学们学习的地方，同学们每天大部分时间都是在教室里度过的。为此，大学生应严格遵守教室的礼仪规范要求。

1. 整洁的仪容穿着

同学进入教室要面容清洁，头发整齐。男同学不要胡子拉碴，女同学不要化妆。衣服要整洁、大方。男同学在夏天不能穿背心、拖鞋到教室上课，更不能敞胸露怀，女生在穿着上更应该讲究，不能穿着过短、过透、过露的衣服，一方面对同学不够尊重，另一方面也不尊重老师。

案例 3-5

莫把课堂当球场

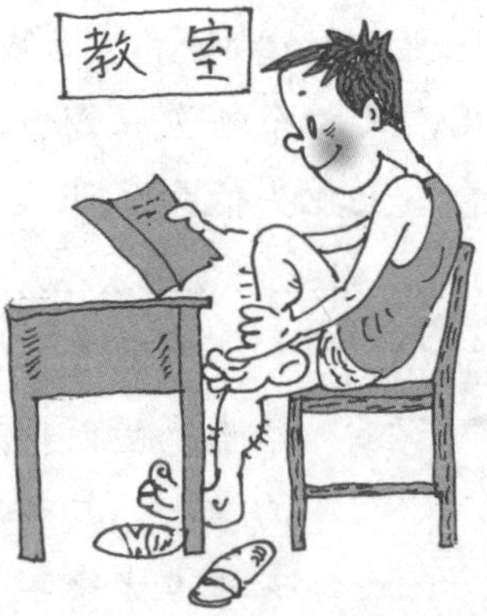

要上课了，同学们都走进教室准备上课，这时，班上一名男同学身着运动背心短裤，手持篮球走进来，在后排坐下后，脱下鞋给脚“放风”，顿时，班里的同学都回头看他，还有同学说了句：“什么味儿这么浓？”

点评

上面提到的男同学刚刚运动完，穿着短衣裤情有可原，但把脚拿出来却有些不雅。严格地说，在正式场合脚是不能裸露的，即不允许光着脚穿鞋子。一些使脚部过于暴露的鞋子，如拖鞋（包括凉拖）、夹趾拖、沙滩鞋都不适合在学习场合穿着，女学生的高跟鞋在教室、走廊中走动发出很大的“嗒嗒”声是很突兀的。

要保持脚部的卫生。鞋子、袜子要勤洗勤换，以防臭气熏人，更不要在上课的过程中脱掉鞋子，偷偷地给脚“放风”。

在教室里不适合把趾甲涂成五颜六色，也不适合佩戴能随着走路发出声响的脚链。

2. 举止得体

（1）在进入教室时，不要用脚踢门，也不要倚门。

（2）在进入教室以后，无论是坐，还是站立行走都要严格要求自己，按照礼仪规范行事。

（3）上课时不能吃东西，不能在下面搞小动作，如玩手机等。

（4）爱护教室的公共财产，不可在课桌上、椅子上或墙上乱涂乱画。

（5）如果不是讨论，上课时不要交头接耳，否则既影响其他的同学听课，又影响老师讲课。

案例 3-6 课堂中不合时宜的表现

6月的一个下午，第一节课上课的铃声刚刚响过，一位男生气喘吁吁地跑到教室门口，推门而入，然后径直走向座位，“哐当”一声坐下了。此时，老师和同学们的目光都聚焦到了他的身上。

随着老师讲授内容的深入，同学们有的在聚精会神地听着老师讲课，有的在一丝不苟地记着笔记。这时，坐在教室最后一排的一位男生却表现着倦态。只见他头枕着椅背，腿脚都伸到了前边同学的座位下。一会儿，伸伸懒腰；一会儿，又打个哈欠。忽然，这位男生又精神一振，端正坐好，手伸向上衣兜内，接着马上把头低向了课桌下面。啊，原来是“热线”打进来了！

点评 这位踏着上课铃的余音匆匆闯入教室、不顾及教室里老师和所有学生感受而把座位弄出很大声音的学生，这位不认真听讲且接听手机的学生，其表现既与课堂礼仪格格不入，更给自己作为一名头顶着高素质人才这一光环的大学生形象玷上了污点。

3. 注意保持教室的卫生和秩序

不要在教室里乱扔果皮、纸屑，不随地吐痰。在教室里随时保持安静、整洁，维持教室的良好学习环境。课间不要追逐打闹，更不能在走廊里吸烟，以免影响同学的学习和身心健康。课间休息时，在楼道内行走要靠右慢行，不要快速奔跑猛拐。如果是最后一个离开教室，要熄灯，关好门窗。

案例3-7 课堂变成了食堂

秦璐是大三学生，她告诉记者，有一次她没吃中午饭，让室友给她带了一份粉面皮到教室。但下午来上课的同学都在抱怨，教室里怎么有股冲鼻子的大蒜味。她和那个带饭的同学都觉得很尴尬。

点评 很多学生赶着上课，就在食堂打了饭带到教室吃。上课的时候，老师在台上讲课，学生在下面吃饭，教室里也是弥漫着饭香，这样肯定会影响上课质量。如果带的是气味大的食物，就“污染”了公共空间的空气。同学们要在食堂就餐，在教室、寝室等场所就餐，既不利于个人饮食卫生，也影响教室、寝室等场所的环境卫生。

案例3-8 由一台饮水机引发的……

某班的学生下晚自习后，只记住关教室里的电灯和电视，却忘了饮水机的开关还开着。深夜时分，因饮水机里的水被烧干，导致起火并引起电路线燃烧。火势很快蔓延到旁边的电视机、影碟机，整个教室陷入一片浓烟之中。所幸发现及时，大家齐心协力很快扑灭了火灾，没有造成人员伤亡，但给全校同学留下一个深刻的教训。

通过这个事故，全校师生更加重视安全问题，学院因此出台了许多新的安全措施，以保证大家的学习生活秩序。

点评 同学们的失礼之处在于，离开教室前忘了关闭电器和切断电源，以致发生火灾。出门三件事：切断电源；关水龙头；随手关门。这是每个人应尽的职责，更是学生应遵守的礼仪规范。如果不做好上述三件事，一是会造成资源的浪费，而且还可能会引起失火、被盗等安全事故。

（三）自习课礼仪

自习课是指在教师不上课或不在的情况下，学生自主学习的方式。为了提高学习效率，自习课要保持安静，所以自习课的礼仪不容忽视，下面就自习课的礼仪做如下介绍：

（1）上课铃声一响，按时进入教室，动作要轻，与同学对视时可点头示意，切忌用语言问候交流。

（2）自习课是课堂教学的延续，任何与学习内容不相关的事情都不要在自习课中进行。

（3）说话、嬉笑、打闹、搞小动作都是自习课不许出现的行为。

（4）自习课尽量不要走动，特殊情况出教室，需要坐在外边的同学起立让座时，应向其表示歉意并致谢。

（5）有问题需要问别人时，交谈一定要压低声音，不要影响别人。

（6）下自习时，不要大声喧哗；出教室门时，更不要拥挤。

案例 3-9 自习课上的几组镜头

镜头一：一天晚自习，一位“漂亮”女生，穿着吊带背心，时尚的欧款凉拖发出清脆的“嗒嗒”声，步入自习室，引来不少目光。在她步入教室一角的同时，“爱情话剧”也开始上演了。这位女生坐在一位男生的腿上，一边嗑着瓜子，一边亲昵地唠着属于他们的“悄悄话”。周围的同学只能无奈地纷纷离开这个特殊的角落。

镜头二：自习室前排第一桌，一位女生正在聚精会神地做着高数作业，只见她笔尖疾驰，正在桌面上进行着飞速的演算。难道她连一张演算草纸都没有吗？

镜头三：晚自习就要结束了，忽然一阵香气扑鼻而来，原来是一位打扮时髦的女生，从化妆包中取出了她的化妆盒，美美地化起妆来。此时，周围的几个男生捏着鼻子，无奈地摇了摇头。

点评

几组镜头，虽然只是个别现象，但它却给自习室——这个同学们钻研科学文化知识的场所，带来了不和谐的音符。自习室是“无声的课堂”，最重要的是要维持室内安静的学习氛围，这是取得良好学习效果的保证。自习虽无老师授课，却仍然是课堂教学的延续，任何与学习内容不相关的事情都不宜在自习室里进行。

（四）图书馆礼仪

图书馆是学习和查阅资料的场所，因此学生到图书馆，一定要遵守相应的礼仪规范，具体要求如下：

（1）进馆时仪容仪表要符合学生的身份，着装要文明，举止要文雅。

（2）办理借还书手续及进馆要按次序。

（3）就座时，移动椅子不要发出声音；不要为同学占座位，走路时要轻；阅读时不要出声。不要和熟人交谈，更不能大声喧哗，吃零食，扔废纸；不要在阅览室睡觉。

（4）查阅卡片和图书轻拿、轻翻、轻放；不能在书上乱涂，更不能私自剪裁图书资料。

（5）对书架书刊应逐册取阅，不要同时占有多份，阅后立即放回原处。

（6）借书后要仔细查看还书日期，要在规定的时间内还书。

案例 3-10 “窃书不算偷”

期刊室里，一位女生正在看电影期刊，青春偶像的彩色照片深深地吸引了她。趁人不注意，她悄悄地把那张照片撕了下来。

期刊室里，几位即将到校外实习的大三毕业生正在为撰写毕业论文搜集资料。一位男生正在看着一本权威的专业杂志。他欣喜地发现，多日的一篇论文终于找到了。他想到了孔乙己——“窃书不能算偷”，于是这篇文章成了他衣兜里的论文材料。

点评

图书馆是文献、信息中心，是一所学校信息化和社会化的重要基地，是教学、科研工作的重要组成部分。图书馆的馆藏正是由于它的完整性、延续性、共享性才充分地发挥作用。期刊是师生共享的资料资源，切不可以孔乙己的名言“窃书不能算偷”作为自己偷书的借口。这不仅不符合礼仪的要求，而且是极不道德的行为。

（五）食堂礼仪

食堂是大家共同用餐的场所。因为用餐的时间比较集中，人数较多，所以为了维持正常的秩序，大学生要遵守一定的食堂礼仪规范。

（1）如果骑自行车去食堂，要把自行车有序地停在停车区或停在不妨碍大家行走的地方，不能停在过道、食堂门口。

（2）有秩序地进餐厅，不要冲、跑、挤。

（3）排队购买饭菜，不插队，不拥挤。

（4）不要当着食堂工作人员的面，抱怨饭菜不好。如果有必要的话，可以用婉转的语气去建议。

（5）骨、刺及无法吃的其他东西，不要随地乱吐，可以放到餐具里或吐到自己准备的其他盛具里。

（6）吃东西或喝汤时要小口吞咽，闭嘴咀嚼，尽量不发出响声。

（7）应该爱惜食物，不要随便剩饭、剩菜。如果有无法吃的饭、菜，要倒进指定的桶里，不要往洗碗池、洗手池里倒。

（8）如果和师长在一起吃饭，要请长辈先入座。

（9）和师长、同学以及熟悉的人在一起吃饭，先吃完时要说“大家慢慢吃”。

案例 3-11 望“饼”兴叹

王鹤同学是一所高校大三的学生，他告诉记者，在学校食堂直接插队打饭的很少，可变相插队的不在少数。一次，他在食堂买卷饼，都轮到他了，但是排在他前面的同学帮刚到的熟人带了九个，饼就没了，急着上课的他只好离开。

点评 有秩序的排队是群众合作的最高境界，“分享”、“轮流”和“等候”是社交的规则，良好的秩序是学习、工作得以顺利进行的保障，变相插队虽方便了自己，却让别人反感。

生活中，排队不是硬性规定，而是一种约定俗成的规矩。食堂用餐需要自觉排队等候。排队最忌讳插队。如果有特殊紧急情况，应征得排在前面的人同意，才能越队先行。面对插队行为，排队者应及时而坚决地加以劝阻。但劝阻时，要用语恰当，好言相劝，避免不必要的争吵。排队时，如果碰到熟人，打个招呼就可以了，不要站在原地聊天，这样会妨碍其他人。同学之间要互相谦让，有老师就餐时，应主动请老师先买饭。买菜前要选好自己要吃的菜，并以最简短、准确的语言报上菜名，以节约时间。买菜或饭的过程中使用就餐卡的同学将卡拿在手里，不要临时东找西找，耽误时间。

案例 3-12

“剩宴”何日能止？

张晶和几个同学一起打完饭菜，端着餐盘走向餐桌，却发现好几张有空位的餐桌一片狼藉：桌上放着刚用过的餐盘，有的餐盘里还有大量的剩菜剩饭，桌上满是残留饭菜，还有塑料袋、餐巾纸。看着这样的“剩宴”，叫人怎么还有心情吃饭呢？

点评

吃完饭端走餐盘，这是基本礼仪规范。给别人留一张洁净的餐桌，这更是良好素质的体现！食堂属于公共场所，需要我们共同爱护：我们要将吃剩的饭菜倒入指定的泔水桶里；要注意保持就餐环境卫生，不可在餐厅乱扔杂物，不随地吐痰，不吸烟；更要爱护公共财物，不可用脚踏饭桌、餐椅。

（六）宿舍礼仪

宿舍是大家生活、休息的地方。在大学中，往往是几个人共住同一宿舍，因此处理事情时要考虑到自己的行为会不会影响到他人。虽然对宿舍的要求不像教室、图书馆那样严格，但也要注意一些礼仪规范。

案例 3-13

说得好不如做得好

某企业到一所大学中去招聘毕业生，考官要求学生就“从我做起，从小事做起”进行两分钟的演讲，许多学生侃侃而谈，言辞动人。就在演讲的同时，另外几名考官逐一到这些学生的宿舍中检查他们个人平时的卫生状况。演讲一完，考官当场公布了卫生检查的结果。有一位演讲时还神采飞扬的女生，听考官说到她宿舍中被子未叠、衣服未洗等情况时，眼泪顿时夺眶而出。

点评

良好的生活习惯是良好工作作风的基础。“一屋不扫，何以扫天下？”不要因小失大，得不偿失。

案例 3-14 不该发生的火灾

2008年11月14日早晨6时10分左右，上海某学院一学生宿舍楼发生火灾，4名女生从6楼宿舍阳台跳下逃生，当场死亡，酿成近年来最为惨烈的校园事故。宿舍火灾初步判断源于寝室里使用“热得快”，导致电器故障并将周围可燃物引燃。

逃生的两名女生分别是沈鸿雁和张艺。据两人回忆，当天早晨6点多，她们发现其中一个堆放杂物的下铺冒起了火苗，因为当时火苗不是很大，她们本以为用脸盆接水，就可以迅速扑灭火苗，当她们两人端着脸盆，跑到同一楼层中间位置的盥洗室接完水准备返回宿舍时，却发现宿舍房门已经关闭，无法打开。

没多久，她们就听到房间内传来一阵阵尖叫声和求救声。因为20余平方米的房间内，住着6个人，被子、蚊帐、衣物等易燃物迅速燃烧，火势蔓延，不过几分钟就冒出大量浓烟。

消防部门的防火专家分析说，起火的602宿舍本来是一个密闭空间，氧气浓度一般。然而，当这两名女生打开房门准备接水灭火时，突然涌入的空气很可能起到了助燃的作用，进而迅速燃起了大火。

点评 该场校园事故的发生是由于宿舍学生安全意识薄弱，使用违禁电器，缺乏自救常识所导致的。因此，住宿学生应时刻牢记“安全第一”，严格遵守公寓制度，平时注意学习掌握应对突发事件的自救常识，防患于未然，才能避免此类事故的发生。

以下是在宿舍中应该注意的礼仪规范：

（1）要团结同学。大家在一块生活，难免会发生一些摩擦，一旦发生不愉快，要大事化小，小事化了，绝对不能为泄气而进行打击报复。切不可小题大做，更不要背后说同学的坏话。如果宿舍里有同学生病了或者遇到了困难，要主动给予帮助。

（2）不要乱动别人的物品，不能使用别人的生活用品，如剃须刀、化妆品等。更不能随便翻阅别人的书信、日记等。

（3）在休息的时间，不要大声说话，以免影响其他同学休息。如果带朋友到宿舍来玩，也要在室内喧哗、嬉笑、打闹，以防影响同室人的学习、休息。

案例 3-15 宿舍里的“课余生活”

周六晚上，学生公寓某寝室内，聚集了十几个人，请看他们是怎样各得其乐的：地中间围坐了四个人在打扑克，其中一位在喷云吐雾，边上还有好几位“观众”。一位同学把平时藏在衣柜里的音箱放在了窗台上，将音响声音开到最大，强制室内外同学听“免费音乐”。书桌上堆放着“口袋书”，地上散落着果核、食品袋等。在这样的“家”生活舒适吗？能养成好的生活习惯吗？

这时，公寓老师来到了寝室。因为距通常的查寝还有一段时间，所以，他们很惊慌，大部分同学目瞪口呆地站在一边直至老师离去，只有少数同学表示了歉意，承认了错误，将老师送到门外。

点评

同学们业余时间多是在公寓度过的，理所当然地会有一些娱乐活动，如下棋、打扑克、听音乐等，但娱乐也要有准则，要适度，不能影响自己的休息，更不能影响别人的休息和学习。

上述案例中的同学在娱乐中吸烟，影响自己和他人的健康；听音乐声音过大，影响了他人休息；随手乱扔垃圾，造成宿舍环境不好。这些都是不文明的行为。

（4）宿舍是大家共同的家，因此要求每位家庭成员要爱护这个家，爱护宿舍里的公共物品，自觉地维护环境卫生。

案例 3-16

宿舍中的尴尬

当值周的同学打开四楼最后一个房间时，一股令人窒息的气味扑面而来，老师疾步走到窗前，开窗换气。他看到鞋架上堆满了鞋，从冬天的棉鞋到夏天的凉鞋，散发着异味。再一细看，3 号床的枕巾和褥单脏得失去了本色，衣柜后面塞满了塑料袋，而且写字台下堆放着两个方便面箱，卫生间的地上摆放着几个泡满了脏衣服的洗脸盆。

点评

寝室是同学们集体生活的地方，空间不大，只有每个成员内务整洁，整个寝室才会令人感觉舒适惬意。上述案例中的寝室，大家都不注意个人内务卫生，乱堆乱放，没用的物品也不及时清理，使整个寝室环境不好。长此以往，不但生活自理自立能力得不到提高，没有养成好的生活习惯，影响生活在其中成员的身体健康，而且也使其他同学到“家”做客、交流的机会少了，不利于人际交往能力的提高。生活在这样的寝室的同学实习、就业时，到新单位的适应能力自然而然也差。

案例3-17 养成良好的个人生活习惯

王明在初中就学会了吸烟，已是一个有着几年烟龄的烟民了。所以，进入大学后，虽然严禁吸烟，王明还是抵不住烟瘾，改在寝室吸烟了。同寝同学只能反感地被动吸烟。

张阳睡眠少，夏日午休时通常是听音乐或洗衣服来代替睡觉，“哗哗”的水声影响了寝室同学的休息，时间一久，他的人际关系略显紧张。

任强没有好的个人卫生习惯。不爱洗澡，内衣换得也不及时。在夏季，身上一股汗酸味，致使寝室同学都不愿回宿舍。

刘力向来不拘小节，并认为这就是男子汉的豪爽。在寝室，洗脸通常用清水一抹，并随手扯条毛巾一擦，也不管是不是自己的。室友吴刚在这方面比较讲究，用一些洗面奶、日霜等洗化用品，对此，刘力总是用“女人味”来评价。

点评

来自不同的地区、不同的家庭的学生，其生活习惯也不尽相同，但集体生活要求个人的生活习惯以不影响别人的生活为前提，这样，你才会成为受欢迎的家庭一员，才有健康和谐的人际关系，才能适应集体生活，成功走向未来。像王明、张阳、任强、刘力等同学存在的吸烟、个人卫生习惯不好、不拘小节等问题，都会影响寝室同学的和睦相处，而且几年大学集体生活，如不能使自己养成好的生活习惯，善于理解别人，互相适应，那么，走向工作岗位乃至将来组建家庭，都会面临许多问题。

（七）大会或典礼礼仪

（1）提前或准时到会场。作为大学生，最好集合排队，有序地入会场，不要三三两两、说说笑笑地进入会场。

（2）进入会场，按指定地点站立或迅速入座，保持站姿和坐姿端正，不要闲逛或大声招呼熟人。

（3）在等待学校领导和老师期间，应保持安静，不交头接耳，确保手机关机或静音。

（4）大会或典礼期间，不要随意进出，更不能接听手机或收发短信，应认真聆听大会发言，必要时给予掌声。

（5）如预先安排有自己的发言，可遵照会议组织者的安排发言；如会议发言是自由自愿的，可酌情决定发不发言；若发言，不可抢着发言或随意打断别人的发言。

（6）大会结束，安静有序地退场，挪动座椅时动作要轻，不要发出刺耳的声音。

（7）会议期间，不得抽烟。

案例 3-18 **不安静的典礼**

在一次表彰典礼上，大会主持人宣布开会了，这时有几个同学不慌不忙地走进来，东张西望地找座位，引起周围同学一阵骚乱。过了一会儿，他们又侃起了网络游戏，还对发言者进行了一番评论，让周围的同学无法听清代表的发言，大家都对他们侧目而视。在老师的教育下，会场开始肃静下来。突然一首悦耳的铃声响了起来，一个人忙取出手机“喂……”边接电话边匆匆地离场，周围的人纷纷起立让位，又出现一阵骚乱，不仅打扰了其他听众听取发言，而且中断了发言。

点评

作为大会的参加者，要认真遵守大会纪律，准时到会并保持安静，不得中途退场。否则，不仅会影响发言者的发言进程和心情，同时也是对发言者的不尊重。因此，参加大会应抱有积极的心态，而不应带抵触情绪或无所谓的心理。

案例 3-19 **领奖台上的尴尬**

在某校开学典礼上，当主持人宣布先进集体派代表上台领奖时，大二某班的一个穿着风衣、留着黄色的头发且发型很时髦的男同学，走到主席台前，代表本班领奖。他的上台，立刻引起听众席上的同学嘘声一片。

点评

在典礼上，无论作为一个发言者，还是先进集体、先进个人的领奖代表，亦或是在听众席上的普通听众，都必须注意仪表整洁，这样才能给同学们留下一个完美的印象，否则会直接影响到典礼的整体效果和个人在同学心目中的形象。因此，在出席典礼前，所有参加人员，尤其是将要作为代表上台的大学生一定要抽出必要的时间对其个人仪表进行修饰和检查。

（八）校内行走礼仪

去教室、食堂、图书馆等地方及平时散步都离不开行走，行走也要遵守应有的礼仪规范。

（1）骑自行车要遵守交通规则，不可横冲直撞、速度过快，人多拥挤的地方要缓行，进出校门要下车，自行车应停放在指定的车棚或地点。

（2）在校园的道路上行走，不要三五人站成一排齐头并进，妨碍他人。

（3）在路上遇到老师、熟人和同学要主动打招呼，如需要交谈应站路边，不妨碍人们的行路和车辆的通行。

（4）维护校园的环境卫生，不要边走边吃；不要随地吐痰、乱扔果皮等杂物。

（5）行走礼让。在校园楼道或街道行走及上下楼梯时应自觉靠右行走，上下楼梯或走在狭窄的通道时，遇到师长、“老弱幼孕”应主动站立一旁，让其先走。

（6）行走时不要践踏草坪。

（九）工厂实习时的礼仪

学生到工厂实习是理论联系实际的重要环节，是检验学习情况和文明修养程度的重要形式，对走上社会求职就业具有重要的意义。所以，学生要重视实习，注意实习中的文明礼仪。

实习时，不要迟到、早退，一般应提前10分钟到达车间做好准备工作。进入车间前，要按工厂要求穿工作服、戴工作帽，携带规定的劳保用具，细心听带班师傅讲实习要求和车间的规章制度。

实习中，要爱护机器设备，注意节约资源；要专心致志地操作机器，一丝不苟地遵循操作规程，严防事故的发生。不要在操作时相互打闹、说笑，确有事情要离开机器或车间时，要向师傅请假并找内行人接替，不能擅离职守。

下班离开工厂车间时，要注意把机器设备擦干净，并关闭电源，把自己用过的工具整理好放在规定的位置，清扫干净工作废料。总之，应给工厂师傅们留下一个文明礼貌的好印象。

行动训练

训练一 参加学生会议

训练要求：

（1）以小组为单位，假定情景为参加某次学生会议，各组讨论在会议过程中可能涉及的基本礼仪，并根据假定情景进行演练。

（2）在训练基础上，各组选派一名代表，结合实际谈谈大学生在参加会议时需要掌握和使用哪些基本礼仪。

训练二 接待客人参观实验室

训练要求：

（1）以小组为单位，假定情景为引导客人参观实验室，各组讨论在参观过程中可能涉及的基本礼仪，并根据假定情景进行演练。

（2）在训练基础上，各组选派一名代表，结合实际谈谈大学生在接待客人过程中需要掌握和使用哪些基本礼仪。

项目 2 职业礼仪——走向成功的助力机

案例引导

小毛病引出的大问题

薛强大学毕业后来到一家私企，尽管表现不错，但经常因为一些他自认为是“小节”的问题，被主管批评。主管对他的评价是“大毛病没有，小毛病不断”。每天上班总是险些迟到；衬衫也偶尔会露出一个角；开会最后一个来，坐在最后一排，开完第一个走；有时候抱着办公室里的电话聊个没完；办公室里他的桌子总是最乱最脏；不管是给客户还是给主管打电话，第一声总是“喂”。尽管薛强觉得自己是男生，大大咧咧点儿是很正常的事情，但是主管却越来越难以接受这些“小节”，不仅因为开会迟到扣过他当月的奖金，一次竟然还叫清洁工把他桌上的杂物统统当作垃圾扔掉！薛强的工作关系逐渐紧张起来，他很郁闷，提不起精神来，工作业绩也每况愈下了。

案例启示

在职场上，工作业绩不是评价员工的唯一标准。穿着大方、言语得体、举止得当等软实力往往会成为影响一个人职业发展的重要因素，甚至是决定性因素。一个不拘小节的职场新人，将会在职场的道路上举步维艰。

知识提升

职业礼仪，是指人们在职业场所中应当遵循的一系列礼仪规范，学会这些礼仪规范，有助于提升一个人的职业形象，因此，作为大学生，在你踏入职场之前，应该学会最基本的职业礼仪。

一、职场基本礼仪

（一）仪表礼仪

1. 头发

职工应注意头发要经常保持健康、秀美、干净、清爽、卫生和整齐的状态，选择大方得体的发型。通常企业职工选择较传统的发型会比较适合，一些极具个性化的发型不太适合商务人员，如男士留披肩发或扎小辫子、女士烫染色彩较鲜艳的爆炸式发型等。

2. 面部

要注意保持面部清洁、肤色健康。男士胡子要每天修剪干净或整齐，女士工作妆应以淡妆为主，体现简约、清丽、素雅的风格。工作期间保持妆容整洁，注意适时补妆。

3. 指甲

指甲不能太长，应经常注意修剪和保持清洁。女士涂指甲油尽量用淡色。

4. 身体

身体要清爽干净无异味，保持口腔清洁。上班前不能喝酒或吃有异味的食品。女士不宜用香味浓烈的香水或化妆品。同时还要勤洗澡、勤换洗衣服，忌身体有异味。

5. 着装

（1）男职员着装

男士着装要求以干净、整洁、得体为主，不适宜穿颜色过鲜艳或过多的衣服，一般以不超过三种颜色为宜。穿衬衫时注意保持领子与袖口清洁，正规场合要扣好袖口和领口的纽扣。佩戴领带时注意与西装、衬衫颜色相配，注意检查领带是否脏褶、破损或歪斜松弛。鞋子应保持清洁，如有破损应及时修补。在办公室内服装要整齐，切记不要穿背心、短裤、拖鞋。

下图为领带的几种基本打法：

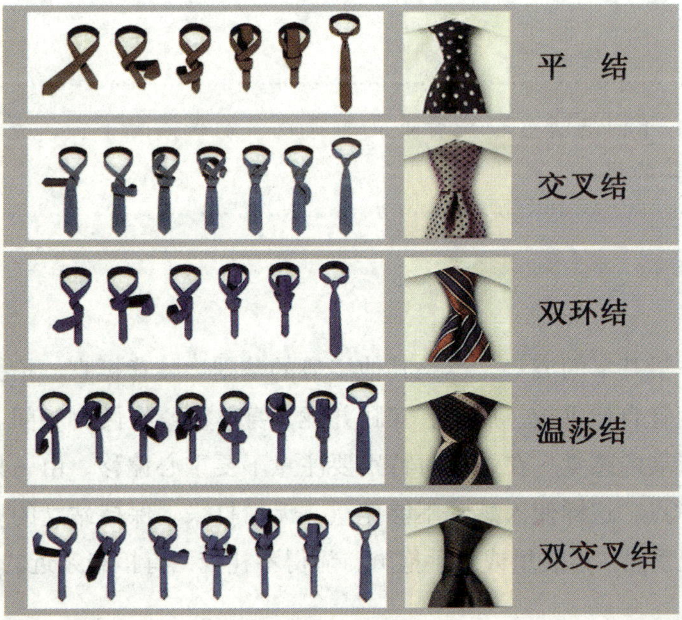

（2）女职员着装

女士要保持服装淡雅得体、干净整洁。着裙装时，避免穿超短裙、无袖裙、吊带裙或睡裙出现在工作场合。可选择职业套裙、长及膝部的连衣裙等，在参加商务宴会时还可选择旗袍作为礼服。着裤装时，注意选择面料、颜色要适合自己的年龄、气质，不要穿低腰裤、热裤、紧身皮裤等过于暴露或不方便工作的裤子。高跟鞋的鞋跟不宜过高，不要穿鞋跟带钉的鞋子。丝袜选择以肉色的为宜，忌讳颜色鲜艳、款式夸张的丝袜，如黑色渔网纹丝袜。

6. 饰品

男士饰品一般较少，主要是佩戴手表，不宜佩戴耳环、耳钉、项链等过多的饰物。女士佩戴首饰也要以简单、得体为原则，在上班时间不佩戴影响工作的饰品。

案例 3-20 弄巧成拙的叶明

国内一家效益很好的大型企业的总经理叶明，经过多方努力和上级有关部门的牵线搭桥终于使德国一家著名的家电企业董事长同意与自己的企业合作。谈判时为了给对方留下精明强干、时尚新潮的好印象，叶明上身穿了一件T恤衫，下穿一条牛仔裤，脚穿一双旅游鞋。当他精神抖擞、兴高采烈地带着秘书出现在对方面前时，对方瞪着不解的眼睛看着他上下打量了半天，非常不满意。这次合作没能成功。

点评 不同的场合应穿着不同的服装。如果搭配不当，也许会造成意想不到的损失。

（二）仪态礼仪

1. 站姿

站姿是人体最基本的姿势，也是其他姿势的基础。腰背挺直、抬头挺胸，使人看清你的面孔。两臂自然垂放、肩平、双腿并拢，身体重心在两脚中间。身体整体成直线，给人自然舒展的感觉。在站立时特别要注意不要重心偏移，由一只腿支撑或把其他物体作为支撑点，这样使人感觉不够庄重，无精打采。保持站立的姿势与他人谈话时，切记不要把手插在口袋里或双手抱胸，显得不礼貌，有拒绝亲近的意思。

2. 坐姿

坐姿的标准要求是身正、腿直。坐下后，应尽量坐端正，上身保持自然，抬头挺胸。男士一般把双腿平行放好，不要傲慢地把腿向前或向后伸，双手可自然放在双腿上，也可以搭在椅子扶手上。

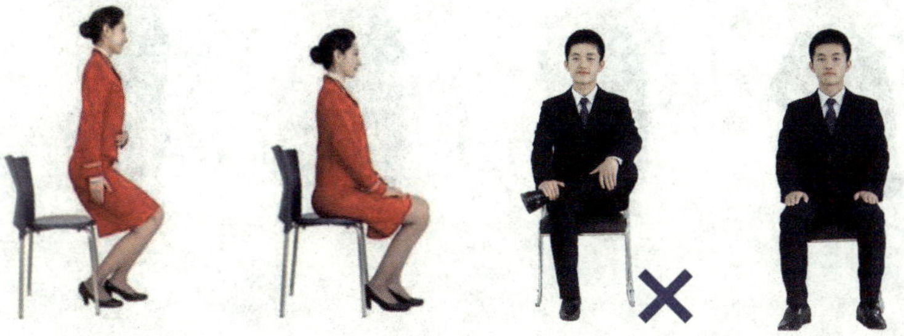

女士坐下后，上身也要挺直，目光平视前方，采取双腿可以自然并拢脚、脚尖略向前的正坐式，也可以采取重叠式。坐下和起立时都要保持轻稳，在接待客人或参加公司会议时要遵循尊者先入座（离座）的原则。

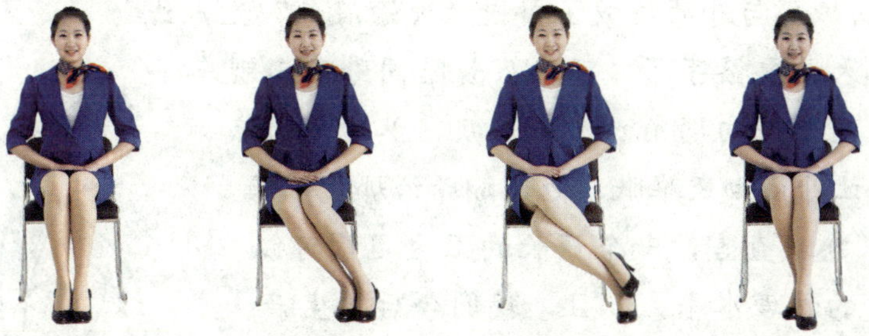

标准式　　侧腿式　　重叠式　　前交叉式

3. 走姿

走姿有别于站姿和坐姿的静态美，它是流动的造型，呈现出动态美。在行走的过程中依然要保持身体的挺直，要求抬头、挺胸、收腹，注意步伐轻盈，速度适中，不可脚蹭地面发出较大的声响。与同事相遇应点头行礼表示致意，遵守右行礼让的原则。

4. 蹲姿

下蹲拾物时，应自然、得体、大方，不遮遮掩掩。下蹲时，两腿合力支撑身体，避免滑倒，应使头、胸、膝关节在一个角度上，使蹲姿优美。女士无论采用哪种蹲姿，都要将腿靠紧，臀部向下。

案例 3-21 一口痰"吐掉"一项合作

《文汇报》曾有一篇报道，题目是《一口痰"吐掉"一项合作》。某医疗器械厂与外商达成了引进"大输液管"生产线的协议，第二天就要签字了。可当厂长陪同外商参观车间的时候，习惯性地向墙角吐了一口痰，然后用鞋底去擦。这一幕让外商彻夜难眠，他让翻译给那位厂长送去一封信："恕我直言，一个厂长的卫生习惯可以反映一个工厂的管理水平。况且，我们今后要生产的是用来治病的输液管。贵国有句谚语：人命关天！请原谅我的不辞而别……"一项已基本谈成的项目，就这样被"吐"掉了。

点评 一个人的举止风度不仅仅代表自己的形象，体现自己的教养，在一定的场合，个人的行为代表组织行为，个人形象代表组织形象。所以，必须养成良好习惯，提高个人修养，从小事做起，商机才不会溜走。

二、办公室礼仪

（一）个人办公区礼仪

（1）办公桌位清洁，非办公用品不外露，桌面摆放整齐。

（2）当有事离开自己的办公座位时，应将座椅推回办公桌内。

（3）下班离开办公室前，使用人应该关闭所用机器的电源，将台面的物品归位，锁好贵重物品和重要文件。

（二）办公室公共区间礼仪

（1）不在公共办公区吸烟、扎堆聊天。大声喧哗；节约水电；禁止在办公家具和公共设施上乱写、乱画、乱贴；保持卫生间清洁；在指定区域内停放车辆。

（2）饮水时，如不是接待来宾，应使用个人的水杯，减少一次性水杯的浪费。

（3）不得擅自带外来人员进入办公区，会谈和接待安排在洽谈区域。

（4）在洗手间遇到同事不要刻意回避，尽量先和对方搭话。千万不要装作没看见把头低下，给人不爱理人的印象。要保持洗手间清洁；马桶或小便池用后要冲水；要将马桶垫圈放下来，并保持垫圈表面清洁；把干净的卫生纸放回原处，用过的卫生纸扔入垃圾桶里；从洗手间出来不要忘了洗手。

在洗手间还要注意言谈礼仪。洗手间是公共空间，在卫生间里不要议论公事或议论别人，防止“隔墙有耳”，若被当事人或有关人员听到就会增添麻烦，严重者还有泄密问题。

（5）最后离开办公区的人员应关电灯、门窗及室内总闸。

一个人的礼貌，就是一面照出他的肖像的镜子。

——歌德

三、称呼和介绍礼仪

（一）称呼

（1）按照国际惯例，称男性为先生；称未婚女性为小姐；称已婚女性为女士、夫人或太太。

（2）初次见面要注意称呼。初次与人见面或谈业务时，要称呼“姓＋职务”，要一字一字地说得特别清楚。

（3）根据行政职务、技术职称、学位、职业来称呼，如：陈总、吴局长、王教授、刘工、陈博士、曹律师、龚医生等。

（4）称呼对方时不要一带而过。交谈过程中，称呼对方时，要加重语气，称呼完了停顿一会儿，然后再谈要说的事。

案例 3-22 这里没有师傅，只有大夫

某高校一位大学生，用手捂着自己的左下腹跑到医务室，对坐诊的大夫说：“师傅，我肚子疼。”坐诊的医生说：“这里只有大夫，没有师傅，找师傅请到学生食堂。”学生的脸红到了耳根。

点评　称呼一定要正确，这样才能避免尴尬，既体现了自己的文化水平，也表示了对他人的尊重。当然，作为大夫也应该注意服务态度，讲究礼仪修养。对顾客不当的语言应予以宽容，批评对方要使用委婉的语气。

案例 3-23 “老外”有时并不“外”

一天，有位斯里兰卡客人下榻南京某饭店。前厅服务员为其办理住店手续。由于确认客人身份，核对证件耽搁了一些时间，客人有些不耐烦。于是服务员使用中文向客人的陪同进行解释，言语中他随口以“老外”二字称呼客人，可巧这位陪同正是客人的妻子，结果引起客人极大的不满。事后，服务员虽然向客人表示了歉意，但客人仍表示不予谅解，给酒店声誉带来了消极的影响。

点评　这个事例，对每一位职业人来说，应引以为戒。这位服务员在对客服务中，不注意使用礼貌语言。他误认为，外国客人听不懂中文，称“老外”无所谓。其实“老外”有时并不“外”，一旦客人听懂你以不礼貌的语言称呼他，心里肯定不会愉快。

在工作中，使用礼貌用语是对工作人员的基本要求。每位员工都应做到语言优美，礼貌待客，这样才能满足客人希望受到尊重的心理，才会赢得客人的满意。

对于职场人士来说，一句不经意的话可以损失款额巨大的买卖，一句礼貌的用语也可以扭转乾坤、事半功倍，取得意想不到的结果。

（二）介绍

1. 自我介绍

自我介绍是推销自我形象和价值的重要方法，是进入社交圈的金钥匙。

（1）自我介绍的时机

①因业务关系需要相互认识、进行接洽时可自我介绍。

②当遇到一位你知晓或久仰的人士，他不认识你，你可先自我介绍。

③第一次登门造访，事先打电话约见，在电话里应自我介绍。

④参加一个较多人的聚会，主人不可能一一介绍，与会者可以与同席或身边的人互相自我介绍。

⑤在出差、旅行途中，与他人不期而遇且有必要与之建立临时接触时可适当自我介绍。

⑥初次前往他人住所、办公室，进行登门拜访时要自我介绍。

⑦应聘求职时需首先做自我介绍。

（2）自我介绍的顺序

职位高者与职位低者相识，职位低者应该先做自我介绍；男士与女士相识，男士应该先做自我介绍；年长者与年少者相识，年少者应该先做自我介绍；资历深与资历浅的人士相识，资历浅者应该先做自我介绍。

（3）自我介绍的要求

①自我介绍时，要及时、清楚地报出自己的姓名和身份；大方自然地进行自我介绍，可以先面带微笑，温和地看着对方说声："您好！"以引起对方的注意，然后报出自己的姓名、身份，并简要表明结识对方的愿望或缘由。

②进行自我介绍，态度务必自然、友善、亲切、随和，要充满信心和勇气，敢于正视对方的双眼，显得胸有成竹。

③进行自我介绍时所表述的各项内容，一定要实事求是、真实可信，没有必要过分谦虚，一味贬低自己去讨好别人。

2. 介绍他人

介绍他人的顺序：先为老师介绍学生；先为长辈介绍晚辈；先为领导介绍职员；先为女士介绍男士；先为主人介绍客人；先为早到场的人介绍刚到场的人。

四、握手礼仪

1．握手顺序

（1）男女之间，女士先。

（2）长幼之间，长者先。

（3）上下级之间，上级先。

（4）迎接客人，主人先；送走客人，客人先。

2．握手注意事项

（1）握手时用力应适度，不轻不重，恰到好处，握手的时间通常以 2 至 4 秒钟为好。

（2）手握得紧是表示热情，男人之间可以握得较紧，甚至另一只手也加上，包括对方的手大幅度上下摆动，或者右手相握时，左手又握住对方胳膊肘、小臂甚至肩膀，以表示热烈、重托。

（3）男性与女性握手时，往往只握一下女性的手指部分，不要握住不放，更不要双手。

五、名片礼仪

1．递送名片顺序

（1）由尊而卑。

（2）由近及远。

（3）如果是圆桌就从右侧开始，按顺时针方向前进。

2．接受名片

（1）站起来（位高者可坐着）面带微笑，目视对方。

（2）双手接过，接过后认真默读一遍，以示尊重。

（3）致敬语：请多关照、谢谢。

3．名片的收存

（1）接受名片后，不宜随手置于桌上。

（2）尽量避免在对方的名片上书写不相关的内容。

（3）不要无意识地玩弄对方的名片。

（4）接过名片要精心放入自己名片夹或上衣口袋里。

六、电话礼仪

（一）拨打电话时的基本礼仪

（1）选择恰当的时间。要选择对方方便的时间，不要在别人休息的时间内打电话，每天上午 7 点之前，晚上 10 点之后，午休和用餐时间都不宜打电话。

打电话要搞清地区时差及各国工作时间的差异，不要在休息日的时间打电话谈生意，以免影响别人休息。即使客户已将家中的电话号码告诉你，也尽量不要往其家中打电话。

避免在对方的通话高峰和业务繁忙的时间段内打电话；社交电话最好在工作以外的时间拨打。

（2）要有礼貌。

（3）长话短说。通话时间一般应遵守“3 分钟原则”。

（4）规范内容。通话之前，应做好充分准备。最好把对方的姓名、电话号码、通话要点等通话内容列出一张清单。这样可以避免在谈话时出现缺少条理、现说现想的问题。

（二）接听电话的基本礼仪

接听电话要注意三点：一是要及时，铃响不超过三声；二是要有礼貌，向对方问候并自报家门；三是要有耐心，对打错电话者不要训斥。

（三）代接电话

代接电话时，要注意以礼相待、尊重隐私、传达及时等问题。

1. 以礼相待

接电话时，不要因为对方所找的人不是自己就显得不耐烦，以“不在”来打发对方。即使被找的人真的不在，也应友好地答复：“对不起，他不在，有什么需要我转达的吗？”

2. 尊重隐私

代接电话时，不要刨根问底。如果对方要找的人离自己较远，不要大喊大叫。当对方希望传达某事给某人时，千万不要把此事随意扩散。

3. 记忆准确

对方要转达的具体内容，最好认真做好笔录。对方讲完后，应重复一遍，以免有误。记录的电话内容包括通话者单位、姓名、通话时间、通话要点、是否要求一会回话及回电话的时间等。

4. 及时传达

代人接电话，首先弄清找谁。如果答应对方代为传话，要尽快落实，不要轻易把自己转达的内容托他人转告，这样不仅容易使内容变样，而且有可能会耽误时间。

七、方位礼仪

（一）行进位次礼仪

1. 平地行进位次

与客人并排行进和单行行进时，有不同的做法：

（1）并排行进的要求是中央高于两侧，内侧高于外侧，一般情况下应该让客人走在中央或内侧。

（2）与客人单行行进，即成一条线行进时，标准的做法是前方高于后方，以前方为上，如果没有特殊情况，应该让客人在前面行进。

2. 上下楼位次

（1）单行行进时，前方应高于后方，以前方为上。如果陪同接待女性宾客的是一位男士，而女士又身着短裙，上下楼时，接待的陪同人员要走在女士前面。以免短裙“走光”，避免尴尬。

（2）在客人不认路的情况下，陪同引导人员要在前面带路。陪同引导的标准位置是左前方 1 至 1.5 米处，应该让客人走在内侧，陪同人员走在外侧。行进时，身体侧向客人，用左手引导。

3. 电梯位次

（1）无人驾驶的升降式电梯：标准化做法需要先入后出，即在客人之前进入电梯，到楼层时，请客人先出。

（2）有人驾驶的电梯：陪同人员是后进后出，如果人较多时后进先出。

（3）电梯内不可大声喧哗或嬉笑吵闹。先上电梯应靠后站，以免妨碍他人乘电梯。电梯内已有多人时，后进入者应面向电梯门站立。

电梯位次示意图如下图所示。

（a）无人驾驶的升降式电梯

（b）有人驾驶的升降式电梯

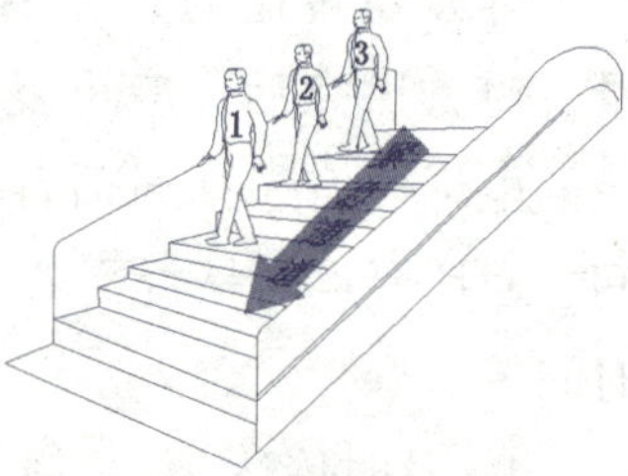

（c）平行式输送电梯

4. 出入房门

没有特殊原因，出入房门的标准做法是位高者先进或先出房门，但是如果情况特殊的话，比如需要引导，室内灯光昏暗，男士和女士两个人单独进入房间，那么标准的做法是，陪同接待人员先进，为客人开灯、开门，出的时候，也是陪同接待人员先出，为客人开门导引。

（二）乘坐交通工具位次礼仪

1. 双排五座轿车

由主人亲自驾驶时，座位顺序应当依次是：副驾驶座、后排右座、后排左座、后排中座［如图（a）所示］。

由专职司机驾驶时，座位顺序应当依次是：后排右座、后排左座、后排中座、副驾驶座［如图（b）所示］。

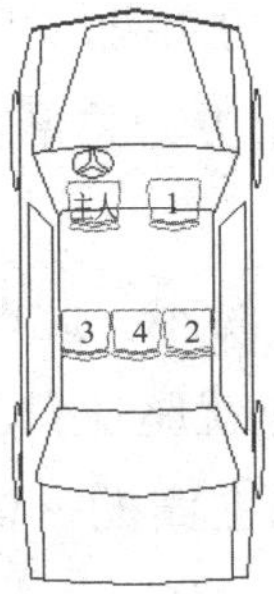

（a）双排五座轿车

（b）双排五座轿车

2. 三排七座轿车

由主人亲自驾驶时，座位顺序应当依次是：副驾驶座、后排右座、后排左座、后排中座、中排右座、中排左座［如图（c）所示］。

由专职司机驾驶时，座位顺序应当依次是：后排右座、后排左座、后排中座、中排右座、中排左座、副驾驶座［如图（d）所示］。

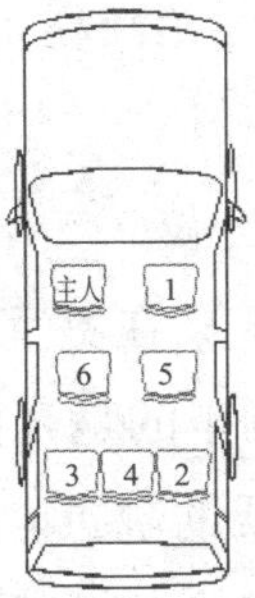

（c）三排七座轿车

（d）三排七座轿车

3. 吉普车

吉普车是一种轻型越野车，多为4座车。不管由谁驾驶，吉普车上座位顺序均依次是：副驾驶座、后排右座、后排左座［如图（e）所示］。

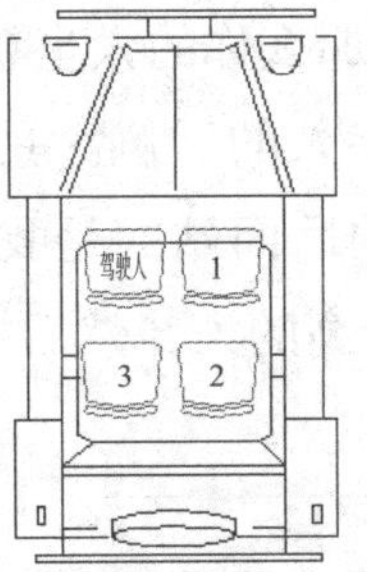

（e）吉普车

4. 多排座轿车

是指4排及4排以上座位的大中型轿车。不论由何人驾驶，均以前排为上，以后排为下；以右为尊，以左为“卑”；并以距离前门的远近来排定具体座位的顺序，现以6排17座轿车为例［如图（f）所示］。

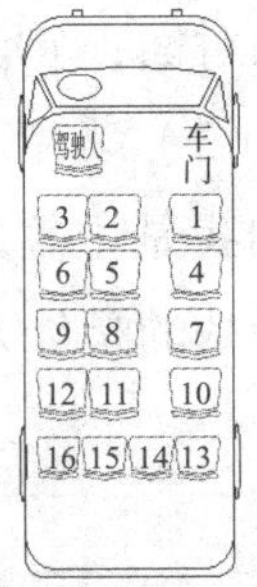

（f）多排座轿车

（三）会客位次礼仪

1. 相对式

具体做法是宾主双方面对面而坐。这种方式显得主次分明，适用于公务性会客，通常又分为以下两种情况：

（1）双方就座后，一方面对正门，另一方背对正门。此时讲究“面门为上”，面对正门之座应请客人就座；背对正门之座由主人就座。

（2）双方就座于室内两侧，并且面对面地就座。此时讲究进门后“以右为上”，即进门后右侧之座应请客人就座；左侧之座由主人就座。

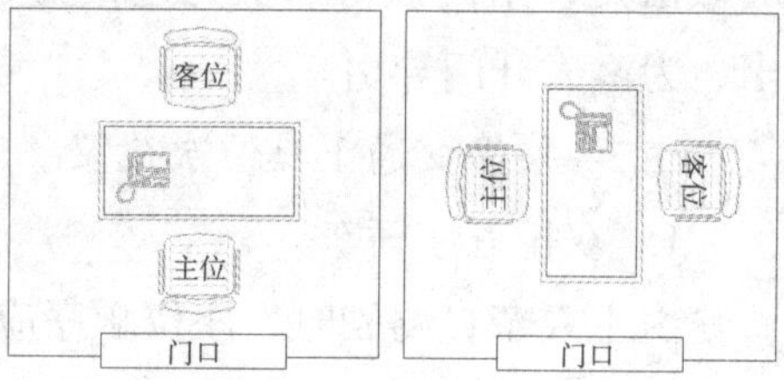

2. 并列式

基本做法是宾主双方并排就座，以暗示双方“平起平坐”、地位相仿、关系密切，具体也分为以下两种情况：

（1）双方一同面门而座。此时讲究“以右为上”，即主人要请客人就座在自己的右侧。其他人员可分别在主人或主宾的一侧，按身份高低依次就座。

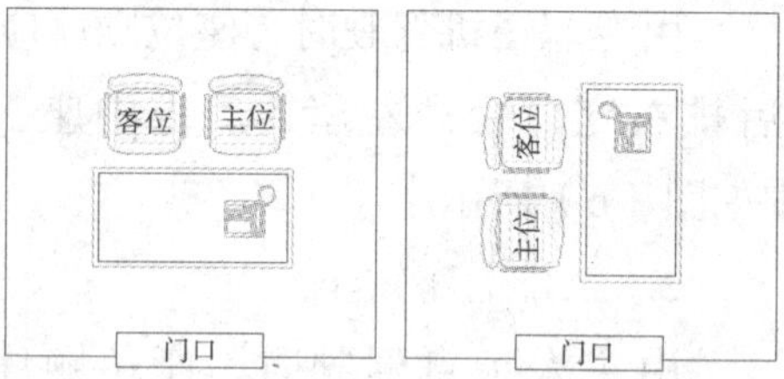

（2）双方一同在室内的右侧或左侧就座。此时讲究“以远为上”，即距门较远之座为上座，应当让给客人；距门较近之座为下座，应留给主人。

（四）签字仪式位次礼仪

举行签字仪式，签字桌在签字厅里横放，双方主签者面对房间正门就座，惯例为右高左低。面对房门右侧坐的是客方，左侧坐的是主方，以客为先。

双方助签人，就是帮助翻页、吸墨、拿笔、递送合同文本的那个人，站在各自主签者外侧。其他参加仪式的人，有两个具体的排列办法：

（1）坐在各自签字者的对面。比如我是主方签字人，我的随从或有关人员，坐在我的对面；你是客方，那么你的人坐在你的对面。

（2）站在双方签字人的后侧。具体方式是内侧高于外侧，由高而低向两侧分列。比如我是主签人，我的后面站的是我方最高人士，然后按地位依次向外侧排开；你的后面站的是你方地位最高的人，然后按地位依次向外侧排开。

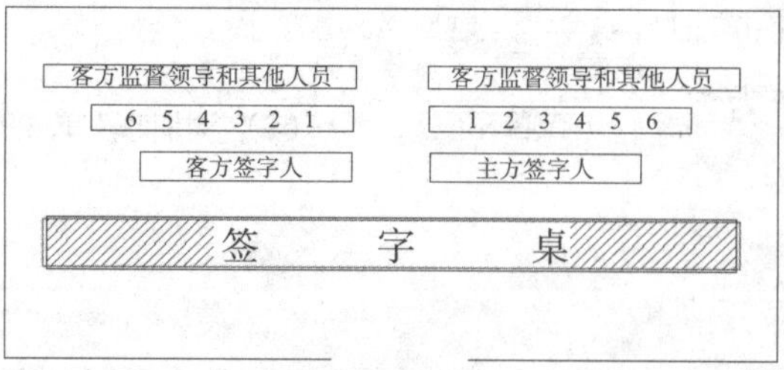

签字仪式排座之一

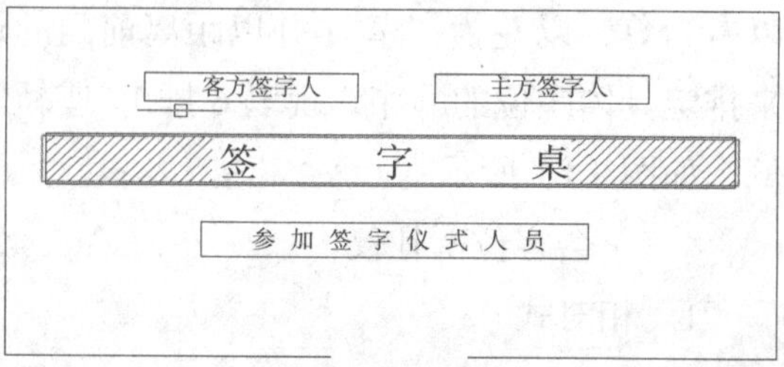

签字仪式排座之二

案例 3-24 不该发生的签字风波

经过长期洽谈之后，南方某市的一家公司终于同美国的一家跨国公司谈妥了一笔大生意。双方在达成合约之后，决定为此正式举行一个签约仪式。

因为当时双方的洽谈在我国举行，故此签约仪式便由中方负责。在仪式正式举行的那一天，让中方出乎意料的是，美方差一点要在正式签约之前"临场变卦"。原来，中方的工作人员在签字桌上摆放中美两国国旗时，误以中国的传统做法"以左为上"代替了目前国际上通行的国际惯例"以右为上"，将中方国旗摆到了签字桌的右侧，而将美方国旗摆到了签字桌的左侧。结果让美方人员恼火不已，他们甚至因此而拒绝进入签字厅。

点评 这场风波后来经过调解虽然平息了，但我们从中得到启示：在商务交往中，不懂签约礼仪可能会因小失大。

（五）宴会位次礼仪

举办正式宴会，应当提前排定桌次和席次或只排定主桌席位，其他只排桌次。桌、席排次时，先定主桌主位，后排座位高低。

（1）中式宴会的桌次安排。中式宴会通常 8 至 12 人一桌，人数较多时也可以平均分成几桌。在宴会不止一桌时，要安排桌次，其具体原则是：

① 以右为上。当餐桌分为左右时，以面门为据，居右之桌为上。

② 以远为上。当餐桌距离餐厅正门有远近之分时，以距门远者为上。

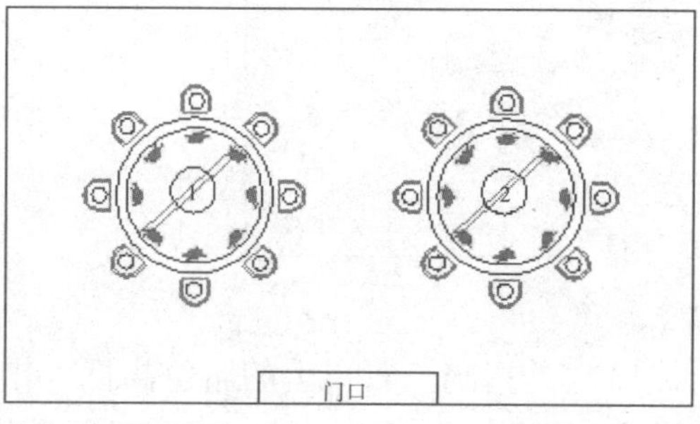

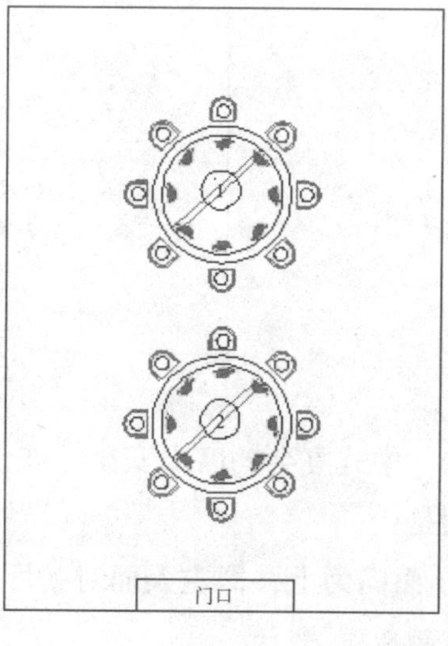

③ 居中为上。多张餐桌并列时，以居于中央者为上。

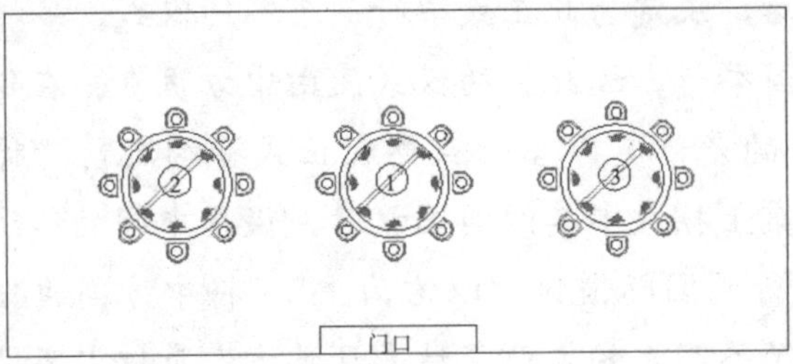

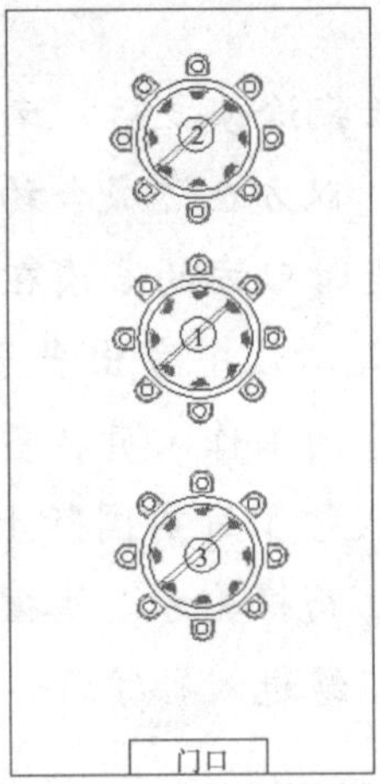

④ 在桌次较多的情况下，上述排列常规往往交叉使用。

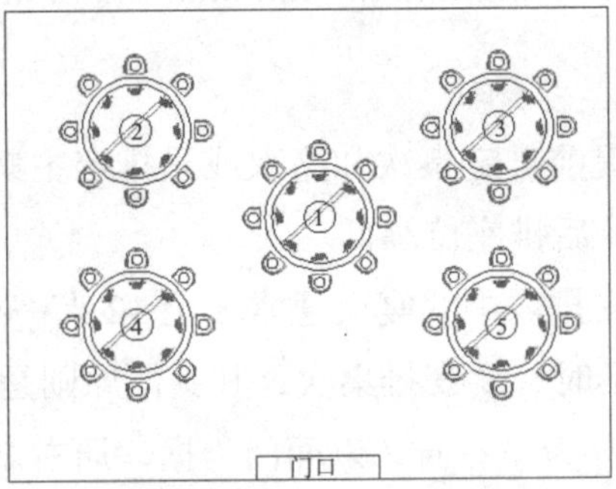

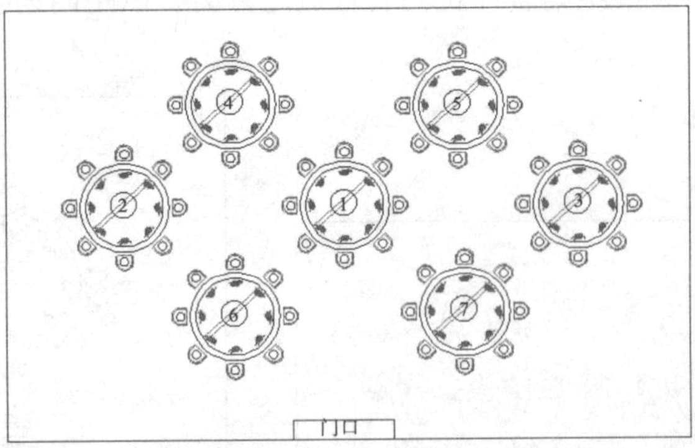

（2）中式宴会的席次安排（如下图）。席次是指同一餐桌上的席位高低，排列席次的原则是：

① 面门为上，即主人面对餐厅正门，有多位主人时，双方可交叉排列，离主位越近地位越尊。

② 主宾居右，即主宾在主位（第一主位）右侧。

③ 好事成双，即每张餐桌人数为双数，吉庆宴会尤其如此。

④ 各桌同向，即每张餐桌的排位均大体相似。

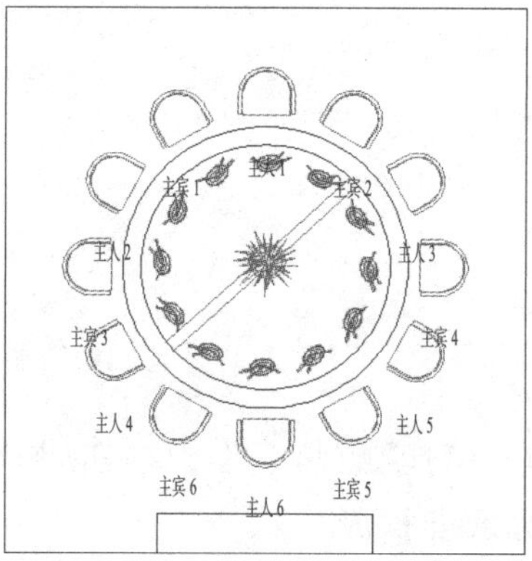

门口

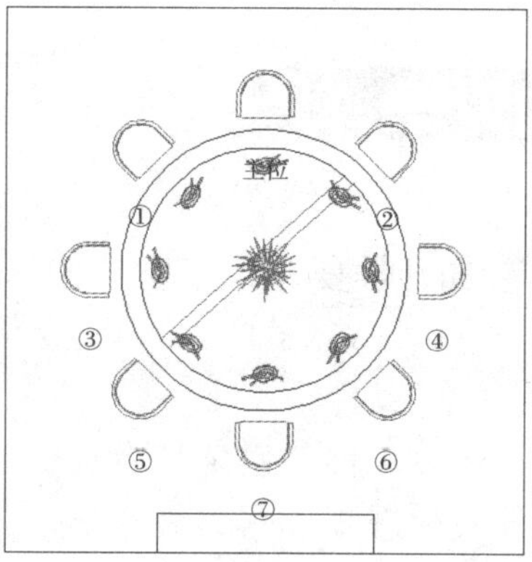

门口

（3）宴会敬酒。一般情况下，敬酒应以年龄大小、职位高低、宾主身份为先后顺序，一定要充分考虑好敬酒的顺序，分清主次。即使和不熟悉的人在一起喝酒，也要先打听一下身份或是留意别人对他的称呼，酒桌上不要强自出头、喧宾夺主、冒犯尊者。

案例3-25 她为什么不辞而别？

武汉市与日本某市缔结友好城市，在某饭店举办大型中餐宴会，邀请本市最著名的演员助兴。这位演员到达后，费了很长时间才找到了自己的位置。当她入座后发现与其同桌的许多客人，都是接送领导和客人的司机，演员感到自尊心受到了伤害，没有同任何人打招呼就悄悄离开了饭店。当时宴会的组织者并未觉察到这一点，直到宴会主持人拟邀请这位演员演唱时，才发现演员并不在现场。幸好主持人头脑灵活，临时改换其他节目，才算没有出现“冷场”。

点评 一个大型活动的组织者，事先应精心策划，对被邀请的对象逐一分析，从门口接待到宴请的桌次和座位安排均应一一落实，分工到位。这位中餐宴会的组织者，对著名演员的到来一无所知，也无人接待她，而且座位安排不当，极大地伤害了这位著名演员的自尊心，难怪她要不告而别了。

敬人者，人恒敬之；爱人者，人恒爱之。

——孟子

行动训练

训练一 参加升学宴

训练要求：

（1）以小组为单位，假定情景为参加某一同学的学子宴，各组讨论在整个宴会过程中可能涉及的基本礼仪，并根据假定情景进行演练。

（2）在训练基础上，各组选派一名代表，结合实际谈谈大学生在参加宴会时需要掌握和使用哪些基本礼仪。

训练二 到领导办公室报送总结

训练要求：

（1）以小组为单位，假定情景为到领导办公室报送总结，各组讨论在此过程中可能涉及的基本礼仪，并根据假定情景进行演练。

（2）在训练基础上，各组选派一名代表，结合实际谈谈大学生在进入领导办公室过程中需要掌握和使用哪些基本礼仪。

同步校园活动：“21 天的改变”习惯养成活动

活动要求

（1）以分院为单位，精心策划，广泛宣传，面向全体同学开展活动。

（2）行为心理学研究表明：21 天以上的重复会形成习惯，即同一个动作或行为，连续 21 天坚持重复就会变成习惯性的动作或行为。养成良好的习惯，有助于造就优秀的性格，进而成就美好的人生。每位同学可以在“坚持阅读”“持续晨练”“每天练字”等个人习惯中选择一个或多个连续做 21 天，同时各班级可以在“统一着装上课”“坚持课前 5S 管理制度”“早间分享”等集体活动中选择一个或多个连续做 21 天。

（3）此项活动需要在辅导员的指导和监督下逐步完成，并定期组织同学们总结反馈。特别是在 1 ～ 7 天的阶段，辅导员和班干部需要随时提醒同学们，挑战自我，努力坚持，帮助同学们养成良好的习惯，最终使“将优秀作为一种习惯”的理念深入人心。

拓展阅读

阅读一 不同颜色的不同含义

红色代表邀请、热情、奔放、喜悦、庆典，是一种具有刺激性的色彩。

黑色代表神秘、严肃、静寂、稳重、悲哀，是可以隐藏缺点、吸收其他颜色的色彩。

黄色代表高贵、轻快、健康、希望、富有，是一种耀眼明丽的色彩。

白色代表纯洁、简单、高雅、朴素、神圣，是一种百搭的色彩，但有时会引起视觉的膨胀感。

蓝色代表智慧、沉静、清爽、宽广、深邃，是可以令人产生遐想的色彩，遗憾的是不易与其他颜色搭配。

绿色代表和平、生机、稳重、安适、青春，是积极的、有生命力的色彩。

灰色代表随和、纤细、内敛、冷静、敏感，是中间色的代表色彩，具有缓和色差冲突的功能，可以和任何颜色搭配。

紫色代表神秘、浪漫、爱情、高贵、华丽，是一种难搭配的色彩，具有权力象征，但经常会给人忧郁的感觉。

棕色代表谦和、亲切、宽阔、老练、平静，是一种安逸的色彩，可以与其他颜色亲近。

橙色代表向上、活泼、欢快、快乐、幸福，是暖色系中最温暖的色彩。

阅读二 如何与不同国家的人交往

一、如何与美国人交往

（1）一般来说，美国人殷勤好客、态度随和，并渴望同他们的客人建立友好关系。外国人访问美国时，会发现周围充满轻松自如、不拘礼节的气氛。能够适应这种态度的旅客，较之那些态度拘谨或一本正经的人，更能使访问取得成功。

（2）在一般的社交场合中，人们很少使用名片，业务场合才使用名片。

（3）在交谈中应避免涉及纯属私人的问题，如个人收入、房租、年龄（尤其对女性）等。能十分流利地使用其他语言的美国人很少，因此所有交谈都使用英语。

（4）在办公地点，应选穿剪裁得体而又较保守的套装，上层人士更应如此。

（5）赴宴、用餐、入席前每个男士应拉开椅子并扶住它，让坐在自己右手的女士就座。

（6）在许多饭店里分设吸烟餐厅和不吸烟餐厅，以方便不同顾客。

二、如何与英国人交往

（1）不要认为英国人总是严肃刻板、神情冷漠和沉默寡言，相反，来访者会受到热烈欢迎，有时这种热情可能不以明显的方式表达出来。英国人日常生活中俗套和礼仪较少。

（2）两人见面时，双方只需说一句：How do you do？（您好）。被介绍与男子相识时，应与他握手，但如被介绍给一位女性时，应等她先伸出手来。男人握手应除下手套，但女子则不必如此。

（3）交谈中，天气是个永恒的话题，因为英国的气候常常是变化莫测。

（4）旅馆的账单上都附有 10% 的小费，因此一般无须再付小费，只有享受特殊服务是例外。

（5）英国人以自己富有幽默感而自豪，而且能接受他人跟他们开玩笑，但应记住，“请”和“谢谢”是每个人在交往中不可忽略的最常用的词语。

三、如何与法国人交往

（1）被介绍与人相识时，应握手致意的同时，法国人常会说“先生，幸会”（“Enchante monsieur”）以示欢迎，来访者应以同样的方式回答。离开时应与被介绍过的人一一握手告别。

（2）称呼一般用“先生”而无须加上对方的姓。如事先不知道某一位女士已婚或未婚，通常称她为“夫人”，而不能称“小姐”。

（3）法国人讲究服饰，在业务活动中穿着要得体，应穿套装，系领带。

（4）大多数招待在饭馆举行。法国饭馆价格十分昂贵，因此客人应尽可能不点最贵的菜，客人应避免吃得过多，更不能过量饮酒。

（5）除非已有人在抽烟，否则在抽烟前应先征得他人同意。在公共场合抽烟会引起他人不满。

（6）在大多数情况下，服务费（15%）已加在旅馆或饭馆的账单上，如服务特别周到，通常还得另付一笔小费。应付出租汽车不低于 10% 的小费。

四、如何与加拿大人交往

（1）加拿大人在工作时很注意个人仪表且讲究卫生，因此客人也应如此。

（2）见面时握手是一种友好表示，名片只需和公司的高级人员交换。

（3）加拿大人都讲英语。魁北克省的正式语言为法语（当地 80% 的人讲法语），虽然也可用英语交谈，但如用法语会倍受赞赏。

（4）招待外宾大多在餐馆举行，但应酬一般不会太多。如应邀去主人家做客，为女主人带上鲜花是一种应有的礼节。

（5）由于服务费很少列入旅馆收单，上餐厅或酒吧应附加 10% 至 15% 的小费。对出租汽车司机或行李搬运工也应酬付小费，一般在 50 美分至 1 美元之间。

（6）在汽车里、电梯上和办公室内，一般不应抽烟，进餐时也不要抽烟。

五、如何与日本人交往

（1）见面介绍时相互握手，再微微弯腰一鞠躬，会使日本人感到这是真诚的问候。

（2）不论参加业务约谈或社交约会，都应准时到达，因为日本人时间观念很强。

（3）日本人非常讲究礼貌，交谈时总是力求与对方一致，于是他们就用“YES”。此外，日本人在交谈过程中总是面带微笑，但并不一定是表示他对此交往深感愉快或感兴趣。

（4）为商务而举行的招待会、酒会，都安排在日本宾馆、夜总会，可能长达数小时。如应邀去日本人家里做客，进门后须立即脱下帽子和手套，进屋还应脱去鞋子。送花给女主人是不合习俗的，可送一盒点心或糖果。

（5）互赠礼品在日本是非常盛行的，所以去日本前应准备相当数量的小礼品。礼品不求贵重，小纪念品即可，但需精巧地加以包装。

六、如何与新加坡人交往

（1）在新加坡商界，交换名片是必不可少的，但政府规定，官员不使用名片。

（2）新加坡人时间观念很强，迟到会给人以坏印象。

（3）在社交谈话中，切忌议论政治和宗教，但可交流旅行方面的经验。

（4）新加坡使用四种语言：英语、汉语、马来语和泰米尔语，所有官方文件和公告同时使用这四种语言。

（5）当地人一般不邀请初次见面的客人吃饭，当主人对来访者有所了解后，会举行正式宴会，并在席间洽谈业务。

（6）上饭店、住旅馆，付小费会被认为是不合法的。

（7）在新加坡，人们很不赞成抽烟，许多公共场所法律禁止吸烟。

（8）无论去什么地方，没有必要携带礼物，然而，人们珍惜公司的纪念品。

（9）在新加坡乱抛东西、随地吐痰会受重罚。

七、如何与意大利人交往

（1）会晤时开门见山直接谈业务是很正常的，不一定非要事先寒暄一番。

（2）直呼对方的姓名是不礼貌的，假如知道某人的头衔或职位时可加上。

（3）交换名片极普通，不管身份、地位如何都应交换名片。

（4）意大利人的时间观念不强，因此赴约之前可先打电话核实一下约会是否如期举行。

（5）意大利政坛变化多端，外国人最好不过问，也不要作为闲谈的话题。国际时事和体育运动是两项受欢迎的话题。在纯粹社交聚会上绝对不要谈论工作。

（6）意大利商人对外商特别客气，即使对方的产品不满意，他们往往也不直说“不要”，因此不能误解。

（7）参加正式会谈、宴请都应穿整套西服。

（8）公共场合不能吸烟；在飞机和火车上也不能抽烟，除非在标明准许抽烟的地方。

八、如何与西班牙人交往

（1）西班牙人以其自尊和荣誉感而闻名于世，他们对可能侵犯个人尊严的任何言行非常敏感。因此，必须记住，不要做任何稍有冒犯他人尊严的事。

（2）主动与女性握手是不合惯例的，要等她先伸出手来。西班牙人爱用拥抱和亲热地拍肩等方式相互问候，但外国人、初识者不宜如此。

（3）旅客们对西班牙语显示兴趣，甚至能说上一两句，那一定会受欢迎。如果话题涉及斗牛，那么来访都必须记住，斗牛是地道的西班牙艺术，他们对之怀有极高的兴趣，如来访者对此表示异议，他们会很不高兴。

（4）西班牙人讲究穿着，来访者应同样如此。

（5）如应邀赴家宴，可给女主人送糖果或巧克力，但并非一定要送，送花一般是不适宜的。

（6）小费约占账单的12%。在酒吧或咖啡馆里，只需付少量小费。

九、如何与澳大利亚人交往

（1）澳大利亚人一般较直爽、实事求是，交谈者如故作姿态、矫揉造作是不受欢迎的。

（2）参加任何业务会谈，都得穿得整齐。天气炎热，主人会请你卸去上装。一般社交场合，衣着不拘形式，除非请柬上特别注明要穿礼服。

（3）招待应酬时需注意，如应邀参加“午后茶会”一般在下午4:30左右，只招待茶或咖啡；如参加“茶会”，那往往是请吃晚饭。招待对方要慷慨大方，但请客吃饭时一般不谈业务。应邀参加家宴，如有女伴陪同前往，应由她向主人面赠鲜花或一盒巧克力，若无女伴陪同，则应于翌日给女主人送去鲜花，并附谢柬一封。

（4）总的说来，澳大利亚人不太喜欢一本正经，也不计较社会地位。出租汽车司机喜欢单身旅客坐在他的身边，两人一路上拉扯闲谈，否则会被认为是不友好的表现。

十、如何与奥地利人交往

（1）去奥地利人的公司或家里访问须事先用电传或电话联系。如果是首次访问，须向接待人员、主人及其秘书及交谈者奉送名片。

（2）业务会谈通常用德语，但大多数奥地利商人和技术人员都会说英语。与人谈话时，切忌把手插在口袋里，那是不礼貌的。

（3）奥地利人较拘谨且注意礼节，人们首次见面时，很少称呼对方的姓名，应以某某先生，或“您”相称，否则会认为严重失礼。

（4）应邀上剧院或出席音乐会（特别是维也纳歌剧院），表明你受到上宾礼遇，而且这是正式的社交活动。

（5）如果应邀赴家宴，可照例送上鲜花给女主人。

模块四

学会有效沟通

素养提升目标： 1. 理解沟通的重要性；

2. 知道如何进行有效沟通。

项目1　正确沟通是人际交往的催化剂

案例引导

把握住与领导偶遇的沟通机会

在电梯里，小王偶遇总裁，于是一场简短的随机对话开始。

【情景一　让机会从眼前流失】

总裁：小王，最近怎么样啊？

小王：还好……还好。

然后是沉默，难堪的沉默，尴尬的笑容。小王恨不得摇身一变，变个苍蝇飞出电梯。其实小王很想抓住机会跟总裁多说几句，多难得的机会啊，可就是不知从何说起。

案例启示

这种情形下，总裁一般会说："好好好，好好干。"对话结束。

或者，总裁会问："都有哪些工作啊？"接下来，进入我们上面描述过的一问一答循环，直到电梯到站。

试想，走出电梯，总裁会对小王产生什么印象？我们能预期的最好结果，就是跟进电梯前一样。

【情景二　令总裁印象深刻的沟通】

总裁：小王，最近怎么样？

小王：挺好的。我和同事们一起做了三个CASE，都接近收尾了，能创造某某成效。

总裁：嗯，不错。（心理活动：下一步的工作是什么呢？）

小王：接下来我们还要做某某项目，预期可以达到某某效果。

总裁：好。

小王：今年我和大家都一直挺忙，但觉得非常充实，非常愉快。我学到了很多东西，感觉成长很快，可以独当一面了，比如某某项目，就是我负责的，客户很满意，打电话给某经理来感谢……

总裁：不错，小伙子，继续努力。（心理活动：小伙子的确不错，不错，很阳光，很能干。）

案例启示

在对话的过程中，小王要具备一定的洞察力，善于判断对方的心理活动，所以，在交流的过程中适当地做好停顿，利用停顿来观察对方的反应，是非常重要的。如果在以上过程中，总裁问了别的话，那么整个对话就因之而改变了。但无论怎么变，只要小王能注意到总裁想要了解员工状态的心理，对话就会愉快而顺利了。

如果时间足够，小王可以一路说下去，如果总裁有了兴趣，他会把小王叫到办公室继续说，那样的话，小王在总裁心里的印象会是怎样？

知识提升

一、重视沟通是经营良好人际关系的基础

人际关系与人际沟通密不可分。人际沟通是人际交往的起点，是建立人际关系的基础，沟通良好，促进人际关系更加和谐，同时，人际关系良好，会促使沟通比较顺畅。反过来，沟通不良，就会促使人际关系紧张甚至恶化。不良的人际关系也会增加沟通的困难，形成沟通障碍。

良好的人际关系，可以使工作成功率与个人幸福指数不断提高。一个人获得成功的因素中，有 85% 取决于人际关系，而知识、技能、经验等因素仅占 15%。据统计表明，某地被解雇的 4000 名员工中，人际关系不好者占 90%，不称职者仅占 10%。大学毕业生中人际关系处理得好的人平均年薪比单纯成绩好的高 15%，比普通生高出 33%。可见，沟通能力在日常生活、工作中的重要作用。

（一）人际沟通是形成人际关系的纽带

如果人类社会是一张网，那么每个人就是这张网的一个结点，人们之间必然有线相连。如果任何人之间没有线的连接，社会就不再是网，而是一堆点，社会也就不能称其为组织，不能成为社会。人和人之间的连接，就是靠沟通。人的沟通能力随着大脑的发达、肌肉的不同、生理结构的不同，沟通的信息传递也越来越复杂，越来越准确。

人际关系是在人际沟通的过程中形成和发展起来的，离开了人与人之间交往的沟通行为，人际关系就不能建立和发展。事实上，任何性质、任何类型的人际关系的形成，都是人与人之间相互沟通的结果，人际关系的发展与恶化，也同样是相互交往的结果。沟通是一切人际关系赖以建立和发展的前提，是形成、发展人际关系的根本途径。

案例4-1 两个儿子的故事

一位教师有两个儿子，老大叫大宝，老二叫小宝，年龄相差3岁。大宝小时候就是个孩子王，喜欢交朋友，身边不乏玩伴。上了小学，每次放学回来都要和父亲唠叨学校里发生的事情，说某某同学怎么聪明，怎么好，还给爸爸讲一些相关的小故事。小宝小时候经常一个人玩，不是和小伙伴吵嘴就是打架，身边没什么朋友，上学回来说的是学校里哪个同学如何坏，自己又跟谁打架的事情。

这位父亲感叹地说："俗话说'三岁看大，七岁看老'，我这两个孩子，看现在的状况，就可以预测他们以后的发展。大宝能够看到别人的优点，总是去欣赏别人，他的人际关系将来一定很好，周围会有很多追随者，现在小伙伴愿意和他交朋友，以后的人生发展也一定会很好。小宝认为人家这个不行、那个坏，每天不是吵嘴就是打架，经常有孩子来告状，他这样下去不会有真正的朋友，不会有很好的人际关系，以后的人生发展前途渺茫。"

如今，兄弟俩都进入不惑之年，同是大学毕业，分配到两个不同的学校任教。大宝事业、人生发展非常顺利，现任某大学的主要领导，家庭生活也很幸福；小宝在某所学校教书，人际关系比较紧张，还经历了一次失败的婚姻。

点评 一个懂得欣赏别人、善于沟通的人，最终会收获友谊，收获幸福，收获成功。

（二）有效沟通是改善人际关系的良方

在社会生活中，一个人不可能脱离他人而独立存在，总是要与他人建立一定的人际关系。假如人们在思想感情上存在着广泛而持久的沟通联系，就标志着他们之间已经建立起了较为密切的人际关系；假如两个人感情上对立，行为上疏远，平时缺乏沟通，则表明他们之间心里不相容，彼此间的关系紧张。所以，提高人际沟通的技能，能够帮助人们改善人际关系。

有效沟通是建立良好人际关系的重要保障。有效的人际沟通可以把沟通双方的思想、情感、信息进行充分地、全方位地交换，达到消除误解与隔阂，增进了解，联络感情的效果。和谐、团结、融洽、友爱的人际关系能够使人们在工作中互相尊重、互相关照、互相体贴、互相帮助，充满友情和温暖。沟通的过程使积极的情感加深，消极的沟通障碍减少。世界上最美的东西就是人与人之间的情感联络，而人与人之间的情感联络就是通过人际沟通来实现的。

案例4-2 沟通就是生产力

【第一种沟通方式】

家长：老师，我可以进来和你谈谈吗？

老师：欢迎！请坐到这儿吧。（微笑着用手势示意家长坐下）

家长：很忙是吗？

老师：（一边给家长倒茶）还可以，有什么话您尽管说好了。

家长：（责问）你们班每个孩子是不是都参加了舞蹈排练？

老师：是的。

家长：那你怎么就不让我家馨馨跳舞？她回家说，每次跳舞，老师都让她坐着。

老师：那是因为最近馨馨的腿脚不方便，我问她是不是不想跳，她说"是的"，我这才让她坐在旁边看的。

家长：你知不知道她每天回家就嚷着要跳舞给我和她爸爸看，她爸爸看她这么感兴趣，还特地买了一面大镜子。这样喜欢跳舞的孩子，你说她在幼儿园不想跳舞谁相信？（情绪有些激动）

老师：我体谅动作不便的孩子，我尊重孩子的意愿有什么错？（语气加重）

家长：馨馨在家那么喜欢跳舞，你这怎么叫尊重孩子的意愿？（站了起来）

老师：馨馨在家的情况你可以向我反映，完全用不着用这种态度呀？

家长：你这样的态度就好了吗？什么老师？！我这就去找园长，如果可以，馨馨最好换个班级。（气冲冲地走出教师办公室）

【第二种沟通方式】

家长：老师，我可以进来和您谈谈吗？

老师：欢迎！请坐到这儿吧。（微笑着用手势示意家长坐下）

家长：你们老师真是辛苦，每天要带那么多孩子，真是不简单啊！

老师：（一边给家长倒茶）是呀。孩子小，自控能力差，而家长的期望值又那么高，我们的压力真是不小！

家长：（接过茶杯）谢谢！是啊，现在的孩子都是独生子女，每个家庭都对孩子特别宠爱。

老师：是的。独生子女存在的问题确实比较多，孩子不仅生活自理能力差，其他习惯也不好。家长一边宠孩子，一边又对孩子寄予很高的期望。哎，可怜天下父母心哪！（摇头，很无奈的样子）哦，我忘了，您今天来是不是有什么事儿呀？（笑）

家长：（微笑着）是啊。我家馨馨最近对跳舞的兴趣特别浓厚，每天嚷着要跳舞给我和她爸爸看，她爸爸看她这么感兴趣就特地给她买了一面大镜子，她对着镜子跳舞可开心了。

老师：哦？可是，在幼儿园我问她是不是不想跳舞，她告诉我说“是”。

家长：会不会馨馨在幼儿园跳舞跟不上同伴，不够自信？

老师：说实在的，馨馨对舞蹈的感受力和表现力确实一般。考虑到她最近腿脚不方便，我就让她坐在旁边看。

家长：谢谢您为馨馨想得那么多。我和她爸爸看她在家里那么喜欢跳舞，我们猜她其实还是喜欢跳舞的，您说是不是？

老师：看来是啊。

家长：我想，馨馨可能因为腿不好怕在老师和同伴面前丢脸，才说不想跳舞的。她说的可能并不是心里话。

老师：可能是吧。馨馨在幼儿园表现欲得不到满足，就想在家里得到满足，有这种“补偿”心理是很正常的。是我太大意了，我应该考虑到这一点的。对不起，馨馨妈妈，从明天起我就让馨馨“归队”。

家长：（起身）谢谢了！再见！

点评

同样的事情，同样的地点，不同的人却有截然不同的结果。它告诉我们：交谈方法得当，问题就会迎刃而解或“化干戈为玉帛”；方法不当，只会使问题复杂化。交谈是一种近距离的沟通方式，如果家长和教师能在相互尊重的前提下多沟通、多体谅，共同寻求解决问题的方法，其结果必定是“双赢”的。

二、学会沟通是建立良好人际关系的途径

（一）沟通的原则

1. 礼貌与尊重

孟子曰：“仁者爱人，有礼者敬人。”每一个人，无论职务高低、见识深浅、知识多寡、贫穷富贵、身体强弱、年龄长幼、性别差异等，在人格上都是平等的。因此，在人际交往中对每个人应一视同仁、以礼相待。心平气和地与别人交往，不可求于人，也不强加于人。每个人的思想深处都有内隐闭锁的一面，同时又希望获得他人的理解与信任。“你要别人怎样对待你，你也要怎样对待别人”，这是人际交往成功的秘诀。尊重他人是一种生活态度，也是一种能力和美德。

2. 主动与宽容

“日疏愈疏，日亲愈亲”，情感是有迁移性的。那些主动去进行交往活动，主动去接纳别人的人，在人际关系上较为自信并较有人缘。生活的阅历、生命的体悟，构成了宽容的前提与基础。宽容别人也是宽容自己，是对人性缺陷的包容与理解，是有度量的成熟的处世观念。“海纳百川，有容乃大”说的就是这个道理。不能宽容他人，往

往会得理不饶人，从而使自己的人际关系恶化。宽容是人际交往中难得的境界，宽广的胸怀是顺利融入社会的前提。

3. 关怀与赞美

一个微笑、一声赞许、一杯热茶、一个轻轻地拥抱，这些细微的言行都有可能给他人带来温暖和希望。特别是当同学、同事、亲人等在学习或生活中出现了问题，你的阳光笑脸、富有“人情味儿”的举止、肯定鼓励的话语将激发他们的奋进，你也将因此不断地提高影响力。关怀与赞美他人是美好心灵的体现，会使你的存在更有价值，你的生命更有意义，正如德兰修女所说：“我们都不是伟大的人，但我们可以用伟大的爱来做生活中每一件平凡的事。”

案例 4-3 神话与现实

这是一则古希腊神话故事。塞浦路斯的国王皮格马利翁是一位有名的雕塑家。他精心地用象牙雕塑了一位美丽可爱的少女，并深深地爱上了这位“少女”，给她取名叫盖拉蒂。他还给盖拉蒂穿上美丽的长袍，并且拥抱她、亲吻她。他真诚地期望自己的爱能被“少女”接受，但她依然是一尊雕像。皮格马利翁感到很绝望，他不愿意接受这种单相思的煎熬。于是，他就带着丰盛的祭品来到阿弗洛蒂特的神殿向她求助，他祈求女神能赐给他一位如盖拉蒂一样优雅、美丽的妻子。他的真诚期望感动了阿弗洛蒂特，女神决定帮助他。

皮格马利翁回到家后，径直走到雕像旁，凝视着她。这时，雕像发生了变化，她的脸颊慢慢地呈现血色，她的眼睛开始释放光芒，她的嘴唇缓缓张开，露出了甜蜜的微笑。盖拉蒂向皮格马利翁走来，她用充满爱意的眼光看着他，浑身散发出温柔的气息。不久，盖拉蒂就开始说话了。皮格马利翁惊呆了，一句话也说不出来。皮格马利翁的雕塑成了他的妻子！

1960年，哈佛大学的罗森塔尔博士曾在加州一所学校做过一个著名的实验。新学期，校长对两位教师说：“根据过去三四年来的教学表现，你们是本校最好的老师。为了奖励你们，今年学校特地挑选了一些最聪明的学生请你们教。记住，这些学生的智商比同龄的孩子要高。但是要像平常一样教他们，不要让孩子或家长知道他们是被特意挑选出来的。”这两位老师非常高兴，更加努力教学了。他们认为自己的学生都是天才，因而寄予他们更大的期望，在上课时给予他们更多的鼓励和关注，通过各种方式向他们传达“你很优秀”的信息。学生感受到教师的关注，因而产生一种激励作用，学习时加倍努力。一年之后，这两个班级的学生成绩果然是全校中最优秀的，甚至比其他班学生的分数高出好几倍。

事实：他们所教的这些学生智商并不比别的学生高；他们俩也不是本校最好的老师，而是在教师中随机选出来的。

点评　人们从皮格马利翁的神话故事中总结出了“皮格马利翁效应”：期望和赞美能产生奇迹。但对这一效应做出经典证明并使它广泛运用的是美国心理学家罗森塔尔和他的助手们，因此，“皮格马利翁效应”又称“罗森塔尔效应”。

期待，是人产生努力改变自我、完善自我的进步动力，这种企盼将美好的愿望变成现实的心理，在心理学上称为“期待效应”。它表明：每一个人都有可能成功，但是能不能成功，取决于周围人能不能像对待成功人士那样爱他、鼓励他、教育他。

4. 明悉与智慧

“世事洞明皆学问，人情练达即文章”。人与人之间既有复杂的利益关系，更有微妙的各种感情关系。懂得辨别各种“情”与“理”，便能成就智慧的人生。现在的大学生们往往懂“事理”而不懂“世理”，傲气十足而又常常碰壁。因此，要在阐述“事理”时能注意方法；在坚持真理时能讲究策略；在真诚待人时能顾及“人情”；在给人以真情时能兼顾练达，深谙社会中的各种关系，处事波澜不惊，遇事隐而不发。

大智若愚，像水一样的处事原则是最佳的选择，从现实出发，怀一颗赤子之心，积极进取，这就是适度。要达到“适度”，需要阅历、经验、磨炼、积累、反省等。明世故，通人情，善应对，达圆融，是我们一生追求的境界。

（二）合理运用语言沟通

语言沟通是以词语符号为载体实现的沟通，主要包括口头沟通、书面沟通和电子沟通。三种沟通方式的比较见下表：

沟通方式	举　例	优　点	缺　点
口头	交谈、讲座、讨论会、电话	快速传递、快速反馈、信息量很大	传递中经过层次愈多，信息失真越严重、核实越困难
书面	报告、备忘录、信件、内部期刊、布告	持久、有形、可以核实	效率低、缺乏反馈
电子媒介	传真、短信息、闭路电视、计算机网络、电子邮件	快速传递、信息容量大、一份信息可同时传递给多人、廉价	单向传递，电子邮件和短信息可以交流，但看不见表情

人类的智慧大都是用语言表达出来的，如果我们能够掌握它奇妙的魅力，在人类社会中，语言就会具备一种力量。如何使语言沟通更有效呢？

1. 善于倾听

要成为一个善于说话的人，首要的是做一个善于倾听的人。倾听是对说话者的尊重，是满足对方的意愿，会让你得到意想不到的收获，因此倾听应成为每一个渴望有效沟通的人的自觉行动、责任和素质。据专家测试每人每天大约说700句话。在平常对话中，经常发生抓不住话语的重点、自说自话等状况，多是因为听话方存在问题。

案例 4-4 乔·吉拉德的一次失败经历

美国汽车推销之王乔·吉拉德曾有过一次深刻的体验，他向一位客户销售汽车，交易过程十分顺利。当客户正要掏钱付款时，另一位销售人员跟吉拉德谈起了昨天的篮球赛，吉拉德一边跟同伴津津有味地说笑，一边伸手去接车款，不料客户却突然掉头而走，连车也不买了。吉拉德苦思冥想了一天，不明白客户为什么对已经挑选好的汽车突然放弃了。晚上，他终于忍不住给客户打了一个电话，询问客户突然改变主意的理由。客户不高兴地在电话中告诉他："今天下午付款时，我同你谈到了我们的小儿子，他刚考上密西根大学，是我们家的骄傲，可是你一点儿也没有听见，只顾跟你的同事谈篮球赛。"吉拉德明白了，这次生意失败的根本原因是因为自己没有认真倾听客户谈论自己最得意的儿子。

点评

对别人述说自己，这是一种天性；因此，认真对待别人向你述说他自己的事情，这是一种教养。

阅读感悟

讲话犹如演奏竖琴：既需要拨弄琴弦奏出音乐，也需要用手按住琴弦不让其出声。

——霍姆斯

在积极倾听的同时还要有肢体和声音的回应，鼓励谈话者继续说下去。对精辟的见解、有意义的陈述或有价值的信息，要以诚心地赞美来夸奖说话的人。例如："您的意见很有见地"或"这个想法真好！"这种良好的回应就可以激发出很多有用而且有意义的谈话。偶尔说"是""我了解"或"是这样啊？"告诉说话的人你在听，你对当前的谈话有兴趣。如果需要确认自己所理解的是否就是对方所讲的，你必须在对方讲完一个观点后，挑重点复述对方所讲过的内容，以确认自己所理解的意思和对方是否一致，如"您刚才所讲的意思是不是指……"，"我不知道我听得对不对，您的意思是……"

案例 4-5 自以为是的丈夫

一对夫妻是大学同学，妻子要去南方出差，这对夫妻有一位共同的老同学两年前从本地调到南方工作，妻子要顺便看看她。他们去超市想给同学买点儿东西，选了一种东北特产木耳，选完后，妻子觉得同学家也是东北的，这种特产也不是什么新鲜东西，还不如送她一条丝巾，就对丈夫说："不给她带木耳了……"没等妻子说下一句，丈夫指责妻子说："你怎么那么小气！这点儿木耳能值几个钱！"妻子很委屈，丈夫还不承认错误，两人因此闹得很不愉快。如果丈夫不那么自以为是，想当然，听妻子把话说完，就不会因此事闹矛盾了。

点评

上面的案例说明与人沟通时听和说都要注意"三个一半"：不要听一半，不要让别人讲一半，自己不要讲一半。

2. 恰当表达

一是敢说话。人人都具有说话的潜能，但多数人害怕当众讲话，即便是一些说话大师如美国总统林肯、英国著名作家萧伯纳、美国口才大师卡耐基等也都曾经是害怕说话的人。因此，克服说话恐惧，做好充分准备，抓住一切机会上台当众说话，从而激起自己的说话热情，说话的胆量慢慢就练出来了，就可以成为"舌灿莲花"的说话高手。

二是会说话。说话时要有实在的内容、清晰的观点、严密的逻辑、中肯的分析；表述要集中连贯、语意流畅；用词要妥帖；句式要有变化；要有较强的概括能力，在限定的时间里，能简明扼要地把自己的思想较完整地表达出来；要有吸引人的魅力，包括饱满的情绪、幽默的语调、恰当的肢体语言的配合等。

案例4-6 会说话的玫琳·凯女士

玫琳·凯女士是世界知名化妆品品牌“玫琳凯”的创始人，在事业上她创造出了斐然的成绩，在生活中，她更被人称为极具人格魅力的高贵女人。她的一言一行、一举一动，都会让身边的人感觉舒适、亲密和温暖。在她还处在创业阶段时，一天，与朋友逛一家成衣店，恰好听到旁边两个女孩子在说话，其中金发女孩试穿了一件衣服，看起来很漂亮。黑发女孩便称赞道：“这件衣服很漂亮，但还是不如刚才那件，那件的扣子更漂亮。”金发女孩听后有点儿生气地说：“那是什么破衣服，扣子难看死了，我才不要呢！”黑发女孩听后也有些生气地说：“不就是提个建议嘛，至于发那么大的脾气呀！”于是两个女孩谁也不搭理谁，闷闷不乐地逛着。

这时，玫琳·凯走了过去，笑容满面地对金发女孩说：“这件衣服的领子很漂亮，衬得你像高贵的公主一样有气质，假如再配上一条项链，那就更加完美了。”金发女孩很高兴，因为她自己也是这样想的。她埋怨黑发女孩没有眼光，黑发女孩嘀咕着说：“我也是这样想的，不过没有说出来罢了。”玫琳·凯轻轻地把手搭在黑发女孩的肩头上说：“其实，你可以试一下这件衣服，它特别能衬托出你优美的身材。”黑发女孩如遇伯乐般地笑了，“是吗？我挺喜欢这件衣服的，但就是不知道适不适合我？”玫琳·凯肯定地点点头：“不会让你失望的。当然，如果你们再稍微护理一下面部的皮肤，那么就会更显优雅了。”

后来，这两个女孩成为了玫琳·凯的忠实顾客。

点评

最会说话的人不是口若悬河、滔滔不绝的雄辩之士，而是那些言简意赅、恰如其分地阐述自己观点的人。会说话不仅是把话说得明白，还要在关键时刻、关键场合说得到位、说得得体、说得出色，让说出的话产生最佳效果，即真正地把话说到点子上，这是一个人成功与否的决定性因素之一，也是成熟稳重的重要标志之一。要掌握这一技巧需要知识，需要多看多听少说，不断学习与总结，用心去领悟。

一个人必须知道该说什么，一个人必须知道什么时候说，一个人必须知道对谁说，一个人必须知道怎么说。

——德鲁克

三是少说话。这是从根本上认识说话的功能，最大限度地发挥说话的作用。话不是说得越多越好，而是要说得巧、说得妙；不在于说得多么优美动听，而在于要适用。说话的理想境界是恰如其分、以少胜多、谨言慎行，即老子所说的“大辩若讷”。这不仅仅是说话本身的事，而是一个人的素质与修养的写照。

“宁可把嘴巴闭起来，使人怀疑你的浅薄，也不要一开口，就让人证实你的浅薄。”这是一句值得大家牢记的名言。比如，别人求你办一件事，你很有把握，你也别说：“没问题！这事包在我身上！”因为你这样说了，万一办不成，会让人家觉得你说大话，不守信用。你可以说：“我一定尽全力去办。”如果办成了，人家会很高兴，办不成，也知道你尽力了。

让幽默成为沟通的润滑剂：恩格斯曾经说过：“幽默是具有智慧、教养和道德的优越感的表现。”幽默能表事理于机智，寓深刻于轻松，给周围的人以欢笑和愉快。

3. 把握时机

什么时间说什么话，什么话应当在什么时候说，也是有所讲究的。当说的时候不说，往往错失良机；不当说的时候乱说，达不到交际的效果，有时还会带来副作用。

案例 4-7 便宜的抽水机

郭老板和老于是老朋友，郭老板卖抽水机。一次发大水，大家都在郭老板店前排队买抽水机，1.2 万元一台。老于来了，郭老板还在忙着，老于对他说：“我要买台抽水机，你给我便宜点儿吧！”郭老板说不能便宜。老于生气地走了，到了另一家去买，没想到更贵，于是没买就回家了。一到家，妻子就高高兴兴地说：“你交的朋友真够意思，派人送来了抽水机，只收成本费！”

点评

老于沟通的时间和地点不合适，那么多人在排队等着买，老于当他们的面说了这件事情，郭老板怎么应对那些排队的人？把握好沟通的时机不是一件容易的事情。商讨事情、解决矛盾，最好是在双方心平气和、镇定自如的时候比较恰当，因为在这种心境下，人们能全面、客观地理解问题，发表比较正确的意见。

（三）正确使用非语言沟通

非语言表达又称为肢体语言或态势语，是通过头、眼、肩、手、身姿等人体部位的活动来表情达意的一种沟通方式。这种语言通常是一个人下意识的举动，因此，较少具有欺骗性，所以想了解他人的心理状况时，肢体动作是一个很好的参考。加州大学洛杉矶分校的一项研究表明：个人行为留给对方的印象，7% 取决于内容，38% 取决于语音语气，55% 取决于眼神、手势、双方距离等非语言因素。

正确运用非语言沟通要注意以下几个方面：

一是善意的表情。微笑表示友善礼貌；皱眉则表达了怀疑和不满。

二是合宜的手势。柔和的手势表示友好、商量；强硬的手势则意味着“我是对的，你必须听我的”。

三是得体的衣着打扮。穿衣戴帽是一个人素养表现的基础，注意区别时间、场合和目的。

四是恰当的语气语调。说话时抑扬顿挫表明热情；突然停顿是为了造成悬念，吸引注意力。

五是最佳的空间距离。46 至 76 厘米是朋友之间的距离，而 77 至 121 厘米一般是与陌生人的谈话距离。

案例 4-8　可怜的病人

某医学院主任带学生到附属医院上临床实习课。一群穿白大褂的实习学生来到某个病房前，主任说：“大家进去看看这个患者的病状，仔细想想他患了什么病？知道的点点头，不知道的摇摇头。别说话，免得吓到病人，明白吗？”学生们连忙点头，很怕留给主任不良印象而影响实习成绩。

病房中的病人不知道自己的病情，本来只是轻微的脑积水，躺在床上看到一大群穿白大褂的“医生”走进来，心中就有几分紧张。

第一个实习医生看了病人一会儿，想了想，无奈地摇摇头。

第二个实习医生把病人看来看去，不知道病人得了什么病，想到自己可能要重修学业，眼角含着泪摇摇头。

第三个实习医生看看病人，也不知道病人得了什么病，叹了一口气，垂头丧气地摇摇头。

第四个实习医生刚要看病人，只见病人满眼泪水地说：“医生啊，请你救救我吧，我还不想死呀！”

点评　肢体语言使用不当，会造成极其恶劣的影响。

行动训练

训练一 寻求更好的沟通

操场上，一位同学指手画脚地对另一位穿着怪异的同学说："你穿的这是什么呀！这样你也敢出门？"

实验室里，一位同学把另一位同学推到一边说："靠边儿！你看我是怎么操作的！"

教室里，两位同学在商讨迎新活动方案。一位同学说："我很赞成你的这个想法，但是我不同意你最后一句话！"

训练要求：

（1）以小组为单位，各组分析情景中同学们的沟通存在哪些问题，并讨论如何沟通能使沟通对象更容易接受。

（2）各组选派一名代表，谈谈讨论结果，教师给予点评，并总结出大家比较认可的几种有效沟通方法。

训练二 用沟通解决问题

某日，班主任王老师到寝室进行突击检查，韩明作为406寝室的寝室长，正和一名同寝室的同学在里面聊天。当王老师突然走进他们的寝室时，发现室内卫生不太干净，特别是韩明所坐的床铺尤其不整齐。王老师很生气地批评韩明，即没有收拾好自己的床铺，也没有很好地发挥寝室长作用，督促寝室的同学及时打扫寝室，保持清新的生活环境。其实，韩明所坐的并不是他自己的床铺，面对老师的批评，看着不整洁的寝室卫生状况，韩明开始使用有效地沟通解决问题。

训练要求：

（1）以小组为单位，各组讨论情景中寝室长韩明需要沟通的对象、内容、方式，并进行角色扮演，解决情景中的沟通问题。

（2）在训练基础上，各组选派一名代表，结合实际谈谈日常生活中出现过哪些沟通障碍？应当如何有效沟通？

项目 2　有效沟通是职场成功的加速器

案例引导

巧妙的沟通彰显出色的工作能力

年底，公司为了奖励市场部的员工，制定了一项海南旅游计划，名额限定为 10 人。可是 13 名员工都想去，部门经理需要再向上级领导申请 3 个名额，如果你是部门经理，你会如何与上级领导沟通呢？

【第一种沟通方式】

部门经理：“朱总，我们部门 13 个人都想去海南，可只有 10 个名额，剩余的 3 个人会有意见，能不能再给 3 个名额？”

朱总：“筛选一下不就完了吗？公司能拿出 10 个名额就花费不少了，你们怎么不多为公司考虑？你们呀，就是得寸进尺，不让你们去旅游就好了，谁也没意见。我看这样吧，你们 3 个做部门经理的，姿态高一点，明年再去，这不就解决了吗？”

案例启示

在这里，这位经理在与领导沟通时出现障碍，没达到预期的目标，沟通不通畅的原因是这样做让领导觉得部门经理没站在公司的立场替公司考虑，只会一味满足员工的要求，容易让领导产生不快。

【第二种沟通方式】

部门经理：“朱总，大家今天听说去旅游，非常高兴，非常感兴趣。觉得公司越来越重视员工了。领导不忘员工，真是让员工感动。朱总，这事是你们突然给大家的惊喜，不知当时你们如何想出这个好主意的？”

朱总：“真的是想给大家一个惊喜，这一年公司效益不错，是大家的功劳，考虑到大家辛苦一年。年终了，第一，是该轻松轻松了；第二，放松后，才能更好地工作；第三，是增加公司的凝聚力。大家高兴，我们的目的就达到了，就是让大家高兴的。”

部门经理：“也许是计划太好了，大家都在争这 10 个名额。”

朱总：“当时决定 10 个名额是因为觉得你们部门有几个人工作不够积极。你们评选一下，不够格的就不安排了，就算是对他们的一个提醒吧。”

部门经理：“其实我也同意领导的想法，有几个人的态度与其他人比起来是不够积极，不过他们可能有一些生活中的原因，这与我们部门经理对他们缺乏了解、没有及时调整有关系，责任在我。如果不让他们去，对他们打击会不会太大？如果这种消极因素传播开来，恐怕对公司影响不好。公司花了这么多钱，要是因为这3个名额降低了效果太可惜了。我知道公司每一笔开支都要精打细算，但是如果经费允许可否增加3个名额，给他们一次机会，让他们有所感悟，促进他们来年改进，那么，他们多给公司带来的利益要远远大于这部分支出的费用；如果经费实在紧张，可否降低这次旅游的食宿档次或缩短出游天数，在总预算不变的情况下增加3个名额。只要公司能再考虑一下，让他们去，我会尽力与其他两位部门经理沟通好，在这次旅途中每个人带一个，帮助他们放下包袱，转变工作态度，您看行吗？”

案例启示

同样情况下，采用两种不同的沟通方式就产生不同的结果。运用换位思考法，采取沟通的低姿态，站在为公司解决问题的角度进行沟通，提出解决问题的方案，达到预期的目的。

在造就一个有修养的人的教育中，有一种训练必不可少，那就是优美高雅的谈吐。

——伊力特

知识提升

一、良好的沟通能力是成功就业的保障

从1999年开始，我国高校就大幅度地扩招，高等教育进入了一个新阶段，毕业生人数大增，大学毕业生就业压力也越来越大。那么，造成这种社会现象的原因是什么呢？除了人力资源市场需求增长放缓、人力资源供需结构失衡这些客观因素的影响外，大学生自身能力结构出现短板也是一个主要原因，即“短板效应”。大学毕业生的能力结构包括知识水平、专业技能、工作态度、抗压能力、团队协作及沟通能力，往往很多学业优秀的大学毕业生毕业后发现，自身能力结构中的沟通能力是短板，影响自己的职场生活。因此，拥有良好的人际沟通能力是大学生成功进入职场的必要保障。

关于求职面试的沟通技巧，见模块六。

二、高效沟通是成功晋升的前提

大学生成功获得职场机会后，需要面对种种工作考验，一个人的职场沟通能力、工作量及工作技巧，到底哪个最有利于产生绩效，赢得上司的好评呢？许多研究人员深入职场调查发现，沟通能力强的员工晋升的概率最高。有人说，干得好不如说得好。这句话虽然有些偏颇，但是在职场中，会做事再加上会说话，这样的员工肯定能迅速受到领导的青睐和重用。因此在职场中，做事能力差不多的两个人，沟通能力不好的那一位，升迁机会往往要比那个既会办事又会说话的人少得多。

三、如何做好职场沟通

（一）与上级沟通的技巧

每个职员都有自己的上级，能够与上级良好沟通的人，才能成为领导信任、喜欢的优秀职员。

案例 4-9 公孙弘妙对汉武帝

汉代公孙弘年轻时家贫，后虽贵为宰相，但生活依然十分简朴，吃饭只有一个荤菜，睡觉只盖普通棉被。就因为这样，大臣汲黯向汉武帝参了一本，批评公孙弘位列三公，有相当可观的俸禄，却只盖普通棉被，实质上是为了骗取俭朴清廉的美名。

汉武帝便问公孙弘："汲黯所说的都是事实吗？"公孙弘回答道："汲黯说得一点没错。满朝大臣中，他与我交情最好，也最了解我。今天他当着众人的面指责我，正是切中了我的要害。我位列三公而只盖普通棉被，生活水准和普通百姓一样，确实是故意装得清廉以沽名钓誉。如果不是汲黯忠心耿耿，陛下怎么会听到对我的这种批评呢？"汉武帝听了公孙弘的这一番话后，反倒觉得他为人谦让，就更加尊重他了。

点评 虚心接受批评会让自己更优秀。坦诚、虚心地接受他人的批评是一个人成熟的标志，不仅会得到同事的认可，更会得到领导的赏识。

以下是与领导沟通的四个技巧：

1. 对上级领导要时刻表示尊重

任何时候都要尊重领导，要照顾领导的面子。每个人都需要别人的尊重，作为领导者，由于所处的地位，更希望得到下属的尊重。遇到有什么想法、建议，不要当众

“进谏”，要私下说才不失上司的面子。对领导有意见，要通过正常途径反映，不要轻易怀疑领导的能力或背后议论领导；不要低估上司的能力，你的上司能做到他的位置，必定在某些方面有过人之处。

2. 不要忘记赞美你的上司

人们都喜欢听赞美的话，上司也是一样。但是赞美上司要恰当和自然，不能让旁人感觉到是阿谀奉承和过分。

例如赞美中表示羡慕，你可以这样说：“主任，听说您的儿子考上了一所名牌大学，真是有其父必有其子呀，我要是有这么个有出息的儿子，我这辈子也就知足啦！”这样的赞美肯定会让领导感到十分得意和满足。

再如赞美中表示决心：“跟着您，我们觉得工作的劲头儿更大了。”“我受您的影响特别大，感觉自己也改变了许多，我得继续好好在您身边学习。”等。这些话表明了你已承认了领导的权威，并愿意保持对他的忠诚，这是领导者们最希望看到的局面，这种表达是十分受领导欢迎的。

现实生活中有些人之所以会出现交际的障碍，就是因为他们不懂得忘记一个重要的原则：让他人感到自己重要。

——戴尔·卡耐基

3. 上司发火时，如何与上司沟通

当上司发火的时候，你要虚心地接受批评，切勿当面顶撞上司，也不要过多地解释。可以告诉你的上司，你已经做好听的准备了，请他坦诚地说好了。这样你反而会“起死回生”。如果是你的错误，请你恳切地道歉弥补自己的过失；如果是你被误会了，也要先让上级的火气发出来，事后做好解释工作，拿出实际行动来。

当道歉成为一种生活方式的时候，人类关系会很健康。

——查普曼

4. 了解上司的风格，按照他的行事方式工作

一般情况下，上司的类型分为三种：控制型、互动型和实事求是型。

控制型上司权力大、态度强硬，他们求胜心强、易急躁、对琐事不感兴趣。与其沟通时要简明扼要、多服从、不争辩。

互动型上司善于交际，喜欢交流、赞美，很注重过程。与其沟通，可以不隐瞒想法，真诚地表达，适当地赞美。

实事求是型上司讲求逻辑原则，不感情用事，很在意问题的实质。他们逻辑分析能力强，对数字敏感。与其沟通，要特别注意实事求是，避免过分的吹捧或不实的语言引起上司的反感。

案例4-10 最佳方案

雯雯年轻干练，活泼开朗，入行几年，职位不断地往上升，很快成为单位里的主力干将。几天前，新老板走马上任，就把雯雯叫了过去："雯雯，你能力强，这里有个新项目，你就多费心盯一盯吧！"

受到新老板的重用，雯雯欢欣鼓舞。恰好这天要去上海某周边城市谈判，雯雯一合计，一行好几个人，坐公交车不方便，人也受累，会影响谈判效果；打车的话，一辆坐不下，两辆费用又太高，还是包一辆车好，经济又实惠。

主意定了，雯雯却没有直接去办理。几年的职场生涯让她懂得，遇事向老板汇报一声是绝对必要的。于是，雯雯来到老板跟前。

"老板，您看，我们今天要出去，"雯雯把几种方案的利弊分析了一番，接着说："所以呢，我决定包一辆车去！"汇报完毕，雯雯发现老板的脸不知道什么时候黑了下来。他生硬地说："是吗？可是我认为这个方案不太好，你们还是买票坐长途车去吧！"雯雯愣住了，她万万没想到，一个如此合情合理的建议竟然被打了"回票"。

"没道理呀，傻瓜都能看出来我的方案是最佳的？"雯雯大惑不解。

点评

任何一个上司（包括部门主管、项目经理、管理代表），做到这个职位上，至少有某些过人处。他们丰富的工作经验和待人处世方略，都是值得我们学习借鉴的，我们应该尊重他们精彩的过去和骄人的业绩。但每一个上司都不是完美的，所以在工作中，唯上司命是听并无必要，但也应记住，给上司提意见只是本职工作中的一小部分，尽力完善、改进，迈向新的台阶才是最终目的。要让上司心悦诚服地接纳你的观点，应在尊重的氛围里，有礼、有节、有分寸地磨合。不过，在提出质疑和意见前，一定要拿出详细的足以说服对方的资料计划。

阅读感悟

恰当地用字极具威力，每当我们用对了字眼……我们的精神和肉体都会有很大的转变，就在电光石火之间。

——马克·吐温

（二）与同事沟通的技巧

1. 以大局为重，真诚相助

同事之间由于工作关系而走在一起，就要有集体意识，以大局为重。对于同事的缺点，我们应委婉指出，而不应与其他同事接触时对同事品头论足、挑毛病，甚至恶意攻击，影响同事的形象，乃至集体的形象。当他人遇到困难、挫折时，应伸出援助之手，给予帮助。良好的人际关系往往是双向互利的，给别人的关心和帮助越多，当自己遇到困难的时候得到援手的可能性也越大。

2. 经常欣赏你的同事

我国人力资源专家刘彦斌常说：“我赞美别人从不吝啬我的语言。我在赞美别人的同时，自己心里也是非常舒服的。相反，我在骂别人，说别人的时候，我自己的心里往往也很难受。”可见，在与同事相处的时候要经常地肯定你身边的同事，这样同事之间的关系才会相处得融洽。

案例 4-11 不要吝啬赞美

王志是一家软件公司的员工，一天他的同事刘冰与他闲聊时说：“我家孩子昨晚摔倒了，我还以为他会哭呢，结果那小鬼立马爬起来，一点儿也没哭，又开开心心地去玩玩具了。”听这话，王志接着说：“你看你家孩子多乐观、多坚强，这么小的年纪，就这样勇敢，说明你家教育很好，你们做了很好的榜样。只有和谐的家庭氛围才能让小孩拥有坚强、勇敢的品质。”刘冰听了王志的话，心理美滋滋的，有种说不出来的喜悦。

点评 真诚的赞美会带给他人美好的心理感受，进而营造良好的人际关系。

阅读感悟

鼓励自己最好的办法，就是鼓励别人。

——马克·吐温

3. 注意同事的地域文化差异，避免误会

文化与沟通密不可分。人们所有的沟通活动都受地域文化背景的影响。一种文化背景的人要完全理解另一种文化背景的人的言行存在着一定的困难，因为双方有着不同的语言、思维方式、审美观念和行为习惯等。如果沟通双方缺乏足够的相互了解，便会产生一定的矛盾和冲突。

案例 4-12 不该发生的误会

小齐是西北某地区人，而小秦是北京人。一次两人在业余时间闲聊，谈得正起劲儿，小齐看见小秦头发有点儿长了，便随口说："你头上毛儿长了，该理一理了。"不料小秦听后勃然大怒："你的毛儿才长了呢！"结果两人不欢而散。

点评

一个规模很大的单位不可能只由本地人组成，还会有来自各地的同事，有着不同的文化背景、不同的生活习俗、不同的语言习惯等。所以，工作交往中，要注意到这些差异，避免沟通障碍。

4. 不谈敏感的话题

工作中不要去探究别人的年终奖金之类的问题，对于此类问题，别人喜欢对你"打哈哈"，而你自己也不会喜欢告诉别人。不要随意对同事发牢骚，诉说对企业制度的不满，小心传到领导的耳朵里，落得连申辩的机会都没有。

（三）与下属沟通的技巧

我们就如下的小案例来思考如何与下属沟通。

案例 4-13 他该如何沟通？

张伟被提拔为生产部经理后不久就与下属和同事建立了良好的人际关系。但是，在生产部有两位班组长总是把应该经过张伟的事情直接报告给主管生产工作的副总经理。这两位职工在公司的时间至少比张伟长 10 年，而且非常了解那位副总。面对这一情况，张伟是否要与两位班组长就此事进行沟通？他是否要与那位主管生产的副总经理谈此事？为什么？如果要谈，他该怎么谈？

点评

面对这样的问题，张伟可以选择两方面的沟通：一是对下属在肯定成绩的前提下，建议其与自己加强有效的沟通；二是对上司在表示歉意的前提下，请领导将部门沟通问题交办自己，并表明解决问题的决心与信心。

上级在与下属沟通时，可灵活综合使用下列技巧：

1. 积极授权，传达信任

授权指上级将职权或职责授给某位下属负担，它是一门管理的艺术，充分合理的授权不仅能使领导者们不必亲力亲为，把更多的时间和精力投入到组织机构的大政决策上，更重要的是还能够充分传达对下属的信任。它对下属的激励作用是任何其他管理行为所难以企及的。可以说，由授权所传达出的信任为上级与下属沟通打下了坚实的情感基础。

2. 拉近距离，平等交流

下属对上级，往往存在各种各样的心态：试探、戒备、恐惧、对立、轻视、佩服、无所谓等。作为领导者，要充分了解下属的心理和他们所关心的焦点问题，适时地与之进行有效沟通。交流伊始，要重视开场白的作用。可以从日常生活话题开始，拉几句家常，开一些善意的小玩笑。这样，既可以消除对方的疑虑，又能拉近双方心理上的距离，在此基础上再引入正题就很容易达到沟通的目标了。上级在围绕相关问题阐述自己的观点时，语气要平和，语调要自然，态度要和蔼，晓之以理，动之以情，多采用商量的口吻。

3. 提高效率，缩短时间

上级与下属的沟通是开展日常管理活动的一种重要方式，因此，作为领导者，不要寄希望于一次沟通解决所有问题。要随时随地尽可能多的与下属进行交流，只有这样，才能使上下级关系日趋顺畅。但这并不是要和领导没话找话，而是要把沟通在管理当中的作用日常化。要带着明确的目的交流，一旦目标实现，就策略撤退，果断结束谈话，不拖泥带水，海阔天空地扯一些与工作无关的话。也就是说，领导者与下属的沟通要经常化，一次交流的时间不要太长，频繁地、短时间地与下属沟通，下属更容易感受到领导者的亲近，更明确地体会到上级对他的注意、关心。

4. 因人而异，不做比较

由于个性性格、知识水平和人生经验的差异，不同的人开展工作的能力和方式也会有很大的差别，这就要求上级在与下属沟通时，要根据不同对象采取不同的方式，要避免拿一个人的短处与他人的长处进行比较，也不能将一个人做错的事同别人做对的事相比。

行动训练

训练一 职场平行沟通训练

小贾入职已有三年，他为人比较随和，不喜争执，和同事的关系处得都比较好。由于为人比较勤快，工作业绩相对比较突出。然而最近几天，小贾却遇到了职场烦心事。不知道为什么，同一部门的小李老是处处和他过不去，有时候还故意在别人面前指桑骂槐，对跟他合作的工作任务也都有意让小贾做得多。起初，小贾觉得都是同事，没什么大不了的，忍一忍就算了。但是，小李对小贾的态度愈加恶劣，甚至有些嚣张，小贾便想主动找小李解决问题。

训练要求：

（1）以小组为单位，各组讨论当职场关系处于以上状态的时候，如果自己是小贾，该如何处理？

（2）以小组为单位，各组进行角色扮演，演示沟通的内容、方式。

训练二 职场向下沟通训练

有一天，在小贾还没有找到机会与小李沟通的情况下，小李去找了部门领导周主任大吐苦水；因为小李听说小贾向别人透露领导今年只给了小贾一台办公笔记本。小李心里很不平衡，觉得自己工作中贡献并不比小贾少，为什么领导只给了小贾呢？事实上，小贾根本没有得到领导的额外奖励。周主任听到小李这么说，感到很吃惊，决定好好处理这个问题。

训练要求：

（1）以小组为单位，各组讨论如果你是周主任，你会如何处理这个问题？

（2）以小组为单位，各组进行角色扮演，演示沟通的内容、方式。

训练三 职场平行沟通训练

在周主任妥善处理了这个问题后，小李知道了小贾根本没有得到领导的额外奖励。但是两人的关系并没有完全缓和，工作中两人还是比较尴尬。

训练要求：

（1）以小组为单位，各组讨论如果你是小贾或小李，在这样的情况下，该如何使两人的关系得到缓解？进行角色扮演，演示沟通的内容、方式。

（2）进行角色扮演后，各组以是否达到沟通效果为目标进行小组自评和互评。

同步校园活动："知识改变命运"主题讨论会

活动要求

（1）全院各班采用"团支部活动"或"班会"的形式开展讨论会。鼓励同学们利用视频、PPT 等辅助手段进行交流探讨，并邀请辅导员指导和参与，提高讨论会的效果。

（2）此主题讨论需要从认识知识的重要性切入，可以用古今中外刻苦学习、用知识改变命运的案例激发同学们对学习重要性的认同。讨论过程中，同学们可以从什么是知识、知识有哪些种类、大学里怎样学习知识（学习方法）乃至走上职场后是否要坚持学习、学什么、怎么获取知识等问题展开讨论。

（3）各班在开展讨论会时，需营造良好的活动氛围，如黑板上有主题："知识改变命运——××班主题讨论会"，拍摄照片等，并将主题讨论会的相关资料（如照片、总结、发言稿、PPT 等）整理存档，以备参加各类优秀集体评比活动。

拓展阅读

阅读一 职场沟通8个黄金句型

（1）我们好像碰到了一些情况（以最婉约的方式传递不好的消息）。

（2）我马上去做（上司会因此觉得你是名有效率的好员工）。

（3）某某的办法真不错（体现出团队精神）。

（4）这个报告缺了你真不行啦（说服同事愿意帮你忙）。

（5）让我再仔细地想一想，下班以前给您答复好吗（巧妙避开你没有把握或不愿意参与的事情）？

（6）我特别想知道你对这个问题的看法（不露痕迹地讨好）。

（7）是我一时没能明察，好在……（承认疏失又避免上司明显不满）

（8）谢谢你告诉我，我会认真参考你的建议（对待他人批评表现出冷静）。

阅读二 知晓表达的禁忌

古人云：赠人以言，重于珠玉；伤人以言，重于剑戟。意思是，我们在表达过程中，一定要注意内容，要"言谈得当"。即使是相识已久的朋友在谈话中也有相应的禁忌，对于并不太熟悉的社交场所，我们更应该注意自己的谈话内容，警惕不要触犯交谈的禁忌。

表达的禁忌有很多，需要我们在日常生活中不断地总结，针对不同的人、不同的情况，交谈的内容也有所变化。一般情况下，表达的禁忌大致有以下几种：

（1）表达中不要涉及令对方不愉快的事情。不愉快的事情包括敏感事和隐私。病亡、穷困、身体缺陷等都是让对方较为敏感的事，俗话说"当着矮人不说短话"，这类话题不提为好。随着社会的进步，交往中对人们的隐私越来越尊重，在交谈中凡涉及个人隐私的一切问题均应回避，如：不询问女士的年龄、婚姻状况；不直接询问对方的履历、工资收入、家庭财产；不询问住址、电话等。

（2）要杜绝在背后说他人的长短。与人沟通时不说他人的坏话，也不传闲话，这不仅是礼仪的需要，也是表达成功的保证。富兰克林在谈到他成功的秘诀时曾说："我不说任何人的坏话，我只说我所知道的每个人的长处。"背后对人说长论短，这是最令人厌恶的事情。

（3）与女士沟通时不论及对方美丑胖瘦，保养得好与不好等。但在社交场合，有时对对方，特别是女士的衣服、发型、气色表示真诚而适度的称赞，不在此列。

（4）与不熟悉的人沟通时不问对方衣服的质量、价格，首饰的真假等。如果在社交场合问及对方这些问题，会使人难以回答，甚至陷入难堪境地。

（5）社交场合不以荒诞离奇、耸人听闻、黄色淫秽的内容为话题，也不开低级庸俗的玩笑，更不能嘲弄他人的生理缺陷，那样只会证明自己的格调不高。

（6）在涉外场合，一般不要谈论当事国的政治问题，也不应随便议论他人的宗教信仰，对某些风俗习惯、个人爱好也不要妄加非议。

另外，有四种行为也是表达中的大忌：好主观臆断，对旁人的意见只有接受或不接受两种态度；好追根究底，依照自己的价值观去探查评价别人的隐私；好为人师，总是试图以自己的经验给别人提供忠告；好自以为是，不能从别人的立场出发，只知道从自己的角度去考虑问题。如果持这样的心态去和别人交流，其实已经不成其为表达，而只是单方面的意愿。

阅读三《记忆》

——华中科技大学校长李培根在2010届毕业典礼上的致辞

亲爱的2010届毕业生同学们：

你们好！

首先，为你们完成学业并即将踏上新的征途送上最美好的祝愿。

同学们，在华中科技大学的这几年里，你们一定有很多珍贵的记忆！

你们真幸运，国家的盛世如此集中地相伴在你们大学的记忆中。08奥运留下的记忆，不仅是金牌数的第一，不仅是开幕式的华丽，更是中华文化的魅力和民族向心力的展示；六十年大庆留下的记忆，不仅是领袖的挥手，不仅是自主研制的先进武器，不仅是女兵的微笑，不仅是队伍的威武整齐，更是改革开放的历史和旗帜的威力；世博会留下的记忆，不仅是世博之夜水火相容的神奇，不仅是中国馆的宏伟，不仅是异国场馆的浪漫，更是中华的崛起，世界的惊异。你们一定记得某国总统的傲慢与无礼，你们也让他记忆了你们的不屑与蔑视。同学们，伴随着你们大学记忆的一定还有“什锦八宝饭”等新词，它将永远成为世界新的记忆。

近几年，国家频发的灾难一定给你们留下深刻的记忆。汶川的颤抖，没能抖落中国人民的坚强与刚毅；玉树的摇动，没能撼动汉藏人民的齐心与合力。留给你们记忆的不仅是大悲的哭泣，更是大爱的洗礼。西南的干旱或许使你们一样感受渴与饥，留给你们记忆的，不仅是大地的喘息，更是自然需要和谐、发展需要科学的道理。

在华中科技大学的这几年，你们会留下一生中特殊的记忆。你一定记得刚进大学的那几分稚气，父母亲人送你报到时的历历情景；你或许记得“考前突击而带着忐忑不安的心情走向考场时的悲壮”，你也会记得取得好成绩时的欣喜；你或许记得这所并无悠久历史的学校不断追求卓越的故事；你或许记得裘法祖院士所代表的同济传奇以及大师离去时同济校园中弥漫的悲痛与凝重气息；你或许记得人文素质讲堂的拥挤，也记得在社团中的奔放与随意；你一定记得骑车登上“绝望坡”的喘息与快意；你也许记得青年园中令你陶醉的发香和桂香，眼睛湖畔令你流连忘返的圣洁或妖娆；你或许记得“向喜欢的女孩表白被拒时内心的煎熬”，也一定记得那初吻时的如醉如痴。

可是，你是否还记得强磁场和光电国家实验室的建立？是否记得创新研究院和启明学院的耸起？是否记得为你们领航的党旗？是否记得人文讲坛上精神矍铄的先生叔子？是否记得倾听你们诉说的在线的“张妈妈”？是否记得告诉你们捡起路上树枝的刘玉老师？是否记得应立新老师为你们修改过的简历？但愿它能成为你们进入职场的最初记忆。同学们，华中科技大学校园里，太多的人和事需要你们记忆。

请相信我，日后你们或许会改变今天的某些记忆。瑜园的梧桐，年年飞絮成“雨”。今天或许让你觉得如淫雨霏霏，使你心情烦躁、郁闷。日后，你会觉得如果没有梧桐之“雨”，瑜园将缺少滋润；若没有梧桐的遮盖，华中科技大学似乎缺少前辈的庇荫，更少了历史的沉积。你们一定还记得，学校的排名下降使你们生气，未来或许你会觉得“不为排名所累”更体现华中科技大学的自信与定力。

我知道，你们还有一些特别的记忆。你们一定记住了“俯卧撑”“躲猫猫”“喝开水”，从热闹和愚蠢中，你们记忆了正义；你们记住了“打酱油”和“妈妈喊你回家吃饭”，从麻木和好笑中，你们记忆了责任和良知；你们一定记住了姐的狂放，哥的犀利。未来有一天，或许当年的记忆会让你们问自己，曾经是姐的娱乐，还是哥的寂寞？

亲爱的同学们，你们在华中科技大学的几年给我留下了永恒的记忆。我记得你们为烈士寻亲千里；记得你们在公德长征路上的经历；我记得你们在各种社团的骄人成绩；我记得你们时而感到“无语”，时而表现都焦虑；记得你们为中国的“常青藤”学校中无华中科技大学一席而灰心丧气；我记得某些同学为“学位门”、为光谷同济医院的选址而愤激；我记得你们刚刚对我的呼喊:“根叔，你为我们做了什么？”——是啊，我也得时时拷问自己的良心，到底为你们做了什么？还能为华中科技大学学子做什么？

我记得，你们都是小青年。我记得“吉丫头”，那么平凡，却格外美丽；我记得你们中间的胡政在国际权威期刊上发表多篇高水平论文，创造了本科生参与研究的奇迹；我记得“校歌男”，记得“选修课王子”，同样是可爱的孩子；我记得沉迷于网络游戏甚至濒临退学的学生与我聊天时目光中透出的茫然与无助。他们还是华中科技大学的孩子，他们更成为我心中抹不去的记忆。

我记得你们的自行车和热水瓶常常被偷；记得你们为抢占座位而付出的艰辛；记得你们在寒冷的冬天手脚冰凉；记得你们在炎热的夏季彻夜难眠；记得食堂常常让你们生气，我当然更记得自己说过的话:“我们绝不赚学生一分钱”，也记得你们对此言并不满意。但愿华中科技大学尤其要有关于校园丑陋的记忆。只要我们共同记忆那些丑陋，总有一天，我们能将丑陋转化成美丽。

同学们，你们中的大多数人，即将背上你们的行李，甚至远离家乡。请记住，最好不要再让你们的父母为你们送行。“面对岁月的侵蚀，你们的烦恼可能会越来越多，考虑的问题也可能会越来越现实，角色的转换可能会让你们感觉到有些措手不及。”也许你会成为“蚁族”的一员。没关系，成功更容易光顾磨难和艰辛，正如只有经过泥泞的道路才会留下脚印。请记住，未来你们大概不再有批评上级的随意，同事之间大概也不会有如同学之间简单的关系；请记住，别太多地抱怨，成功永远不属于整天抱怨的人，抱怨也无济于事；请记住，别沉迷于世界的虚拟，还得回到社会的现实；请记住，“敢于竞争，善于转化”，这是华中科技大学的精神风貌，也许是你们未来成功的真谛；请记住，华中科技大学，你的母校。“什么是母校？就是那个你一天骂她八遍却不许别人骂的地方。”

亲爱的同学们，也许你们难以有那么多的记忆。如果问你们关于一个字的记忆，那一定是“被”。我知道，你们不喜欢“被就业”“被坚强”，那就挺直你们的脊梁，挺起你们的胸膛，自己去就业，坚强而勇敢地到社会中去闯荡。

亲爱的同学们，也许你们难以有那么多的记忆，也许你们很快就会忘记根叔的唠叨与琐细。尽管你们不喜欢“被”，根叔还是想强加给你们一个“被”：“你们的未来‘被’华中科技大学记忆！”

模块五

培养团队精神

素养提升目标：1. 了解团队和团队精神；

2. 学会团队合作。

项目 1　强化意识，融入团队

案例引导

三个臭皮匠，顶个诸葛亮

三国时期，诸葛亮到东吴做客，为孙权设计了一座报恩寺塔。其实，这是诸葛亮先生要了解东吴的情况，看看东吴有没有能人造塔。那宝塔要求非常高，单是顶上的铜葫芦，就有五丈高，4 000 多斤重。孙权被难住了，急得吃不下饭，后来寻到了冶匠，但缺少做铜葫芦模型的人，便在城门上贴起招贤榜。时隔一月，仍然没有一点儿下文。诸葛亮每天在招贤榜下踱方步，高兴得直摇鹅毛扇子。

那城门口有三个摆摊子的皮匠，他们面目丑陋，又目不识丁，大家都称他们是臭皮匠。他们听说诸葛亮在寻东吴人的开心，心里不服气，便凑在一起商议。他们足足花了三天三夜的工夫，终于用剪鞋样的办法，剪出个葫芦的样子。然后，再用牛皮为料，硬是一锥子、一锥子地缝成一个大葫芦的模型。在浇铜水时，先将皮葫芦埋在沙里。这一招，果然一举成功。诸葛亮得到铜葫芦浇好的消息，立即向孙权告辞，从此再也不敢小看东吴了。

案例启示

这个谚语家喻户晓，它激励了无数人靠集体智慧赢得胜利。也许你现在才明白团队并肩作战的必要性和重要性，那就请你开始培养自己的团队合作精神吧，也许将来这种精神会让你在众多的求职者中更胜一筹。

知识提升

一、什么是团队

团队，是指一些才能互补、团结和谐并为统一目标和标准奉献的一群人，其核心构成要素有目标、人、定位、权限、计划。

（一）目标（Purpose）

团队应该有一个既定的目标，为团队成员导航，指引前进的方向。没有目标，这个团队就没有存在的价值。

目标就是方向，它事关整个团队及其所有成员的利益。一个团队只有树立明确的目标，才能有前进的方向和动力，才能提高团队成员的积极性和主动性，充分调动团队成员的才能，并推动他们自觉克服一切困难，一起努力达到目标。因此，明确的目标是团队高效的出发点。

案例 5-1 命运迥异的马和驴

唐太宗年间，在长安城的一个磨坊里，有一匹马和一头驴非常要好。有一天，马被玄奘选中，上西天取经去了。17 年后，马取经归来，回来看望驴。老朋友见面自然格外话多。说起一路上的风险和半生的体验，驴非常羡慕，吃惊地说："太神奇了，这么远的路，我想都不敢想。"而马却说："其实我们走的距离是差不多的，我向西域前进的时候，你也一步没有停止。但不同的是，我有一个遥远且清晰的目标，而你却被蒙住了眼睛，一直围着一个磨盘打转。"

点评

走一样距离的路程，一个由于有清晰的目标而"闻名天下"，一个因为没有目标而"原地踏步"。可见，目标就是指导行动的纲领。对于团队来说，也是同样的道理。一个团队要想发展壮大，形成一个有战斗力的团体，首要任务就是要确立团队的目标。

案例 5-2 聪明的猎人

有一个猎人在湖边张网捕鸟。不久，很多大鸟都飞入网中，猎人非常高兴，赶快收网准备把鸟抓出来，没想到鸟的力气很大，反而带着网一起飞走了，猎人只好跟在后面拼命地追。

一个农夫看到了，就笑话猎人："算了吧，不管你跑得多快，也追不上会飞的鸟呀。"

猎人却很坚定地说："如果网里只有一只鸟，我也许真追不上它，但现在有很多鸟在网里，我就一定能追到。"

果然，所有的鸟都朝着自己想去的地方飞，于是，那一大群鸟就跟着网一起落地，被猎人追到了。

点评

团队追求的是共同的目标，团队成员不能只关注个人目标，而忽视了团队的整体目标。团队成员如果过多地考虑个人目标而忽视了团队的共同目标，则可能产生不必要的内耗，最终损害团队的整体利益。

（二）人（People）

人是构成团队最核心的力量，两个以上的人就可以构成团队。目标是通过人员具体实现的，所以人员的选择是团队中最为重要的一部分。

一个团队中可能需要有人出主意，有人定计划，有人实施，有人负责协调，有人监督工作进展，评价团队最终的贡献。因此，在人员选择方面要考虑人员的能力如何、技能是否互补、经验如何等要素。

（三）定位（Place）

团队的定位包括两层意思：

一个是团队整体的定位，包括团队在组织中处于什么位置、由谁选择和决定团队的成员、团队最终应对谁负责、团队采取什么方式激励下属等；二是团队中个体的定位，包括各个成员在团队中扮演什么角色，是指导成员制定计划，还是具体实施某项工作任务等。

案例5-3 三个和尚

三个和尚在一所寺庙里相遇，看到寺庙的破落，他们都很感叹："怎么香火这样不盛呢？"和尚甲："必是和尚不虔，所以菩萨不灵。"和尚乙："必是和尚不勤，所以庙宇破落。"和尚丙："必是和尚不敬，所以没有香客。"

三人争论不出结果，决定留下来各尽所能，看看香火能否兴盛。于是，和尚甲礼佛念经，和尚乙整理庙务，和尚丙化缘讲经。不久之后，寺庙的香火渐渐兴旺起来，重新恢复了昔日的壮观。

三个人又开始了新的争论。和尚甲："因为我整日念经，所以菩萨显灵，香火旺盛。"和尚乙："因为我整日忙碌，所以寺务新建。"和尚丙："因为我讲经劝世，所以香客众多。"三人只顾争吵，寺务懈怠，寺院又开始没落了。三人又走上了化缘之路。这时他们才真正明白，寺院的荒废，既非和尚不虔，也非和尚不敬，更非和尚不勤，而是和尚不睦。

点评

工作中，团队合作对于成功至关重要，良好的个人能力只有与团队相融合才能得到最大限度的发挥。

（四）权限（Power）

团队当中领导人的权力大小跟团队的发展阶段相关。一般来说，团队越成熟，领导者的权力相应越小，在团队发展的初期，领导权是相对比较集中的。

团队权限关系有以下两个方面：一是整个团队在组织中的决定权，如财务决定权、人事决定权、信息决定权；二是组织的基本特征，如组织的规模、组织的业务类型等。

（五）计划（Plan）

从团队的角度看，计划包括两层含义：一是目标最终的实现需要一系列具体的行动方案，因此可以把计划理解成程序之一；二是提前按计划进行可以保证团队的工作顺利进行。只有按计划操作，团队才会一步一步地接近目标，从而最终实现目标。

天时不如地利，地利不如人和。

——孟子

二、了解团队精神

秋天来临，当雁阵排成“人”字或“一”字形斜阵飞翔在蓝天白云之间，不知你是否想过这样一个问题：大雁为什么要整齐地远翔？动物学家研究表明，当大雁一只接着一只列阵飞行时，前一只大雁鼓动翅膀所带动的气流会让后一只大雁的浮力、飞行高度提升 71%，这样越是飞在后面的大雁就越节省力气。而这只领头的大雁是整个队伍的第一只，它的前面没有前雁的相助，逆风而行，通常是最辛苦的。但并不是只有一只领头雁，只要第一只累了，就会有第二只、第三只……随时上前替补。途中，若有大雁受伤需要休息，飞在它前后的两只大雁就会留下来照顾它，绝不会让它落单，其他大雁继续朝目的地飞行。两只留下的大雁等待受伤的大雁恢复后，再成立新“人”字形小队伍追赶前面的雁队。途中，它们还会再联合其他散雁，组成一个大雁阵，实现它们飞往温暖南国的目标。如果有一只大雁想飞到一个遥远的地方去，根本就不可能完成，中途就会死亡。因为它可以忍受飞行的孤独，却忍受不了寒风的侵袭。只有形成一个完美的团队，才能保证每个大雁的生命并完成迁徙的飞行目标。当雁群休息的时候，有的寻找食物，有的负责“站岗放哨”，每只大雁都有不同的分工。大雁这种令人惊叹的团队精神，帮助它们历尽艰险，飞越千山万水，顺利到达目的地。

团队就是为了团队中的每一个人生存与发展存在的，团队的重要性就在于此。

人总比动物要聪明、要理智。人们对发挥团队精神的认识不仅仅是出于自然的本能，而且是依据自己所处的位置、面临的任务、形势的要求和自身的需要来做出抉择。一根筷子容易折，十根筷子折不断，这是我们从小就知道的道理。团结就是力量，团结就有凝聚力，团结就是生产力，团结就有战斗力。团结是团队精神的灵魂，团队精神是我们完成预期目标取得最大效益的法宝，是事业成功的保障。

团队精神，简单来说就是大局意识、协作精神和服务精神的集中体现。它包括以下三方面内涵。

（一）团队精神的基础是彰显个性

团队精神的形成，其基础是尊重个人的兴趣和成就。设置不同的岗位，选拔不同的人才，给予不同的待遇、培养和肯定，让每一个成员都拥有特长，都表现特长，而这样的氛围越是浓厚就越能够形成团队精神。

当然，在团队中我们所讲的个性，与当前一些年轻人所推崇的“个性”并非一个意思。现代社会，很多青年学生以穿奇装异服、写“火星文”、说格格不入的语言等行为视为“个性”，甚至形成一个“亚文化”群体。殊不知这种“个性”并不是一个人良好文化修养的体现，也是与大的社会文化背景不相容和相违背的，更不符合企业对人才的要求，会给青年学生的健康成长和发展带来极大的阻碍。

案例 5-4 “个性”让他不停地跳槽

刘洋毕业于上海某大学计算机应用专业，成绩优秀。他在学校就以“有个性”著称，对自己的想法非常自信，而且能言善辩。这种个性在学校中一直受到老师的赞扬和保护，刘洋也觉得这是自己的一个优点。但刘洋没有想到的是，工作以后，自己一直发展不顺。别人对他的评价竟然也是“个性太强了！”刘洋想不通，为什么有个性现在成了缺点了？

刘洋毕业后的第一份工作是让很多同学非常羡慕的——一家著名 IT 跨国公司技术开发部的工程师。初入职场，刘洋的工作热情非常高。任何项目他都想参与，开会讨论的时候总是抢着发言。不久，刘洋发现自己并没有被大多数同事认可，大家似乎只当他是个不知天高地厚的毛头小伙，甚至开始喜欢拿他抢着发言的腔调来开玩笑。刘洋开始急躁起来。主管对他的开发案提意见，他觉得是对自己能力不信任；同事给他提建议，他觉得是故意和自己做对。同事的开发案如果被他找到毛病，他一定会不遗余力地说上半天。一年以后，刘洋在公司里显得相当孤立。技术总监找他谈话，希望他能够虚心一些，融入团队中去，他却解释说自己孤立是因为主管心胸狭窄，容不得能力强的人，然后又把自己滔滔不绝地推销了一番。技术总监最后苦笑着走了，没对刘洋的话做任何反应。刘洋想，大公司的人际关系实在太复杂了，凭着自己的能力还怕没有发展的地方吗？于是，他辞职了。

刘洋很快找到了新单位。一家号称“给员工足够空间”的企业吸引了他，他应聘进去做了一名技术销售。这家企业的文化确实非常宽松，和他搭档的销售员是个平和宽容的人。刘洋工作了大半年，靠着自己的实力成了技术骨干。但是不久，刘洋给公司捅了一个大娄子，公司将他解聘了。事情的原因是，有一笔数目较大的单子，公司组织了几名技术销售员来一起做方案，刘洋也在其中。他因与其中的一位同事想法不一致，竟当着客户的面质疑该同事，并争吵起来。结果，客户拂袖而去，生意“泡汤”了。公司追究责任，刘洋认为是同事的工作错误造成的，和自己没有关系，最后公司解聘了他。

刘洋只得再次找工作。这些年IT业的迅猛发展似乎让他没有找不到工作的担忧，但是他的每一份工作却始终做不长，最短的一份工作只做了两个星期，据说是因为受不了老板对他说话时颐指气使的口气。

总是跳来跳去，每次都要从基层做起。备受打击的刘洋想，也许自己确实需要做出一些改变。职场，不相信“个性”。

点评

个性是一把“双刃剑”，只有做到平凡但不平庸，自信但不自大，骄傲但不自傲，好高但不骛远，才能游刃有余，立足于职场。

（二）团队精神的核心是协同合作

团队的根本功能在于提高组织整体的业务表现。无论是强化个人的工作标准还是帮助每一个成员更好地实现成就，其目的就是为了使团队的工作业绩超过成员个人的工作业绩，让团队的工作业绩由各部分组成而又大于各部分之和。每年在美国篮球大赛结束后，常会从各个优胜队中挑出最优秀的队员，组成一支“梦之队”赴各地比赛，以制造新一轮高潮，但结果总是令球迷失望——胜少负多。其原因在于他们不是真正意义上的团队，虽然他们都是最顶尖的篮球种子选手，但是由于他们平时分属不同球队，沟通较少，无法培养团队精神，难以实现优势互补，不能形成有效的团队出击。

案例 5-5

大包大揽的小敏

前年从某大学毕业的小敏，进入了全球500强的日化企业。入职后，她处处严格要求自己，年终考核时，其业务量遥遥领先同一批入职的大学生，常常受到上司的赞誉:“你的个人表现很突出。”难得领导欣赏自己，她自然欣喜不已，对工作更是一丝不苟。有时为了显示自己的能力，毫不犹豫就包下了一个组的工作。

一年以后，部门主管调离到其他岗位，她心想:“升职的机会到了。”然而，左等右等，却扑了一场空。领导并没有考虑她，而是提拔了一位能力明显低于她的同事。小敏对此很不了解，便找上司理论。谁知上司却很坦诚地告诉她:“这个职位需要的是善于与团队合作的人，而你过于在乎自己的个人表现！”小敏这才意识到，上司过去“称赞”她个人表现突出，实则是在暗示她要注意团队合作。

痛定思痛后，小敏格外留意上司的一言一行，渐渐学会体味上司的言外之意。一次上司出差前说：“一切都交给你了！”但是她在谈业务时，仍然没有擅作主张，用长途电话与上司沟通请示，最终做成了一笔大业务，上司也由此被公司嘉奖。

案例 5-6 强大的蚂蚁军团

蚂蚁可以搬运相当于它体重的100到400倍的重量，能拉动的是相当于自己重量1 700倍的物体。

一只蚂蚁你可能发现不了它、不在意它，但如果是成群的蚂蚁军团不止人会害怕，就连狮子、大象都会为之而逃之夭夭，这就是团队的力量。圣地亚那大森林里流传着这样一首歌谣：“羚羊在奔跑，因为狮子来了；狮子在躲闪，因为大象发怒了；成群的狮子和大象在集体逃命，那是蚂蚁军团来啦。”

遇到危急的时候，无论是大火还是猛水肆虐，蚂蚁都会抱成团。例如遇到海啸这种情况，蚂蚁会立即抱成团，数万亿的蚂蚁迅速聚集在一起，一团有篮球那么大，不可想象，然后随波逐流，一直到被海水打到岸上去。外层一部分蚂蚁有可能被洪水打散、打死，但是多数都能够保住生命。这是一种特殊情况，但它也把团队精神推向了极致。

点评 从上面两个案例当中我们不难看出，如果不擅于与别人合作，遇到困难喜欢单独蛮干，从不和其他同事沟通交流，好大喜功，专做不在自己能力范围之内的事，就会面临大家对你难以认同的局面，前途必然也是黯淡的。只有把自己融入到团队中去，与同事合作，积极参与各种集体活动，主动与同事协商工作方法，听取意见和建议，分享工作成果，才能取得大的成功。融入团队必须先有团队意识，要想让自己善于合作，就要摒弃“独行侠”、“自视清高”、“刚愎自用”的思想和态度，代之以“团结就是力量”和“齐心协力”的团队意识。

（三）团队精神的最高境界是凝聚力

凝聚力是团队精神的最高境界，这是从松散的个人集合走向团队的最重要的标志。它是来自于团队成员自觉的内心动力，来自于共同的价值观。

拥有团队精神的企业有这样一种氛围，能够不断地释放团队成员潜在的潜能和技巧；能够让员工深感自己被尊重和被重视；鼓励坦诚交流，避免恶性竞争；利用岗位寻找最佳的协作方式；为了统一的目标，大家自觉地认同必须负担的责任，并愿意为此而共同奉献；当需要大家一起工作的时候，每个人能够相互配合，从整体角度来工作，彼此之间紧密合作。

一滴水只有放进大海里才永远不会干涸，一个人只有当他把自己和集体事业融合在一起的时候才能最有力量。

——雷锋

三、妥善处理团队冲突

冲突是团队生活无法避免的。它是指由于目标、资源、预期、感觉或价值观的不相容，两个或更多的人及工作小组之间所产生的不一致。冲突使得团队成员的注意力由团队整体目标转向个人目标。冲突发生时，冲突各方常常更关注直接的、表面化的冲突形势，更强调个人的利益和目标，从而忽视团队的整体目标，影响团队绩效的实现和提高。冲突各方对于冲突常常做出阻挠、暗斗等反应，这些行为将导致团队运作效率的下降，如不合理处理，可能会影响到团队成员心理情绪和工作状态，进而影响到团队的整体发展。

冲突有两种不同的性质。凡能推动和改进工作或有利于团队成员进取的冲突，可称为建设性冲突，相反，凡阻碍工作进展、不利于团队内部团结的冲突，称为破坏性冲突。其中建设性冲突对团队建设和提高团队效率有积极的作用，它有助于增加团队成员的才干和能力，并对组织的问题提供建设性意见，而且通过解决冲突，人们还可以学习和掌握有效解决和避免冲突的方法。正如通用汽车的史隆所言："意见相左甚至冲突是必要的，也是非常受欢迎的事。如果没有意见纷争与冲突，组织就无法相互了解，没有理解，只会做出错误的决定。"由此可见，冲突其实是另一种有效的沟通方式，建设性处理冲突有时反而能实现共赢，成为团队高效的润滑剂。

那么，当在团队中出现冲突时，我们应该如何处理呢？

（一）坦诚

所谓坦诚，通常是指为人处世上表现出来的坦率、诚恳的态度和行为，其特点是心理坦荡、表里如一、语言直率。坦诚就是胸怀坦荡、心灵诚实、实话实说、毫不隐瞒。杰克·韦尔奇在《赢》一书里说："我一向力陈应该坦诚待人。事实上，我对GE的员工谈坦诚，讲了20多年。说真的，我认为，对人不够坦诚，是企业最大的肮脏小秘密。"

所谓"人非圣贤，孰能无过"，讲究的就是"恕人"。当我们面对冲突时，一定要与对方坦诚相待，通过多种手段与其进行积极沟通，把事情真相和自己的观点清楚地展示给对方，让对方理解。否则，如果遮遮掩掩、隐瞒，则会给对方造成更大的伤害，彼此心存芥蒂，最终不利于冲突的处理。

（二）包容

在解决冲突时，除了要有一个坦诚的态度外，还要有宽容的胸襟，做到相互包容，以自己想被对待的方式对待他人。胸宽则能容，能容则众归，众归则才聚，才聚则业兴。胸襟开阔、雍容大度是中华民族的优良传统。古人说：“君子坦荡荡，小人常戚戚。”如果处处工于心计、气量狭小，处处流露出小家子气，那么，不但不会取得任何真正的成功，也体会不到任何团队协作的满足与快乐，更不用说能建设性地解决冲突了。

唯宽可以容人，唯厚可以载物。

——薛宣

（三）谦让

俗话说：“你敬我一尺，我敬你一丈。”在发生冲突时，如果双方都能做到“退避三舍”，让出一部分要求和利益，但同时又不影响自身主体的要求和利益，这也是另外一种“双赢”，也是化解矛盾的佳境。很多职场人士与同事打交道时常用这种方式。

案例 5-7 “千里家书只为墙，再让三尺又何妨”

清朝，大学士军机大臣宰相张廷玉与一位姓叶的侍郎都是安徽桐城人。两家毗邻而居，都要起房造屋，为了地皮，发生了争执。张老夫人便修书到京城，要张廷玉出面干预。这位宰相到底见识不凡，看罢来信，立即作诗劝导老夫人：“千里家书只为墙，再让三尺又何妨？万里长城今犹在，不见当年秦始皇。”张母见书明理，立即主动把墙移后三尺。叶家看此情景，深感惭愧，也马上把墙移后三尺。这样，张叶两家的院墙之间，就形成了六尺宽的巷道，成了有名的“六尺巷”。

点评 忍一时风平浪静，退一步海阔天空。谦让能够化解矛盾，为合作让出空间。遇到矛盾时，我们不妨理智地退让，也许失去一时之利，却能获得长久的收益。

（四）合作

冲突双方既考虑和维护自己的要求和利益，又要充分考虑和维护对方的要求和利益，并最终达成共识。合作是一种理想的解决冲突的方法，最后可以达到双赢乃至多赢的结果。

行动训练

训练一 团队精神体验训练

莫晗上大学后，竞聘上班级的宣传委员。一天，老师交给他一个板报题目——“大学初体验”。从小学习书法、美术的莫晗，经过选题策划和向班级同学约稿，很快就制定出了一套方案，并组织同学开始布置板报。

板报做好后，莫晗请老师来验收，老师对莫晗等同学的工作效率和工作质量大为赞赏，可他发现因布置板报而制造的垃圾和散乱摆放的桌椅无人收拾。对此，老师严厉地批评了他。莫晗却不以为然，认为自己是宣传委员，负责制作板报，卫生的问题是主管卫生的副班长负责，即便是自己没有组织学生清扫，也没有什么过错。

训练要求：

（1）以小组为单位，各组讨论情景中莫晗的想法对不对？为什么？

导员看出了他的心思，语重心长地对他说：“工作没有分内分外之别，一个班级的好坏，一个人做不了主。只有从学生干部到普通同学，大家都齐心协力，才能打造出好的团体。班级卫生问题固然不是你的分内事，然而，如果你站在大局考虑，那么，它就是你的责任！”

小莫听了惭愧不已，从那以后，小莫凡事从大局出发，即便是分外的事，也极力建言献策。他的表现和能力，导员、同学都看在眼里。

（2）在训练基础上，各组选派一名代表，结合实际谈谈日常学习、生活中班级出现过哪些问题需要我们有团队精神，应当如何培养团队精神？

训练二 月球求生记

假如你现在是一名太空飞行船的队员，任务是与母船相约在月球上光亮一片的地方集合，但因机件故障，你的宇宙飞船在距离约定地方322公里之外坠落了。除了15件物品外，其余的器材都在坠落时坏掉了，你们能否生存下去取决于你们能否到达母船。

训练要求：

（1）教师发给每人一张答案纸（见下表），并说明要求：“答案纸上列出了15件未坏掉的物品，每个人需要将它们按‘协助生存的重要性’来编排次序，在你觉得最重要的东西后面写1，其次写2，以此类推，直到15个次序都排好为止。”

(2)每人按照答案设置的要求记下个人答案、小组答案并写出不同答案的原因。

(3) 各组围绕以下话题进行讨论:

①你们是否认真考虑过“协助生存的重要性”都包括什么?

②你们组的排序和正确答案相差大吗?原因是什么?

③你们组的排序是否征求了每个人的意见?是否遇到了困难?

(4) 各组选派一名代表,根据讨论话题进行小组总结发言。

“月球求生记”答案纸

项　目	个人答案	小组答案	原　因
一盒火柴			
浓缩食物			
50 米尼龙绳			
降落伞的丝质布料			
可携带式发热器			
两支手枪			
一盒脱脂奶粉			
氧气筒			
星际地图			
救生艇			
磁力指南针			
22.73 升水			
信号火箭			
急救箱连注射用针筒			
太阳能无线电收发器			

项目 2　精诚合作，铸就成功

案例引导

三十年铸就航天精神时代丰碑

一批批具有世界先进水平的研制和试验基地脱颖而出，一项项国际宇航界的技术难题相继被攻克，首次月球探测工程取得圆满成功，从神五到神七，载人航天工程实现二次飞天、三大跨越。我国航天事业在改革中腾飞，在创新中发展，为增强国防实力、经济实力、科技实力和民族凝聚力做出了重要贡献。

载人航天工程先后攻克了飞船总体技术，制导、导航控制技术，飞船推进、返回和载人技术，高可靠性和高安全性运载火箭技术等国际宇航界公认的技术难题，20余项技术达到国际先进水平。2008年9月28日，随着翟志刚、刘伯明、景海鹏三名航天员的平安返回，我国最具代表性、影响力的国家级重大科研实践活动——神舟七号载人航天飞行任务，取得圆满成功，实现了我国空间技术发展具有里程碑意义的重大跨越。

中国航天科技成就的背后，是不断锤炼孕育着的航天传统精神、“两弹一星”精神和载人航天精神，这些精神同时被赋予了丰富的时代内涵。

数据显示，在载人航天科技人员队伍中，青年一代占到了2/3以上，飞船系统中副主任设计师、副总指挥中44岁左右的年轻科学家占到80%。绕月探测工程研制队伍平均年龄不到40岁，54名正、副主任设计师中，20世纪70年代出生的占65%。这些伴随着改革开放成长起来的年轻科技人员，不仅秉承了老一辈科学家的奉献精神，还烙上了改革开放的精神印记。

王翔是载人航天队伍中为数众多的留学归国人员之一，本来他在国外的一家公司有着优越的工作环境和优厚的待遇，但是当得知中国神舟五号飞船发射成功的消息后，他毅然回国。现在已是飞船系统副主任设计师的王翔说：“为国争光与实现个人价值并不矛盾。”

把个人理想与祖国命运联系在一起，把个人选择与国家需要联系在一起。年轻的航天人在为祖国赢得荣誉的同时，也实现了自己的人生价值。

每当神舟飞船上天，神州大地上总会掀起一阵航天热。神舟六号先进事迹报告团全国巡回报告时，每到一地无不引起轰动。航天英雄的故事，被写进了多种版本的教科书。“与一切尖端科技一样，航天事业从来不是金钱可以衡量的。”多次拒绝高薪聘请的火箭系统年轻的副总设计师张智说。

正是凭着为国争光的信念；正是凭着敢于超越的意识；正是凭着脚踏实地的作

风，中国航天人用一系列科技奇迹告诉世界，中国人同样能够摘取高科技皇冠上那耀眼的明珠。

“每一个航天人，都是载人航天事业的螺丝钉，而载人航天事业，又是祖国这艘巨轮的螺丝钉。”神七火箭系统总指挥刘宇说。同舟共济、团结合作，使我国的航天事业完成了一个又一个新的跨越，攀上了一个又一个新的高度。

案例启示

团结奋斗培育了中国航天人特别能奉献的精神。我国载人航天工程是中国航天史上规模宏大的系统工程，广大航天工作者不论前方后方，不计名利得失，履行职责，坚守岗位，形成了强大合力。

知识提升

一、现代企业需要员工具有团队精神

团队精神是团队中不可缺少的因素，具有非常积极的作用。

（一）团队精神是企业发展的动力

团队精神是企业文化的一部分。员工个人的工作能力和团队精神对企业而言是同等重要的。其中，个人工作能力是推动企业发展的纵向动力，团队精神是横向动力。

（二）团队精神可以使团队积极进取

团队精神能使每个团队成员具有高涨的士气，有利于激发成员工作的主动性，自愿地将自己的聪明才智贡献给团队，同时也使自己得到更全面的发展。团队的成员之间，齐心协力，精诚合作，共同维护团队的利益，形成了“1+1 ＞ 2”的团队竞争力，促进团队不断发展、壮大。

（三）团队精神能使组织更有凝聚力

在我们探讨“木桶原理”的过程中，很多人只注意到一个木桶的容量多少与木桶中最短的那块木板的长度有关，其实装水的多少还由每块板的缝合程度来决定。如果两块板之间存在缝隙，最终也是装不住水的。凝聚力的强弱就如木桶的缝合强度，只有具有较强凝聚力的团队才能“装得住水”。

二、初入职场的大学生缺失团队精神

（一）凝聚力不强

作为集体成员之一的学生表现出合作、团结不够，纪律观念不强，个人主义至上；看问题和处理事情，只从自我出发，不从大局出发，对自己有利的就做，对自己无利的就不做，利大就做，利小就不做；不能换位思考，影响了集体的凝聚力。

（二）与人交往的关系淡漠

有的同学把市场经济的金钱原则与竞争原则泛化；在人际交往与合作中，也以此为原则。不注重师生、同学之间感情的培养，轻义重利，以经济状况的贫富为标准，近则相交，远则相离，与己有利则亲近，无利则过于疏远，缺少互帮互助的热情，交往关系上过于淡漠。

（三）对团队活动的参与意识不够

校园活动是丰富多彩的；文艺、体育、科技等活动适合不同群体的学生参加，并可在其中得到锻炼。但是，从现在的实际情况来看，学生活动远不如以前好组织；这其中除了社会的和工作方法的原因之外，学生对国内外时事和校内外大事的关注度不够、学生社团自我发展的不稳定性增强等因素，不同程度地影响了大学生参与团队活动的积极性。

深圳某公司董事长谭兆林曾经在电视上讲过这样一个事例：在他的公司有一个员工，工作能力很强，但目中无人，不能和同事和睦地相处。这个员工来找谭总，他说："谭总，如果我辞职了，离开了你，离开了公司，你难道一点都不觉得可惜吗？"谭总回答："是的，我会非常难受，因为我将失去你这样一个非常有能力的人，一个能为我创造绩效的人。但是，如果你伤害到我的团队，我一定会让你离开。"

由此可以得知，无论你的个人能力如何，作为团队中的一分子，如果不融入这个群体中，总是独来独往，唯我独尊，必定会陷入自我的圈子里，自然无法得到友情、关爱和尊重。所以我们既要有独立的个性，又必须融入到群体中去，才能促进自身更好地发展。

能用众力，则无敌于天下矣；能用众智，则无畏于圣人矣。

——孙权

三、如何做一个有团队精神的职业人

在职场中，一个人融入团队的速度与水平不仅是他适应能力的表现，也是他今后能否在事业上取得发展的预测指标。"一枝独秀不是春，百花齐放春满园。"融入团队，看似简单，真正做好却并不容易。一个能很快融入团队的人，往往有着良好的性格和成熟的处事风格，这正是一个优秀职业人必备的情商素质。如果你自己走上职场后想有所作为的话，就一定要在培养自己团队精神方面下功夫。

案例 5-8 从运动员到教练——刘国梁完美诠释团队精神

2007 年欧洲乒乓球锦标赛中，乒乓小将王皓荣获男子单打冠军，手捧鲜花接受了萨马兰奇的颁奖。而在王皓这个冠军的背后，刘国梁这个昔日的“大满贯”得主，今日的男队主教练，又扮演了什么样的角色呢？

王皓在赛后的采访中回答：“比赛期间，我每天都是早 8 点多爬起来，刘指导始终陪伴着我，他起来的目的就是陪我练习，模仿我将遇到的对手，模仿柳承敏，模仿波尔……从发球、站位到场上习惯，他都能学得惟妙惟肖。总之，我下一个即将跟谁打，他就模仿谁。他还和我开玩笑说：“王皓，你这个世界杯打完我估计也恢复得能再去参加世界杯了！”王皓在采访中对刘国梁表示由衷的感谢。

王皓取得了自己人生中的第一个，也是在 2008 年北京奥运会到来之前最重要的一个单打冠军，作为男队主教练的刘国梁无论在巴塞罗那的男单决赛之后，还是回到北京后的采访中，都在毫无保留地夸奖着王皓的这次出色表现。

刘国梁虽然退出了比赛，但并没有从此轻松起来。他把自己的角色从台上转到台下，从幕前转到幕后。把点点滴滴的小事做好，扮演好自己的角色，发挥自己的作用，这就是刘国梁最大的优势。

点评

从这个案例可以看出，刘国梁能够把团队的利益、集体的目标放在第一位，不计较个人得失。他不因自己失去了在台上表现才华的机会而消极怠工、袖手旁观，而是自觉地调整自己的岗位，做好陪练，为整个团队服务，为比赛成功贡献自己的一份力量。自觉地扮演好自己的角色，团队第一，个人第二，甘做幕后英雄。如果每个人都只想着表现自己，自己当英雄或只顾自己的得失，无视集体的利益，团队就无法保持和谐，就不能形成合力。

是否具有团队合作精神已成为个人必备的素质。工作中需要大家共同完成就要预先商定，配合中要守时、守信、守约。自己分内的工作要认真完成，不要轻易推给他人。同事的工作需要帮助时，在自己的能力之内给予真诚、主动的帮助。工作中出现问题或差错时，不要互相推诿，是自己的责任要主动承担，形成团结合作的良好氛围。个人和集体的关系，正像细胞和人的整个身体的关系一样。当人的身体受到损害的时候，身上的细胞就不可避免也要受到损害。

任何事业都不是个人独立所能够完成的，有赖于团队成员之间的互相合作，因此，我们要树立“合则彼此有利，分则伤害大家”的意识，努力培养自己的团队精神。培养团队精神，我们可以从以下几个方面入手。

（一）认清角色

认清自己在团队中的角色非常重要。明确自己的作用，才能出色地完成工作；认清自己的特征，才能不断地完善自我。不管我们扮演什么角色，我们对团队都非常重要。没有实干家会乱；没有协调者领导力就弱；没有推进者效率不高；没有智多星思维会受局限；没有外交家就会封闭；没有监督者会大起大落；没有凝聚者人际关系要紧张；没有完美者会太粗放。不同的团队成员扮演着不同的角色，只有每个人坚守自己的岗位，发挥自己的优势，才能形成一个无往而不利的团队。

案例 5-9 Fl 战车的幕后英雄

Fl，又称为“一级方程式赛车世界锦标赛”，是方程式赛事中的顶级赛事。这项赛事中最令人瞩目的是其团队成员效率非常之高。

高效团队中的一个重要特点就是合作能力，赛车每一次停站，都需要 22 位工作人员的共同参与，从以下的分工可看出其合作的精密程度。

（1）12 位技师负责换胎（每一轮三位，一位负责拿气动扳手拆、锁螺丝，一位负责拆旧轮胎、一位负责装上新轮胎）。

（2）一位负责操作前千斤顶。

（3）一位负责操作后千斤顶。

（4）一位负责在赛车前鼻翼受损必须更换时操作特别千斤顶。

（5）一位负责检查引擎气门的气动回复装置所需的高压力瓶，必要时必须补充高压空气。

（6）一位负责持加油枪，这通常由车队中最强壮的技师担任。

（7）一位协助扶着油管。

（8）一位负责加油机。

（9）一位负责持灭火器待命。

（10）一位负责持写有“BRAKES”（刹车）和“GEAR”（入档）的指示牌，当牌子举起，即表示赛车可以离开维修区了。

（11）一位负责擦拭车手的安全帽。

点评

在团队中，每个人都要认清自己并找准自己的位置，对自己进行准确定位。在从事某项工作前，应该清楚自己能干什么，适合干什么，通过角色组合而达到完美。团队中的每个角色都有其相应的价值，我们不可过高地看待自己，更不可随意贬低他人。

（二）有大局意识

团队的成绩是以集体的劳动成果计算的，这很像下围棋，不需要步步必赢。在必要的时候暂时的退让和牺牲对扭转局势至关重要。因此，必须树立大局观念，不斤斤计较个人的利益和局部利益，要有全局观念，这样才能在关键时候克敌制胜。

当我们正在为某件事倾尽全力而工作的时候；当我们准备多时，要做最后冲刺时；当我们对某一项工作付出了极大的热情快要成功的时候……忽然领导一个决定，让我们放弃手上的工作，而去做其他工作，我们要毫不犹豫地舍弃个人利益或部门的利益，顾全大局。也许你现在放弃了，今后会有更大的收获。

（三）具有执行力

执行，就是接受团队决策者的任务安排，决不推脱。一个团队成员必须学会执行任务，必须担负起自己应有的责任，这是构建团队精神的基石。但在工作中，人们经常会听到这样或那样的借口：“路上塞车”、“身体不舒服”、“家里有点事”，等等。其实在职场上，如果你做不好你自己分内的工作，那就不要抱怨你的领导不给你机会。那些老是为自己失败找借口的人，就不要指望能获得成功。没有领导会因为你的借口合理而给你提升和奖励，机会总是留给那些不找借口的人。“找借口”是工作中最大的恶习，是一个人逃避应尽责任的表现。它所带来的，不仅是工作业绩的大打折扣，甚至会给单位和社会带来不可想象的损害。

“没有任何借口”是职业化最基本，也是最重要的素养。这是每个人都需要具备的素养，所以它是最基本的素养。每个人只有把握了这一点，才能将工作状态调整到最好，挖掘出最大的潜能，所以它是最重要的素养。它不仅能给团队创造最好的业绩，还能让自己得到最好的发展与回报。

案例 5-10 不为失败找借口，只为成功找出路

两个年轻人刚进公司不久，被同时派遣到一家大型连锁店做一线销售员。一天，这家店在清查账目的时候发现所缴纳的营业税比以前多了好多。仔细检查发现，原来是两个年轻人负责的店面将营业税多打了一个零。面对这样的事情，当经理问到

他们时，两人开始都面面相觑，但账单就在面前，证据确凿。在一阵沉默之后，两个年轻人分别开口了，其中一个解释说自己刚开始上岗，所以有些紧张，再加上对公司的财务方案还不是很熟，所以……而在这时，另一个年轻人却没有多说什么，他只是对经理说，这的确是他们的过失，他愿意用两个月的奖金来补偿，同时他保证以后再也不会犯同样的错误。走出经理室，先说话的那个员工对后者说：“你也太傻了吧，两个月的奖金，那岂不是白干了？这种事情，咱们新手说说就行了。”后者却仅仅是笑了笑，没有说什么。在这以后，公司里有好几次培训的机会，然而每次都是勇于承担责任的年轻人能够获得这样的机会。另一个年轻人坐不住了，他质问经理为什么这么不公平。经理只对他说：“一个事后不愿承担责任的人，不值得团队的信任与培养。”

在工作中，犯了错误很正常，也不用怕，关键是对待错误的态度。面对过错，有些人由于害怕领导的责罚而隐瞒错误，找各种借口推卸责任，“这个电脑不好使，所以才会出这样的错……”，“时间太紧张……”，这种态度是非常不好的，是极其不负责任的。

执行就要首先认同你的目标，然后热爱你的目标，为实现这个目标积极努力。优秀的员工就如同优秀的士兵一样，他们具有一些共同的特质，他们是具有责任感、团队精神的典范；他们积极主动，富有创造力；他们懂得执行。在一个团队中，这些人都是最好的任务执行者和实施者。他们会把团队打理得井井有条。这种人的个人价值和自尊是发自内心的，是自动自发地、不断地追求完美。

制定正确的战略固然重要，但更重要的是战略的执行。

——杨元庆

（四）相互信任

信任对于一个团队来说，具有化腐朽为神奇的力量。它能够使团队成员和谐共处，进而通力合作，造就出惊人的团队绩效。

任何一个人都不是生来就有被别人信任的特质，一个人被信任是在现实生活中一点点积攒起来的。要想被人信任，你就应该积极地增加你的信用“额度”。一个人要想增加自己的信用“额度”，并非心里想着就能实现，只有用实际的行动才能消除他人的心防，使别人愿意真正相信你，这才是获得信任的必由之路。

案例5-11 背靠背

古代有两个侠客，他们从小一起拜师学艺，当他们学成以后就去参军报效自己的国家。在去参军的路上，两个人遇到了一帮土匪。土匪将他们两个团团围住，两个人背靠背，拿着自己手中的剑，一次又一次地阻挡住了土匪的进攻，直到把土匪击退。

有一次，两人去刺探军情，结果被敌国发现，敌国的士兵将他们围在中间，希望能从他们的口中得到一些重要的情报，结果两个人宁死不屈，奋力抵抗。虽然都受了很重的伤，但他们没有放弃，始终坚持，始终为背后的人阻挡敌人。在两个人快要坚持不住的时候，他们的队伍及时赶到，两个人才得以获救。在以后的岁月中，两个人始终战斗在一起。

十年后，两个人解甲归田。村子里经常有年轻人来问他们是如何在战场上杀敌的，是如何将敌人一次又一次击退的。两个人经常是笑一笑，然后将衣服脱下来，给这些年轻人看，他们发现两个人的胸前全是伤疤，但奇怪的是他们两个人的后背居然没有任何受伤的痕迹。一个人说："我们在战斗的时候，彼此信任对方，将后背交给对方，我们只管前面的敌人，不会顾及后面是否有敌人，因为后面有我最信任的人在保护我。"

两个人能在战斗中把后背交给对方，这就是最高的信任。

点评 彼此信任是一种力量的象征，它显示着一支团队的高度安全感。团队成员只有互相信任、互相帮助才可以战胜闲难。

如果要别人诚信，首先自己要诚信。坦诚相待，则世间无不可信之人。信任队友是团队成功的前提。

（五）有荣誉感

明末清初的学者顾炎武写下了“天下兴亡，匹夫有责”的名句。这句话鞭策了多少热血人士为国家的兴亡抛头颅洒热血，终于换来了今天美好的生活。这种精神值得我们继承和发扬。

每一个团队都由不同的成员组成，每一个成员的努力程度，都将影响整个团队的运作。团队是需要每一个成员为之付出、为之奋斗的共同的家园。“皮之不存，毛将焉附？”一个团队如果走向了消亡，那么每一个团队成员也就没有了存在的依托。

（六）学会与他人合作

团队合作就好比是一个人的手，五指虽然有长有短，有粗有细；虽然“各司其职”，“各主其位”，但只要它们紧密合作，出掌则能挟裹一缕劲风，握拳则蕴涵虎虎生气。相反，如果每个指头都互相争功，各行其是，而不是默契合作，那这还是手吗？

在我们的周围，有着各种各样的人，他们不是静止不动的事物，而是一个个生动鲜活的和我们自身一样需要别人关心、需要得到别人尊重与爱的人。如果你希望别人如何对待你，你首先要如何对待别人。

案例 5-12 猴子给我们带来的启示

美国加利福尼亚大学的学者做了这样一个实验：把6只猴子分别关在3间空房子里，每间两只。房子里分别放着一定数量的食物，但放的位置高度不一样。第一间房子的食物就放在地上，第二间房子的食物分别从易到难悬挂在不同高度的适当位置上，第三间房子的食物悬挂在房顶。数日后，他们发现第一间房子的猴子一死一伤，伤的缺了耳朵断了腿，奄奄一息。第三间房子的猴子也死了。只有第二间房子的猴子活得好好的。

究其原因，第一间房子的两只猴子一进房间就看到了地上的食物，于是，为了争夺唾手可得的食物而大动干戈，结果伤的伤，死的死。第三间房子的猴子虽做了努力，但因食物太高，难度过大，够不着，被活活饿死了。只有第二间房子的两只猴子先是各自凭着自己的本能蹦跳取食，最后，随着悬挂食物高度的增加，难度增大，两只猴子只有合作才能取得食物。于是，一只猴子托起另一只猴子跳起取食。这样，每天都能取得够吃的食物，很好地活了下来。

点评 这虽是猴子取食的实验，但在一定程度上也说明了合作的重要性。在一个团队中，如果团队成员只考虑自己的工作，而不去注意别人，很可能因协调不善而出现问题。

1. 积极融入团队

职场环境与学校环境差异非常大。工作环境中的同事关系，有级别之分，有部门之分，每一件事都可能要考虑到部门的利益、个人的利益，可能随时都是在和风细雨中暗暗地相互竞争。年轻人进入职场之后，必须要快速转变心态，要从谦虚做人、努力工作等很多方面迅速适应，在团队中确立自己的位置，通过正常工作的交流，建立与人的交际关系，找到融入团队的最快的途径。注意行为策略，做到大事显本事，小事树形象。

案例5-13 女学生两块钱进著名外企

在一次招聘会上，某著名外企人事经理本想招一个有丰富工作经验的资深会计人员，结果却破例招了一位刚毕业的女大学生，让他们改变主意的起因只是一个小小的细节，这个学生当场拿出了两块钱。

人事经理说，当时，女大学生因为没有工作经验，在面试一关即遭到了拒绝，但她并没有气馁，一再坚持。她对主考官说："请再给我一次机会，让我参加完笔试。"主考官拗不过她，就答应了她的请求。结果，她通过了笔试，由人事经理亲自复试。

人事经理对她颇有好感，因她的笔试成绩最好；不过，女孩的话让经理有些失望。她说自己没工作过，唯一的经验是在学校掌管过学生会财务。找一个没有工作经验的人做财务工作不是他们的预期，经理决定收兵："今天就到这里，如有消息我会打电话通知你。"女孩从座位上站起来，向经理点点头，从口袋里掏出两块钱双手递给经理："不管是否录取，请都给我打个电话。"

经理从未见过这种情况，问："你怎么知道我不给没有录用的人打电话？""您刚才说有消息就打，那言下之意就是没录取就不打了？"经理对这个女孩产生了浓厚的兴趣，问："如果你没被录取，我打电话，你想知道些什么呢？""请告诉我，在什么地方我不能达到你们的要求，在哪方面不够好，我好改进。""那两块钱……"女孩微笑道："给没有被录用的人打电话不属于公司的正常开支，所以由我付电话费，请您一定打。"经理也笑了，"请你把两块钱收回，我不会打电话了，我现在就通知你，你被录用了。"

点评 有人会问，仅凭两块钱就招了一个没有经验的人，是不是太感情用事了？不是。这些面试细节反映了她作为财务人员具有良好的素质和人品，人品和素质有时比资历和经验更为重要。特别是她抓住了职场新人融入团队的一个技巧，那就是严格遵守和执行相关的规章制度。

2. 平等友善

步入新的环境，对许多事情都不了解，即使你各个方面都很优秀，即使你认为自己有能力解决手头的工作，也要虚心向有经验的同志请教，不要太张狂。要知道还有以后，你也许需要所有人的帮助，平等地做个朋友吧。另外，你还可以得到他总结的"个人经验"，弥补自己的不足。

3. 保持微笑

微笑是办事的开心锁，即使是遇到了十分麻烦的事，也要乐观。不要把个人情绪带进工作中，要保证工作的正常进行，也要知道别人和我们一样，每天都在忙碌着、烦恼着，也想寻求轻松和快乐。你可以对自己或对同伴说：“我（我们）是最棒的，这件事一定可以解决。”

4. 善于表达和沟通

不论你做出了怎样优秀的工作，不会表达，无法让更多的人去理解和分享，那就几乎等于白做。所以，你不要生活在一个人的世界里，而应当尽量学会与各阶层的人交往和沟通，主动表达自己对各种事物的看法和意见，甚至在公众集会时发表演讲，锻炼自己的表达能力。

5. 发现别人的闪光点

在一个团队中，每个成员的优缺点都不尽相同。你就该去积极地寻找团队成员中积极的品质，并且学习它。让自己的缺点和消极品质在团队合作中被消灭。团队强调的是协同工作，较少有命令的指示，所以团队的工作气氛很重要，它直接影响团队的工作效率。如果团队的每位成员，都去积极寻找其他成员的优良品质，那么团队的协作就会变得很顺畅，团队整体的工作效率就会提高。

案例 5-14 合作是成功的基石

郑博渊、曲坤伟、张思才是大学同学，在学校时他们就是死党。三个人走到一起并不是因为他们兴趣相投，而是因为他们三个人兴趣爱好完全不同，正好起到了互补的作用。三个人在互相学习中逐渐培养起了感情。

由于专长不同，毕业后三个人走上了不同的道路。郑博渊毕业后选择了继续深造，曲坤伟去南方寻找自己的梦想，张思才则是在一家不错的国企工作，谁也没有想到将来三个人会在一起合伙做生意。三年后，当他们在各自的领域磨炼出了自己的优势、专长之后，决定一起做一件大事。很快，他们在太原注册了一家资金有 50 万元的电脑公司。就这样，专于学术研究的郑博渊、在南方学到先进经营理念的曲坤伟和在国企学到严谨管理制度的张思才各展所长，公司很快在业内闯出了名堂。

点评 “众人拾柴火焰高”。人只要肯合作，就没有什么办不成的事。

在这个世界上，没有一无是处的人。任何一个人身上，一定会有自己所不具备的特质或优势。发现对方的优点，与更多的人交往，才能让自己在不断的学习中进步。

6. 鼓励和赞美团队成员

每个人都有被别人重视的需要，特别是那些具有创造性思维的知识型员工更是如此。有时一句小小的鼓励和赞许就可以使其释放出无限的工作热情。而且，当你对别人寄予希望时，别人也会同样对你寄予希望；当你鼓励别人时，你也会得到别人的激励。

7. 时常审视自己

你应该时常审视自己。比如自己是不是对人冷漠或言辞过于犀利。有则改之，无则加勉。这些缺点在单兵作战时可能还能被人忍受，但在团队合作中会成为障碍。团队工作中需要成员在一起不断地讨论，如果你固执己见或无法和他人达成一致，团队的合作就很难进展下去。一个人的胸怀有多大，事业就有多大。团队的效率在于配合的默契，如果达不成这种默契，团队合作是难以成功的。如果你意识到了自己的缺点，不妨就在某次讨论中坦诚地讲出来，承认自己的缺点，让大家共同帮助你改进，这是最有效的方法。当然，承认自己的缺点可能会让你感到尴尬，但不必担心别人的嘲笑，你只会得到他们的理解和帮助。

8. 保持谦虚的美德

团队中的任何一位成员都可能是某个领域的专家，所以你必须保持足够的谦虚。任何人都不喜欢骄傲自大的人，这种人在团队合作中也不会被大家认可。你可能会觉得他人在某个方面不如你，但你更应该将自己的注意力放在他人的强项上；只有这样，才能看到自己的肤浅和无知。谦虚会让你看到自己的短处，这种压力会促使自己在团队中不断地进步。如果一个团队已经作出了错误的决议，你应该同团队一起坐下来，反省错误，不要指责任何人滥用职权，而是研讨团队这个决议所带来的负面影响，总结经验教训，以及可以采取哪些措施确保类似过失不再重演。

行动训练

训练一 站报纸

训练要求：

（1）每组分发一张报纸。

（2）在报纸全打开的情况下，让全组成员站在报纸上。

（3）逐渐对折报纸，在脚不落地的情况下，每组站的人数最少者被淘汰。

（4）最后能在报纸最小情况下站人数最多的小组胜出。

训练二 解手链

训练要求：

（1）让每组围着站成一个向心圆。

（2）伸出双手，同时握住对面不同人的手。在不松开的情况下，想办法把这张用手组成的乱网解开。

（3）指导教师告诉大家一定会解开，但答案不止一个。

（4）如果过程中实在解不开，可允许队员决定相邻两只手断开一次，但再次进行时必须马上封闭。

训练三 背靠背

训练要求：

（1）将学生分成几个小组，每组在 5 人以上为佳。

（2）每组先派出两名学生，背靠背坐在地上。

（3）两人双臂相互交叉，合力使双方一同站起。

（4）以此类推，每组每次增加一人，如果失败需再来一次，直到成功才可再加一人。

（5）以人数最多且用时最少的一组为优胜。

同步校园活动："我为职场做准备"演讲比赛

活动要求

（1）以分院为单位，精心准备，广泛宣传，面向本分院全体同学开展比赛。

（2）此次演讲比赛可以起到对老生的督促、对新生的激励作用。参赛选手可以通过比赛尽情发挥自身风采和演讲才能，以新颖的角度和方式表达对理想企业的向往、对岗位的认识及自己所做的努力，抒发对未来充满自信、无限憧憬之情。

（3）演讲要内容深刻、主题鲜明、发人深省，具有较强的说服力和感染力。

拓展阅读

阅读一 职场相处的15个原则

（1）无论发生什么事情，都要首先想到自己是不是做错了。如果自己没错，那么就站在对方的角度，体验一下对方的感觉。

（2）低调一点，再低调一点（要比临时工还要低调，可能在别人眼中你还不如一个干了几年的临时工呢）。

（3）嘴要甜，平时不要吝惜你的喝彩声（会夸奖人。好的夸奖，会让人产生愉悦感，但不要过头，令人反感）。

（4）有礼貌。打招呼时要看着对方的眼睛。以长辈的称呼和年纪大的人沟通，因为你就是不折不扣的小字辈。

（5）少说多做。言多必失，人多的场合少说话。

（6）不要把别人的好，视为理所当然，要知道感恩。

（7）不要推卸责任（即使是别人的责任，偶尔承担一次）。

（8）在一个同事的面前不要说另一个同事的坏话。要坚持在背后说别人的好话，别担心好话传不到当事人耳朵里。如果有人在你面前说某些人的坏话时，你要微笑。

（9）避免和同事公开对立（包括公开提出反对意见，激烈的更不可取）。

（10）经常帮助别人，但是不能让被帮的人觉得理所应当。

（11）对事不对人；对事无情，对人要有情；做人第一，做事其次。

（12）忍耐是人生的必修课（要忍耐一生，有的人一辈子“这门课”也不及格）。

（13）新到一个地方，不要急于融入其中哪个圈子里去。等到足够的时间，属于你的那个圈子会自动接纳你。

（14）有一颗平常心。没什么大不了的，好事要往坏处设想，坏事要往好处想。

（15）待上以敬，待下以宽。

阅读二 从《西游记》看团队分工与协作

团队管理这一名词是随着工商管理的概念进入中国的，但实际上最早阐述团队理念的是中国，那就是我们早已熟知的《西游记》，这部书本身就讲述了一个团队合作的深刻案例，但国人没有去深刻挖掘，倒是外国人花了大量的功夫去研究。据说很多国外的学者、企业家从这部书里得到了团队管理的真谛，而且更有甚者，一位英国学者在读此书的时候，读到这样一个情节：孙行者揪下一根猴毛一吹，霎时惊现一群小猴。这时美国学者惊叹："中国人真是太聪明了，那个时候他们就有了'克隆'观念，而且是用猴毛基因。"我想在我们为古代文化自豪的同时，我们就现代管理来谈谈企业中的《西游记》案例。

《西游记》中的师徒4人组成一个团队，而现在管理中的团队概念认为，团队就是由4个人或4至25人构成。看来我们的祖先已经认识到这一点，只是没有总结。那我们来分析一下他们的组织架构。

唐僧，他是这个团队的最高领导，是决策层，在企业里面就好像是总经理等高层的管理人员，运用自己的强硬管理方式和制度（紧箍咒）来管理团队，并且通过"软权力"和"硬权力"的结合来调动整个团队。从根本上讲，几个徒弟很服从他，佩服他的学识（软权力），因为唐僧是当时名噪一时的佛学家，而且是个翻译，按现在衡量高层管理人员的标准，他是同声翻译员而且是个工商管理硕士（如来佛主颁的），德高望重，绝对是个优秀的管理者，他领导团队去西天取经，并获得成功。

孙行者应该是这个团队中的职业经理人，具体一点就是部门经理，他本领高强，到哪里都能混口饭吃，而且此人社会关系和社会资源极其丰富，性格本身就是有点"猴急"，从个人素质上来说是非常优秀的，通常总经理（唐僧）布置的任务都能高效率的完成，而且处处留下美名，颇有跨国公司职业经理人的风范；当然他是完美的化身，但是我想所有的主管、经理应该向他看齐，因为他是优秀的。

八戒虽然不太受人喜欢，但是作为组织中的小人物，他本人还是有很多优点的，而且许多方面还在团队中起到不小的作用。比如调节矛盾，运用公共关系的方法来协调众人之间的关系，这都是他对组织的贡献。他本人幽默、可爱，充当着组织润滑剂的角色，所以在组织中功不可没；没有八戒的团队是残缺的，而且也是不完美的。组织中的侧重沟通、协调关系的角色都类似于他，是极其重要的。用一句话来概括：八戒是公司中跨部门沟通的典范。

沙僧自不必说，他朴实无华、工作踏实。从企业的角度讲，他是"广大劳动者"，兢兢业业，是劳动的模范。他虽然没有职业经理人的风光与协调关系者的公关本领，但是他所做的工作却是最基础的。我个人认为，每一个人都应该学习他，主动承担自己的责任，努力工作，为团队和组织做出自己的贡献。

白龙马，更是一个默默无闻的劳动者身份，任劳任怨，主要工作就是唐僧的司机兼座驾，偶尔在关键时刻挺身而出表现一下。

在认同他们优秀的同时，我们还是要认识到他们的缺点，比如唐僧本人性格优柔寡断，不明是非等；悟空个人英雄主义严重，无视组织的纪律和制度；八戒的缺点大家都已熟知；沙僧本人的缺点是缺乏主见和灵活性等。这些都是我们应该注意的，熟悉自己的缺点，我们才能将工作做好。

其实团队的角色还很多，但如果用现代管理学的研究方法来分析《西游记》，这个团队里面包含了大量的团队管理学知识，是值得我们每个人研究和学习的。

模块六

提高求职技能

素养提升目标： 1. 领悟求职技能的重要意义；

2. 提升以求职材料撰写、求职面试为主要内容的求职技能；

3. 掌握求职中的沟通技能。

项目 1　求职简历——成功就业的敲门砖

案例引导

"小简历"做好大文章

大学毕业即将离校时，在车站，我默默地送走班上最后一个靠亲戚关系在老家电视台找到好工作的同学。看着北京清晨那川流不息的上班族，我充分感觉到自己的落寞——是该找份工作好好地生活了。

我能上大学是件很不容易的事情。高中毕业那一年，原本不富裕的家庭因父亲的突然病逝而雪上加霜，我只得到外地流浪，打工。五年后，我靠着自己辛辛苦苦打工攒下来的一笔钱，通过自考踏进了北方一所大学的校门，圆了自己的大学梦。

在大学里，我学的是新闻专业。为了提高实践能力，在课堂上我刻苦学习，放假期间又不辞劳苦联系新闻单位去实习，在各类报刊上发表了不少作品。可是令我烦恼的是，尽管我万般努力，由于我只有大专文凭，在求职路上不知遭受了多少人的白眼。

一次，在杭州人才市场，一家报社正在现场招聘新闻记者和编辑，我刚把简历递上，还没来得及把自己那厚厚的一本作品的剪报拿出来，那个头发已有些花白、戴着厚厚眼镜的大叔就忙把手一挥："行了，不用拿了，你的学历不符合我们要求，去其他单位看看吧。"而另一个应聘者，虽然什么作品也没有发表，但因为有本科文凭，那位招聘的大叔就笑眯眯让他先填了应聘表格，我只有站在一旁叹气。

后来，我又先后去两家杂志社应聘工作，可同样的结局让我只能望"本"兴叹。经过多次的求职失败，我在心里开始了反省："是不是我对自己的实力估计得太高？还是对工作的单位过于挑剔？为什么我不选择那些与我学历要求和工作经验相当的单位上班呢？"

于是，我不再瞄准那些"僧多粥少"的单位，而是把目标转向了一些小有名气的民营集团的"企业文化宣传专员"和企业报编辑、记者的职位。但没想到，应聘那样的工作也是人满为患，竞争相当激烈。

就这样我筋疲力尽地奔波了三个月。一天，当我再次茫然无助地徘徊在浙江省人才市场，应聘一家大型民营集团"企业文化宣传专员"一职。简单地聊了几句后，该单位的总经理问我“想要什么样的待遇”，我无暇多想，竟随口说出了800元/月的全场最低价。总经理问我为什么只要这么点儿，我就老老实实地回答：“我刚毕业出来，工作经验不丰富，新的环境和工作对我来说是个锻炼自己、挑战自己的地方，所以不能‘漫天要价’；如果您在日后的工作中认为我干得还不错，到时候再涨我的工资不迟。”说完，我随手附上自己的一份简历，离开了。

没想到一周后，那个总经理竟通知我去上班，说：“你被录取了。”

去报到时，总经理微笑着指着他桌旁的那几十份包括本科、研究生在内的应聘资料对我说：“你知道我们为什么在众多的高学历的应聘者中独独选中了文凭不高的你，并且给你的薪资待遇是你要求工资的几倍吗？”

我疑惑地摇头，总经理端起杯子喝了口茶继续说：“一是因为你是所有应聘这份工作的人员中，对待遇要求最低的人；二是当天现场的面谈，你本有一定的工作经验，但你说话比较谦虚，可以看出你是个努力上进的人；三是你在简历上用心做了‘小文章’，你那份32开简历，比一般人的A4纸要小许多，招聘方最容易把它放在众多简历上面，以这种巧妙的方式不知不觉在吸引别人注意，这说明了你有与众不同的创新观念，而我们的企业文化正需要不断有全新观念来支撑啊！”

我听后又惊又喜，一时间竟激动得说不出一句话来……

案例启示

大学毕业生在求职过程中拼的是实力，要想将自己出色地推销给用人单位，就必须利用恰当的途径和方法充分地宣传和展示自己，让用人单位熟悉、了解并选择自己，应充分发挥求职材料的作用。求职材料的书写和投递是有技巧的，大学生应认真研究其中的奥秘，找寻企业对人才能力需求的方向，及早准备，认真积累，让简历为自己的成功加分。

知识提升

大学生的求职材料通常包括个人简历、求职信、推荐表或推荐信、证明材料复印件等。其中证明材料包括成绩单、外语等级证书、计算机等级证书、职业资格证书、技术等级证书、各种荣誉证书等。

一、打造优秀的简历，打开求职就业的成功之门

简历是用于应聘的书面交流材料，它向未来的主考官表明自己拥有能够满足特定工作要求的技能、态度、资质和自信。简历在求职中发挥着举足轻重的作用，展示着

你最精彩的一段人生。成功的简历就是一件营销武器，会不失时机地为求职择业打开成功之门。简历是一幅最逼真的个人素描，要合理掌握繁简，剪去不必要的枝蔓，从而准确、全面、有重点地反映出一个人的自然状况、专业技术水平、能力结构以及综合素质，它向未来的主考官证明自己能够解决企业的问题或满足企业的特定需要，确保能够得到面试的机会。

据不完全统计，规模较大的企业，每天大约可收到 80 至 100 份的电子简历；其中 80% 的简历人事经理浏览不到半分钟后就被删除了，因为这些简历缺乏针对性。所以你的简历个性化就成了首先面临的问题，那些设计独具匠心、精致巧妙的简历才会为自身增加魅力，给用人单位留下深刻的印象，从而获得求职的成功。

人们经过调查发现，约有三成的应届大学生撰写的简历不合格。出现问题简历的主要原因是人们对简历的投递和书写存在认识上的误区。只有扫除认识上的偏差，找准正确的方向，才能撰写出一份出色的简历。

很多人每天发出 N 份求职简历却毫无音信，不少人力资源人士每天阅人无数，却总难发现“千里马”。他们表示，有的简历乱七八糟，有的简历过于花哨、本末倒置，有的看不出要表达什么东西，还有的明显出现多处低级错误。多数的简历缺乏针对性，一份标准模板下做出来的简历适用于多种行业、多个职位的求职。最终，粗制滥造的“小简历”反而成了自己求职路上的绊脚石。

案例 6-1 他为何求职屡屡失败？

李明是一名应届毕业生，攻读的是计算机专业。他的舅舅在一家较大的 IT 公司上班，承诺等他毕业后可以到舅舅的单位。因为舅舅的关系，李明过起了高枕无忧的大学生活，大学期间没怎么上过课，在游戏中混日子。毕业在即，不幸的是舅舅因为工作失误被公司解雇了，陈年的承诺也成了一纸空文。李明开始了他战战兢兢的求职生涯。找什么工作，自己能做什么，他是一脸茫然，一头雾水。看看周围的同学准备简历忙得不亦乐乎，他也开始准备简历。自己不差钱，简历也要“豪华版”，一本简历的成本为 13 元，价值不菲。简历的内容笼统地写完了，心里暗想自己的一份简历可以应付任何一个企业的招聘，可以一劳永逸了。在一次招聘会上，他准备了 100 份简历，不到 20 分钟的时间就将简历全部发完，他长长地出了一口气，心里带着几分期许，应该有伯乐会相中自己的。可是等了很久，简历却石沉大海，杳无音信。看看周围的同学都纷纷找到工作，心里很不是滋味。反思自己的经历，是不是自己太老实呢，再看看周围的同学在简历里都有很多职务，“一介平民”的李明在简历中给自己冠上了班长的头衔，并暗赞自己的“审时度势”。又参加了很多次招聘会，还是毫无结果。后来一次招聘会，真是机缘巧合，竟然遇到了舅舅以前就职的他心仪已久的那家公司，他毕恭毕敬地投递了简历。回去后，自己盘算机不可失，应主动出击，他通过舅舅的关系，获取了一次宝贵的面试机会，这让他欣喜若狂。面试现场，他竟然看到了很多自己的同班同学，主考官看了他的简历，提出一个问题：“你们班有几个班长？”李明怯怯地回答：“一个”。主考官让他谈谈如何组织班级活动的，他也支支吾吾，答非所问，想起自己简历造假的事来，有个地缝都想钻进去。最后，他灰溜溜地离开了面试现场。

点评

没有丰富的知识，不具备熟练的技能，只想通过华丽的简历、虚假的内容，盲目地海投，妄想找到一份理想的工作，无异于天方夜谭！

李明的切身经历帮助我们走出书写简历求职过程中产生的误区。

（一）简历过度包装

只注意形式，不注重内容，将简历在外观设计上弄得过于花哨，本末倒置，忽略用人单位选拔人才的重点是求职者和企业需要相匹配的能力。

（二）简历“注水”，将诚信搁浅

个人简历是求职的第一道门槛儿，有些学生却走向了另一个极端：将简历“注水”，使自己瞬间从“丑小鸭”变成“白天鹅”。本来没有实习经历，非要编写几个可圈可点的故事不可。曾经担任的职务写成了副部长、部长，原本担任的是副职变成了正职等等。造成这种“注水”现象或许出于这样一种心理：简历写差了比不过人家，就得不到面试机会，反正主考官没法一一核对，不妨抬高一下自己。大学生是否诚实守信，不仅反映了一个人的思想品质和道德觉悟，更重要的是它影响了一个人的前途和发展，同时也将直接影响到社会的整体诚信水平。因此，大学生求职绝不能为了增加所谓的“砝码”，而丢掉做人之本。

（三）“海投”简历碰运气

尝试、不假思索、广泛撒网投递简历的现象被网络称之为“海投”。为了增加“命中率”，很多高校毕业生奔波于各种招聘会现场“海投”简历。如果不先做好明确的职业目标规划，盲目投简历，四处求职反而会白辛苦一场。宁愿很认真地投出二十份简历，也不要不加准备的投出一百份简历。你要去了解这个企业的相关信息、它未来的发展等等，了解了这个以后去判断我是否愿意去这家单位工作。专家提醒，“海投”并非明智之举，找工作更应做好规划，有的放矢。

（四）简历缺乏论据支撑

简历上的获奖情况、学习成绩、社会活动、实践经历是展现毕业生能力的重要内容。毕业生们都注意了这一点，在这几个部分浓墨重彩。但是，一条条内容的罗列未必会给招聘人员一个直观的印象。简历要用事实说话，事实要靠数字支持，用数据说话。如学生获得班级一、二等奖学金，想突出毕业生的学习成绩，说明在学习方面一直名列前茅。但是，学校不同、专业不同，奖学金的发放数量不一样，光写出几等奖学金，还是不能让企业对你建立起直观认识，这个求职者到底处于什么水平。如果毕业生在一等奖学金后面标上获奖的概率，如一等奖学金后标注出“(1/25)”，这就说明25个人中只有一个人能获得，那么一个班级一般50个人左右，这个求职者绝对是班级的尖子了。

（五）简历内容空洞

简历就是几张纸，写起来很容易。但实践告诉我们：好简历是做出来的，不是写出来的。

有些求职者的简历多停留在文字的堆砌上，没有充分的数据和事实作为论证的依据，究其原因是自身经历单一，平时不注重学习和积累，没有太多的实践经历。在学习如何制作简历的过程中，在校的大学生了解到一份简历应该具备的项目有哪些，这些项目就应该是大家在学习生活中奋斗的目标，从大一就抓紧时间行动起来，为未来书写简历提供充实的材料佐证，好的简历不是用笔写出来的，而是用踏踏实实的步子走出来的。

《成功就业理性设计》一文列举出一类学生的大学学习状态：既无父母的聒耳，又无班主任的“跟踪”，于是他们大一“彷徨”，大二“呐喊”，大三“伤逝”，大四“朝花夕拾”。平时学而不专，习而不精，可大大降低就业的成功率。从学校到学校是人生的小考，从学校到社会是人生的大考；为了能在大考中取得好成绩，在校期间应该培养自身全方位的能力，积极参加社团活动，培养良好的意志品格；充分利用学校组织的实习实训，利用假期参加社会实践，尝试兼职，加入志愿者行列；在实践的过程中，进行自我定位，找准职业方向，学以致用，知行并进，不断丰富人生履历；在临近毕业之时，才能够做出精彩的简历，获得求职成功。

二、制作个性化的简历，找到求职就业的金钥匙

（一）了解简历的内容

简历包括以下内容：姓名、性别、出生年月、专业、学历层次、求职意向、联系方式、教育背景、职业技能、社会实践经历、专业特长、自我评价等。

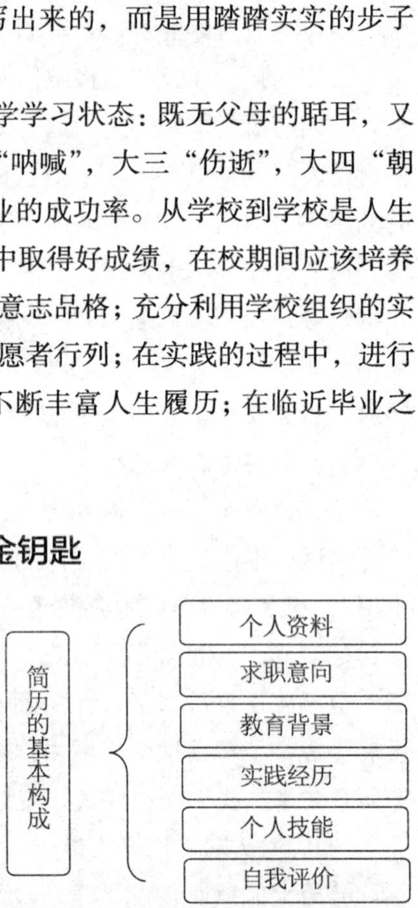

以下是一个简历模板，我们可以在此基础上借鉴和完善。

<table>
<tr><td>姓名</td><td>张某某</td><td>性别</td><td>男</td><td rowspan="5">一寸免冠照片</td></tr>
<tr><td>民族</td><td>汉</td><td>籍贯</td><td>河北省秦皇岛市</td></tr>
<tr><td>出生日期</td><td>1988.10</td><td>政治面貌</td><td>中共党员</td></tr>
<tr><td>学历</td><td>专科</td><td>体重身高</td><td>68kg、176cm</td></tr>
<tr><td>专业</td><td>铁道工程技术</td><td>健康状况</td><td>健康</td></tr>
<tr><td>毕业院校</td><td colspan="2">××职业技术学院</td><td>邮编</td><td>1*****</td></tr>
<tr><td>联系电话</td><td>137********</td><td>邮箱</td><td colspan="2">123*****@qq.com</td></tr>
<tr><td>求职意向</td><td colspan="4">铁路线路工</td></tr>
<tr><td>主修课程</td><td colspan="4">工程制图及CAD、工程测量、铁道概论、铁路线路设备构造、铁路工程施工、铁路线路维修与大修、路基工程、铁路线路技术员实用技能、施工组织与预算等课程。</td></tr>
<tr><td>个人技能</td><td colspan="4">（1）熟练掌握Auto CAD制图软件；
（2）熟练掌握VB程序设计，通过全国计算机等级考试二级VB语言考试；
（3）熟悉计算机操作，熟练使用Office系列办公软件及应用Internet；
（4）通过英语四级考试，英语听说读写能力较强。</td></tr>
<tr><td>实践经历</td><td colspan="4">利用暑期在工地做测量工作；在婚纱摄影公司做宣传工作；在北戴河铁道部干部休养所做服务员。</td></tr>
<tr><td>奖惩情况</td><td colspan="4">国家励志奖学金、省高校书法比赛二等奖、校“三好学生”和“优秀学生干部”、校征文比赛一等奖</td></tr>
<tr><td>爱好特长</td><td colspan="4">唱歌、街舞、打球、书法、读书</td></tr>
<tr><td>自我评价</td><td colspan="4">本人性格开朗，为人诚恳，乐观向上，兴趣广泛，拥有较强的适应能力，并具有较强的组织管理协调能力。尤其能承受高强度工作，吃苦耐劳。</td></tr>
</table>

1. 个人资料

简历中提供哪些信息是由求职者自己决定的，但有些信息是必不可少的。例如：姓名、性别、民族、出生日期、政治面貌、身体状况、联系方式等。一般来说，个人资料以准确、清晰、简明扼要为原则，不必画蛇添足。

2. 求职意向

求职意向包括向往职业的地域、行业、岗位等方面的意向，主要表明对哪一个职位有兴趣，要简短清晰，尽量不要使用抽象而模糊的修饰语。求职意向是简历中必须具备的项点，没有求职意向的简历通常因为就业方向不明确而痛失就业机会。

3. 教育背景

教育背景包括毕业院校、所学专业、学位、学历、主修课程等情况。主修课程主要列出大学阶段的主修和辅修的科目，尤其要体现与所谋求的职位有关的教育科目、专业知识。要突出重点，有针对性，让用人单位感到求职者的学历、知识结构与所招聘条件相吻合。

4. 个人技能

客观描述自身外语、计算机及其他技能的水平和程度。

5. 实践经历

实践经历包括大学阶段和实习期间进行的社会工作及获得的技能等，是企业选拔人才最为关注的内容，最好与所应聘的职位相吻合。

6. 奖惩情况

奖惩情况包括在校期间所获三好学生、优秀团员、优秀学生干部等荣誉证书，以及参加各种竞赛所获奖项、各种资格证书及奖学金等。

7. 爱好特长

爱好特长包括个人兴趣、爱好，以及有别于其他人特别擅长或特有的长处。不要谦虚，不拘泥于形式，尽量通过分项列示、数据表示、举例充实等方式表达。

8. 自我评价

总结自己良好的个性品质。例如：学习能力、沟通能力、解决问题的能力、适应能力、好奇心或创新能力，团队合作精神、积极主动的工作态度、责任心、敬业精神、诚实热情等。

案例6-2 能力是需要用心挖掘的

应届毕业生小柏，在大学期间利用假期进行了多个岗位的社会实践，例如餐厅服务员、产品推销员和公司行政助理等。毕业前夕，他在自己求职简历的社会活动一栏中这样写道："某年某月至某月，我在某某饭店做服务员，工作是点菜，送菜……"之后他求教于就业指导老师。老师发现小柏只是简单地把自己的实习经历罗列出来，没有挖掘出在实习中学到的知识和获得的技能。于是老师让小柏谈谈每份工作中令他印象深刻的人和事，并帮他分析每一段社会实践经历的收获。在老师的指导下，小柏豁然开朗，重新填写了简历。例如在写饭店服务员这一工作经历时这样写道："我在餐厅做服务员期间，听从经理指挥，按照饭店服务标准完成工作任务；对顾客的要求乃至刁难，都能微笑对待和处理，虽然服务员工作很辛苦，当顾客对我们的服务表示满意时，我感到很快乐"。这样真实而有理性认识的经历表述，使用人单位能够看出小柏是一个有服从力、能吃苦而又乐观的人，达到了求职自我推荐的良好效果。

点评　即将求职的同学一定要有意识地积累实习经验，从已有的经验中学会挖掘已具备的且是企业需要的能力。另外，你所展示的能力一定要与应聘岗位的需要相吻合，否则效果就会大打折扣。

（二）设计简历的思路

针对不同行业、不同职位，书写简历也应有不一样的结构和技巧。要在简历的“汪洋”中让人“一见钟情”，就要花一番心思，让你的简历变得醒目。不过，你还得有的放矢，以免浪费你的“表情”。

案例 6-3

简历达人制作12个版本简历，收获10次就业机会

这位简历达人叫华聪，是重庆大学光电工程学院测控技术与仪器专业大四学生，想通过《职来职往》栏目找一份电子商务工作。

“我的简历是按照行业来分的。”华聪说，按照他想求职的六个方向，他的简历分成互联网、汽车、软件开发、电子硬件、销售、机械工程六个基础版本。“根据不同公司的要求，我又在相应版本的基础上进行了修改，目前已经有了12个修改版本的简历。”

华聪介绍，在校期间，他创建了两个网站，其中一个是网店，主要经营销售陨石收藏品。另一个网站，他在上面发表自己写的连载小说。同时，他还拥有两项国家专利——《一种用3G网络作互动通道的双向电视机顶盒》和《一种带IC信用卡POS机功能的双向电视机顶盒》。此外，他还参加了重庆大学生科研训练计划项目，到长安、川仪、天津中环系统工程公司实习。

“12个版本的简历，就是针对不同的行业来突出我的不同能力。”华聪说，如果他的求职对象是互联网行业，就会突出创建两个网站的经历；应聘汽车类职位，就会突出在长安汽车公司实习的经历；如果是电子硬件类职位，则会突出两个专利；如果是机械工程，就会突出在川仪等实习的经历。正因为细心的准备和有针对性的设计简历，他获得了10个公司的面试机会。

点评

《孙子 · 虚实篇》云：“水因地而制流，兵因敌而制胜。故兵无常势，水无常形；能因敌变化而取胜者，谓之神。”生长与变化是一切生命的法则。昨日的答案不一定适用于今日的问题，正如今天的方法不一定能解决明天的需求。只有主动适应环境，适时调整自我，提升自我，才能与时俱进，获得成功。

根据华聪同学的经历，针对求职岗位设计有个性的简历，我们可以总结出以下的设计思路：

（1）了解自己，选择适合自己的职业方向。

（2）整理所有的学习、实践经历、获奖等个人材料。

（3）分析企业的文化背景、岗位需求状况。

（4）制作针对岗位需求的个性化简历。

（5）选择正确的投递方式，必要时适时跟进。

（三）制作简历的原则

1. 内容详实，言简意赅

简历是对大学生活的概括和总结，要比较全面地介绍自身状况、学习经历、社会实践、优点、喜好及个性等等，力求全面，以便用人单位更全面立体地了解你。简历详实不代表要长篇累牍，一般人事部门的主管往往会收到堆积如山的简历，他们根本没有太多的时间仔细看一份冗长乏味的简历，所以你可以将写出来的漫漫简历尽量压缩，言简意赅，不拖泥带水，使之简短有力。

2. 针对岗位，富有个性

“一份简历走天下”的求职者求职的成功率会大打折扣，要根据不同的企业、不同的职位要求，有针对性地设计简历。不要面面俱到地书写自己的经历，一定选择和岗位能力相匹配的经历进行书写，分清主次，重点突出，巧妙突出自己的优势，彰显自己的个性，给人留下鲜明深刻的印象。

案例 6-4　让你的简历讲故事

前麦肯锡公司沟通专家、管理顾问德蕾莎·伍德兰（Teresa Woodland）曾为诸多管理顾问的简历设计（提交给客户）提供指导。谈到简历的写作时，她说:“不要只写你在某个职位上所做的事，而应强调你的影响（impact）是什么。”伍德兰说:“写简历的时候，你必须问自己，你的故事是什么？（What is your story?）你留下了什么？”

寻找一个属于你的故事，这就是在你的经历当中，梳理出一个脉络来，让你的经历不再是一堆零散的连缀，而是一个不断发展的情节，你是一个发展中的主角。很多人在简历中只是记流水账般列举自己的职位和工作职责，比如“领导一支三个人的销售队伍”。伍德兰反问:“你领导这三个人都做成了什么事？”你不说，别人怎么知道你带着三个人是一年内销售了一个亿的产品呢，还是打了一年的牌呢？

另外一个好办法，就是突出升职、换岗、获奖这些“里程碑”式的事件。如果把这些事件串起来，很可能就把你这个人说清楚了。但是，一些过于久远的“光辉业绩”，比如你在中学阶段获得钢琴比赛第一名，你被当地报纸誉为神童，主考官或许并不关心，即便它是你最值得骄傲的背景之一。

伍德兰说人们看简历的时候，最为关注的是职业或工作的转换。当你在简历上有这些转换的时候，你得准备好对这些转换做出相应的解释，使之成为发展，而不是跳跃。从伍德兰的简历上可以看到，她原来学的是教育，接着转入咨询，随后又开展了自己的领导力培训和辅导业务。我很好奇她为何有这些转换。

伍德兰表示，即便你实现了在不同行业里的职业变化，你也要让人看出你跨越不同工作、不同区域、不同行业的能力。你的每一次经历和体验都是围绕岗位需求的能力展开的；如有可能，也要彰显你独特，超出一般人的一面。

点评

求职者应善于将自己最成功的片段编织成“网”，让主考官能从时间的连续性中读懂你成长的历程，从空间的拓展性中领悟到你思维的广度和缜密性，让你的简历讲故事吧，讲出一个不寻常的自己。

3. 格式规范，设计精美

按照求职简历必备的几个项点书写，不要为突显自己所谓的个性而进行标新立异地设计。简历的个性体现在其内容的不可复制性而非简单的形式的花哨。设计力求整齐大方、精美，但不要内容大于形式，舍本求末。

4. 准确无误，逻辑严谨

准确无误首先指信息的可靠真实。求职者在简历上掺杂水分，夸大头衔成绩、自身评价等，就会遭遇诚信危机，而诚信是企业比较看重的重要品质。准确无误还指书写无错误，包括文字、标点的准确，句子的通顺等，一旦出现书写上的错误，用人单位很难录用你，因为这个过失造成了用人单位对你做出缺乏责任感的判断。逻辑的严谨也是用人单位考察的项点，把自己拥有的经历或按照时间或按照活动内容进行分类编辑，逻辑混乱的简历会给招聘者留下做事无头绪、混乱的印象，很难求职成功。

三、设计独特的求职信，增加求职就业的筹码

（一）认清求职信的重要作用，提高成功概率

书写求职信的主要目的是使招聘单位进一步加深对求职者的印象，感受到求职者的诚意和热情，增加求职成功的概率。写求职信是求职的必备工作，每一封信都可以有不同的主题、角度和特点，它是展示自己与众不同的个性和优势的绝佳机会。简历的作用在于吸引对方，而求职信的作用在于更好地打动对方。采用什么样的方式才能写出独特的求职信，让自己在众多的竞争者中脱颖而出，应该是每位求职者想知道并亟待解决的问题。

案例 6-5 小创意点石成金

小敏是美术专业的应届毕业生，勤奋好学的她在大学期间有过多次编辑工作的经历，亲眼见证了很多作品是怎样实现由“丑小鸭”到“白天鹅”的华丽转身。

小敏求职的首选是一家知名广告公司。尽管有过很多次的实践经历，在高手如云的求职竞争中，她最终未能如愿。她逐渐地开始怀疑是否自己的能力有问题，不知道失败的症结在哪里。后来，她向很多广告的业内人士请教，终于明白原来广告企业最看重的是求职者的创意，她应该在创意上下功夫。

为了迎合企业对员工能力的需求，小敏重新设计了自己的简历，并将新简历邮递给了一家正在招聘编辑的大型广告公司。在网络如此盛行的今天，她采用传统的邮件传递方式，是因为这次她设计了一封特别的求职信。当时，恰逢年终岁尾，小敏恰当地把自己的求职信以台历的形式展现出来；以时间为轴，在每一个月份中有突出自身成长记录的片段，记录了自己的职业成长历程、实践经历、个人专长；每一页日历中都有自己设计的精美图片、配合工作场景的个人照片及经典的文字独白，可谓图文并茂。

结果公司人事主管在收到这份独特的求职信后，给了小敏面试的机会。现在小敏已经成为那家广告公司的中坚力量，这一切要得益于那封让她脱颖而出的求职信。

点评

在网络化、信息化的今天，“酒香不怕巷子深”的时代已经被颠覆了。人才也要寻求最恰当的方式推销自己，推销的切入点就是企业的需求，根据企业需求量身打造独特的求职信，才会打开走向职场的大门。可见一封独特的求职信在求职过程中的作用不容小觑，应在确保格式、内容的基础上，融入自身的创意，让它成为你成功的助推器。

（二）明确求职信的构成要素，展现真实自我

1. 求职信的格式

求职信的格式和一般书信的格式大致相同，由标题、称呼、正文、祝颂语、落款组成。最后还要写上自己的姓名、单位、联系方式等。

2. 求职信的主要内容

求职信开头要书写的内容，可以包括描述从何处得悉招聘信息，你的申请目的，你要申请什么职位。从何处得悉招聘信息可以间接体现个人信息处理的途径和能力；加入企业的原因，可以表达对企业的文化的认同和仰慕之情；要申请的职位是必写的内容，

通常在第一段中出现，如果招聘方看不到你的求职岗位，你的简历很容易被淘汰。

做自我介绍，从个人能力和品行方面，采用事实和数据证明你是适合该岗位的最佳人选。提出你能为用人单位做些什么，而不是他们为你做什么。列举你的相关实力的同时，重点突出你的实践经历、接受过的培训、参加过的技能竞赛及成绩等。

结尾段落中提出自己的希望和请求，希望得到答复、面试的机会，表达对招聘企业的祝福及迫切渴望成为其中一员的心情。

案例 6-6 求职信

尊敬的领导：

您好！

感谢您能在百忙之中阅读这份自荐材料。我叫 ×××，是 ×× 高等职业技术学院道路桥梁专业 2011 届专科毕业生，怀着对 ×× 集团公司的美好向往和自己未来的无限憧憬，呈上此信，毛遂自荐，拟应聘贵公司的路桥测量员一职，愿意接受贵公司的考验和挑选。

我深知机遇只垂青于有准备的人。在校期间，我抓住一切机会学习各方面知识，锻炼自己各方面的能力，使自己朝着现代社会所需要的、具有创新精神的复合型人才方向发展。我的英语达到四级水平，通过国家计算机二级、省计算机二级考试，并连年获得奖学金。通过三年的学习尤其是两年的专业课学习，我认为自己已基本掌握了道路桥梁施工的基本知识和技能，在一年的生产实习中，能胜任单位安排给我的各项工作任务。

在实践方面，对于与专业相关的测量、道路勘测设计以及桥梁工程等各种实习，我都以认真严肃的态度对待，取得了很好的成绩，并为今后的实际工作奠定了实践性基础。此外，在假期期间我还到施工现场工作，理论联系实际，把所学知识做到融会贯通。

“在工作中学会工作，在学习中学会学习”。作为一名学生干部，我更注重自己能力的培养。乐观、执着、拼搏是我的人生信条。由我提议并组织的多次大型活动得到了老师的认可和同学的赞许。这些鼓舞着我以更饱满的热情投入到新的挑战之中，向着更高的目标冲击。

如果能成为贵公司的一员，我愿意从基础工作做起，努力工作，为公司做出我的贡献。

随信寄上本人简历及相关证书的复印件，请您审阅，热诚期待您的答复。

祝您工作顺利，愿 ×× 集团永远腾达！

求职人：×××

2011 年 × 月 × 日

点评

一封好的求职信就如一则吸引人的好广告，这则广告要宣传的产品就是求职者。如果能够将求职者这个产品的性能、用途、技术参数以及特点展示得淋漓尽致，就一定会有很多企业买家争相购买。

（三）掌握求职信的书写要求，突出自身优势

1. 重点突出，逻辑清晰

重点突出自己的优势，如良好的个人品质、丰富的实践经历等，自信但不自大。

2. 实事求是，真诚恳切

对自己的成绩和不足都有清晰地认识，重点突出成绩，缺点点到为止；不弄虚作假，不虚夸，诚信而真诚，避免豪言壮语和华丽的辞藻；朴素、自然、实实在在的话语更能落到实处，达到打动应聘方的目的。

3. 避免重复，针对性强

避免复制套用别人的求职信，给人留下千人一面、千篇一律的印象。把岗位需求和与之相匹配的个人能力结合，书写出的求职信才是充满个性化、针对性的简历，成功概率高。

4. 言简意赅，短小精悍

招聘人员工作量很大，时间宝贵，求职信应言简意赅而有力度。哈佛人力资源研究所的一份测试报告证明：一封求职信，如果超过 400 个单词，其效度只有 25%，即阅读者只会对四分之一的阅读内容留下印象。因而，求职信过长反而影响了求职效果。

行动训练

训练一　简历“诊断”

训练要求：

（1）课后书写好自己的简历，向组内成员展示。与组内成员交换简历，按照书写简历的项点和要求对其他同学的简历进行“诊断”，“诊断”后要进行交流并修正。

（2）小组内就修改后的简历进行评选，选出最优的简历，然后，在小组间进行评选，教师公布结果并点评。

训练二 求职信训练

日丰企业是国内新型管道行业的龙头企业，是全球三大铝塑管供应商之一。日丰产品涵盖给水、供暖、燃气等应用领域，并在立足新型管道行业的同时，致力拓展水暖卫浴、管道阀门等系列建材产品，主要产品有铝塑管、铝塑 PERT、PPR、铝塑 PPR 稳态管、卫浴精品等。

日丰公司现拟招聘财务人员 2 名，招聘条件为：

（1）两年以上财务类工作经验。

（2）持有会计从业资格证，熟练操作各类财务软件和办公软件。

（3）熟悉国家各类财税法规和金融政策。

（4）具备一定沟通能力，能吃苦耐劳，敬业爱岗。

（5）有要求进步的决心。

某职业技术学院应届毕业生小王拟应聘日丰企业的会计岗位，其条件如下：

（1）性别，女，财务信息管理专业，大专学历。

（2）主修中国税制、跨国公司财务管理、项目融资、风险管理、证券投资实务等专业课程，多次获得学院一等奖学金。

（3）性格稳重，具备踏实、肯干的精神。

（4）精通常用财务软件（如用友软件）和办公软件。

（5）喜欢乒乓球、篮球等运动。

（6）参加英语社团。

（7）选修了音乐赏析、美术基础等课程。

（8）参加了数学建模小组。

以下是小王写的一封求职信：

尊敬的先生 / 小姐：

您好！感谢您在百忙中阅读此信。我是 ×× 职业技术学院 2008 届毕业生，主修财务信息管理专业。因为贵公司一贯尊重人才，所以盼望得到贵公司的考虑和录用。

进入学校以来，我深深地意识到，在当今激烈竞争的社会，只有拥有真才实学才能立于不败之地，所以我把学校当作新的起点，勤奋学习，刻苦钻研，扎实地学习了各门基础学科和专业课程。主修微观经济学、宏观经济学、管理学原理、财务管理原理、管理信息系统、统计学、会计学、财务会计学、成本与管理会计、货币银行学、市场营销、经济法概论等专业课程，同时学习《应用文写作》公共必修课，利用业余时间选秀《职业汉语》这门课程，成绩均优秀。在计算机方面，熟悉

Windows98/ME 等操作系统，能熟练操作 Office 办公软件，熟练使用 Internet 搜索引擎获取信息，更能熟练使用 AutoCAD 平面立方体设计，精通网页制作、图像编辑等方面的软件。

在良好的家教和老师的严格要求下，培养了我做事认真，勤于思考，积极向上的性格和作风。长期的学习生活，造就了我谦虚、谨慎、诚实、守信，永不言败的性格。我相信这些做人的原则将使我胜任一切工作。我热爱贵单位所从事的事业，殷切地期望能够成为这个精英团队中的一员，能在您的领导下，为这一光荣的事业添砖加瓦，并且在实践中不断学习、进步。我相信自己能在短期内适应环境，尽职尽责地把工作做好。

企盼您给我翱翔的天空，我定像雄鹰一样展翅高飞；您给我一片沃土，我定像骏马一样驰骋万里！我将用我的汗水证明您英明的选择！诚祝贵单位事业欣欣向荣，蒸蒸日上！期待您的回复！

此致

敬礼！

求职人：×××

2008 年 × 月 × 日

训练要求：

（1）各组展开讨论，帮助小王分析企业和自身情况，讨论如何针对企业需求写求职信。

（2）各组帮助小王找出信中存在的问题并提出修改意见。

（3）在以上训练的基础上，每位同学结合自身情况，书写一封属于自己的求职信。

项目2 求职口才——增强就业的竞争力

案例引导

好口才是这样练成的

口才并不是一种天生的才能，是靠刻苦训练得来的。古今中外历史上一切口若悬河、能言善辩的演讲家、雄辩家，无一不是靠刻苦训练而获得成功的。

美国前总统林肯为了练口才，徒步30英里（约48.28公里），到一个法院去听律师们的辩护词，看他们如何论辩，如何做手势，他一边倾听，一边模仿。

日本前首相田中角荣，少年时曾患有口吃病，但他没有被困难所吓倒。为了克服口吃，练就口才，他常常朗诵、慢读课文，为了准确发音，他对着镜子纠正嘴和舌根的部位，严肃认真，一丝不苟。

我国早期无产阶级革命家、演讲家萧楚女，更是靠平时的艰苦训练，练就了非凡的口才。他在重庆国立第二女子师范教书时，除了认真备课外，每天天刚亮就跑到学校后面的山上，找一处僻静的地方，把一面镜子挂在树枝上，对着镜子开始练演讲，从镜子中观察自己的表情和动作。经过刻苦训练，他掌握了高超的演讲艺术，教学水平也很快提高了。1926年，他年方三十，就在毛泽东同志主办的广州农民运动讲习所工作，他的演讲至今受到世人的推崇。

我国著名的数学家华罗庚，不仅有超群的数学才华，而且也是一位不可多得的“辩才”。他从小就注意培养自己的口才，学习普通话，他还背了唐诗四五百首，以此来锻炼自己的“口舌”。华罗庚先生在总结练“口才”的体会时说道：“勤能补拙是良训，一分辛苦一分才。”

案例启示

这些名人与伟人为我们训练口才树立了榜样，我们要想练就一口过硬的口才，就必须像他们那样，一丝不苟，刻苦训练。练口才不仅要刻苦，还要掌握一定的方法。科学的方法可以使你事半功倍，加快口才提升的速度。当然，由于每个人的学识、环境、年龄等等的不同，练口才的方法也会有所差异，但只要选择最适合自己的方法，加上持之以恒的刻苦训练，那么你就会在通向“口才家”的大道上迅速成长起来。

知识提升

一、加强训练，成就行走职场的好口才

口才是一种深层次的文化积累。口才水平的提升是厚积薄发的结果，这要经历一个漫长的文化积淀、提升、升华的过程。如果能采用恰当的口语训练方法，可以缩短口语提升的时间，起到事半功倍的效果。

思维的浅陋让我们的语言变得粗俗而有失精准，而语言的随意凌乱，又使我们更易于产生浅薄的思想。

——乔治·奥威尔

（一）良好口才的标志

专业人士认为良好口才的标志是：言之有物、言之有序、言之有理、言之有文、言之有情、言之有趣。

（1）发音准确，吐字清晰流畅。这是口才的基本条件，听清楚才能更好地说。

（2）声音条件好，富有感染力和号召力。

（3）丰富词汇量，能够用恰当的词句表达真情实感。

（4）具备良好的风度仪表，态势语和礼仪运用恰到好处，声情并茂。

（5）具备深邃的思考能力和敏锐的观察力。

（6）自信心强，具备良好积极的心态，能够克服当众讲话或演讲的紧张情绪。

（7）讲话富有逻辑性，思维缜密。

（8）较强的临场应变能力，能够很好地即兴演讲。

（9）具有良好的文化修养和内涵。

（二）口才训练的方法

1. 速读法

速读法是通过快速朗读的方法使人在口语表达的过程中达到语音清晰、准确，口齿伶俐，提高思维的敏捷度。

方法：拿来一篇喜欢的文章，在扫清字词障碍后，开始大声地读，由慢到快，达到你能达到的最快速度。

要求：读的时候，在吐字清晰的基础上要求快速度，读的过程中无停顿。速读和朗读有区别，不需要像朗读那样要求感情、态势语、停顿等等，只要求吐字清晰准确和速度。速读的过程培养人的发音准确度的同时，也有利于练气，气息的大小强弱和发声有关，气息强，发音响亮，长期积累就会提高声音的力度。

2. 背诵法

通过“背”培养记忆能力，通过“诵”培养口头表达能力，要声情并茂。好的记忆力是好口才的必备条件，记忆力和口语表达能力是相辅相成的，朗诵将这两种能力的培养融于一身，并都可以通过练习得到提高。“诵”是对表达能力的一种训练。这里的“诵”也就是我们常说的“朗诵”。它要求在准确把握文章内容的基础上进行声情并茂地表达。

方法：可以选定不同体裁的文章，能够在对文章进行分析的过程中理解作者的思想，并产生共鸣，融入自己的情感。随后要对文章结构做好划分，找出逻辑关系，划分重音和停顿等等，有利于对文章内容的把握。最后，开始背诵。

要求：背诵的内容要求准确，吐字、发音要标准。背诵要有感情，有重音、停顿、起伏等等，体现文章的情感。

3. 吐字训练法

有的人说话的时候吐字清晰，嗓音圆润洪亮，为更好地展开交流活动提供了生理基础。嗓音在一定生理基础之上也是可以训练的，可以通过吐字训练，练习自己的嗓音。

首先要练气。气息的大小对发声吐字有着直接的关系，气定神闲才能更好地交流，可通过吸气和呼气训练完成。

（1）吸气。吸气要深，小腹收缩，整个胸部要撑开，尽量把更多的气吸进去。

训练活动：闻花香，冥想自己面前摆放着一盆花，开始闻花的香味。

（2）呼气。呼气时要慢慢地进行，要让气慢慢地呼出。

训练活动：吹灰尘，冥想自己面前放着一张桌子，上面布满灰尘，要把上面的灰尘吹掉。

接着就可练习吐字。每个字都是由一个音节组成的，而一个音节由字头、字腹、字尾三部分，字头就是我们说的声母，字腹就是我们说的韵母，字尾就是韵尾。

方法：吐字发声时一定要咬住字头，把发音的力量放在字头上，利用字头带响字腹与字尾。

字腹的发音一定要饱满、充实，口形要正确。

字尾，主要是归音，归音要完整，不要把音发一半就没了，当然字尾也要能收住，不能把音拖得过长。

4. 复述法

复述法是就文章主要内容进行完整而连贯地叙述。它是提高口头表达能力的综合训练法。

二、精心设计，亮出推荐自我的精美名片

（一）自我介绍的主要内容

（1）基本信息：如姓名、学校及专业。要求声音洪亮、清晰，特别在介绍自己姓名的时候一定要清晰，体现你的坚定和自信。

（2）提出面试岗位，便于主考官根据岗位的录取条件做出相应的判断。

（3）陈述加入该公司的理由和期待。表达对用人单位声誉的赞颂、企业文化的认同等，表达出渴望成为其中一员并为之奉献的愿望和决心。

（4）证明自身的能力。可从自身性格、实践经验等角度出发，用简明扼要的数据和案例证明自身具备和岗位相匹配的能力。

案例6-7 焕然一新的自我介绍

某职业技术学院道桥工程技术专业即将毕业的小刘，在参加了一次大型人才招聘会时，向几个心仪的用人单位投递了简历，并获得了《建筑经济》杂志社面试的机会。小刘认真准备了自我介绍，并请老师做了辅导。

【辅导前的自我介绍】

各位领导好，我叫刘××，今年22岁，刚从××学院毕业，所学专业为道桥工程技术。黑龙江人，父母均是高级工程师。我爱好音乐和旅游。我性格开朗，做事一丝不苟。很希望到贵公司工作。

【辅导后的自我介绍】

各位领导好，我叫刘××，今年22岁，所学专业为道桥工程技术。我要应聘的岗位是贵刊的编辑。关于我的情况简历上都介绍得比较详细了，在这我想再补充几点：我有很强的沟通能力，大学三年的团支部及团委社团的工作让我懂得了与人沟通的技巧。我的文笔较好，曾在××杂志社有过实习经历，独立完成采访、编辑的工作。在报刊上发表过6篇文章，已附在简历后。我的性格开朗，工作与生活中有坚持、不断超越的精神，希望我的到来能给你们带来新的生机和活力。

点评　辅导前的自我介绍没把小刘的能力充分展示出来，辅导后的自我介绍包括了基本信息、拟应聘岗位、自身能力和特长等基本环节，用事实说话、用数字证明。

（二）自我介绍的注意事项

（1）目标明确。首先要说明你要应聘的岗位，做有针对性的能力陈述。

（2）针对性强。自我介绍的时间有限，应在最有限的时间内列举自身和岗位相匹配的能力和优势，并围绕岗位需求的条件进行陈述，删除不相关的信息，突出重点。

（3）仪态大方。洪亮的声音、抑扬顿挫的语调、从容自然的仪态、逻辑清晰且实事求是的阐述体现你的大方、自信和热情。

案例 6-8 自信的李丽

李丽是2007年毕业的硕士研究生，主修哲学。本科毕业后，曾有过两年的高中教学经历。在即将毕业找工作的过程中，恰逢某国际大公司招聘培训讲师。李丽经过精心准备，通过了笔试，在最后一关面试结束后，同学询问面试情况时，李丽非常确定地说她肯定能被公司录用。是什么让她对面试的结果如此自信呢？以下是她在面试中自我介绍的精彩表现。

尊敬的主考官：

您好！（面带微笑）

请允许我用几分钟时间做一下自我介绍。我叫李丽，是××大学即将毕业的硕士研究生，主修哲学专业。我要竞聘的岗位是培训讲师。我曾经有过两年的教学经历，学生们很喜欢上我的政治课。在政治课教学中，我曾经把贵公司企业经营的成功案例介绍给自己的学生，学生对贵公司的企业文化也很感兴趣，让他们受益匪浅。从报纸上得知贵公司招聘的消息，我想，如果能有机会深入贵公司，亲身感受贵公司的文化和管理，那将是一件多么幸运的事情。这次招聘会，贵公司是我投出简历的唯一一家公司，没有什么事情比加入贵公司更值得期待。

谢谢您！（自我介绍又以微笑结束）

过几天，那家大公司果然正式录用了李丽。

点评

李丽自我介绍的突出特点是有很强的针对性。她特别突出地强调了与岗位相匹配的教学实践经历，做到重点突出。课堂上引用企业的成功案例体现李丽对该公司的企业文化不是停留在了解的层面上，而是有着很深刻的研究和认同。只投一份简历的描述体现了她加盟公司的决心。相信任何一家公司都很难拒绝对企业如此钟情的求职者。

三、应对自如，成为企业招聘的不二人选

卡耐基曾说过："推销自己是一种才华，也是一门艺术。有了这种才华，你就能

安身立命，使自己处于不败之地。一旦学会了推销自己，就可以推销任何值得拥有的东西。”

面试的目的，主要是了解求职者的专业素养、思维能力和个人品德等。求职者必须通过简洁、坦诚而富有个性的语言及技巧充分展示自己的实力和素质。

案例 6-9 一次面试谈话

求职者:（敲门）

主考官: 请进!

求职者:（进门没马上坐下，保持目光接触，主动握手，微笑）您好！我是王林，听说贵公司要招聘机械施工员，我对这个岗位很感兴趣，想了解更多信息。

主考官: 啊，王先生，请坐。我叫宋强，是公司人事部负责人。

求职者: 我曾经与人事部的黄小姐谈过，她说公司需要一个较全面的机械施工员，对机械加工的质量进行整体管理。虽然我以前没有直接从事过机械施工员的工作，但我有十三年钳工工作经验，从小的零部件到大型机械设备的加工、装配，我都做过。而且，很多钳工以外的其他设备，我也熟悉并可以独立操作，如车床、刨床、磨床，还有电焊。一般的机械图纸我可以绘制，并按图施工。我业余进修绘图专业，并取得了绘图员岗位资格证，经考核合格我还取得了高级技术等级证书。我相信，我的经验和实践是可以胜任机械施工员这个职位的。

主考官: 还有吗?

求职者: 我工作勤奋，责任心强，能时刻听从领导安排。我原来在夕阳机械厂工作，如果不是企业破产，我是不会失业的。夕阳机械厂的劳资科刘科长可以证明我的情况。

主考官: 你还有什么问题吗?

求职者: 我想知道我是否能胜任这个岗位。

主考官: 我们一直想找一名学机械专业的。

求职者: 您提的这点很重要。现在不少单位招聘员工时都会将学历放在首位。但我觉得人的品格、经验及实际技能比学历更重要。尤其是施工员这样的职位，没有一定的实践经验和较全的机械知识是很难胜任的。我相信自己能胜任这个职位。

主考官: 你还有其他问题吗?

求职者: 没有了，我期待能尽快得到贵公司的答复。

主考官: 或许我过几天才能给你回复。

求职者: 好的。这是我的联系电话和个人资料。

主考官:（站起）好，我会尽快答复你。

求职者:（站起、微笑、主动握手）与您交谈很愉快。贵公司是我工作的首选。很希望能成为贵公司的一员。

点评

求职者有备而来，态度积极、主动，自信地推销自己，阐述了自己的特长和能力，让主考官了解他的工作经验和经历。建议对主考官要使用敬语。

四、掌握问答技巧，让问答镇定自如

（一）简明扼要

有些人在叙述一件事情时说了很多话，但还是没有把意思表达出来。听者花了很多时间和精力，仍然不知道他想说明什么。如果你也存在这种问题，一定要自己矫正。矫正最好的办法是，在说话之前，先在脑子里想好内容、理清思路，然后再把计划要说的东西讲出来。例如当主考官问你对公司的印象时，你可以这样回答：“我以前听说贵公司能让人发挥才能，现在是感受到贵公司能让人发挥才能。”所以，面试时要尽量用最简短的语言，传达尽可能多的信息量。无论是自我介绍还是回答问题，都要做到言简意赅，充满自信，举例精要，措辞简练，切忌絮絮叨叨，繁复冗长，口若悬河，答非所问。

（二）真诚朴实

展现自己，一定要客观，用事实说话，切忌炫耀吹嘘，应尽量从对方需要出发谈自己，不能无视对方而大谈自己。任何时候都不要说谎，因为任何一家用人单位都会对拟录用的求职者进行了解和调查。谎言最终只会害了自己。面试语言贵在真诚可信，要在充分展示个人优点和特长时，突出自己的思想境界和品德修养。

案例 6-10 某公司的面试故事

某公司因为业务需要准备在中国招聘 4 位高级职员。竞争是激烈的，凭着良好的资历和优秀的考试成绩，张先生荣幸地成为 10 名复试者之一。最后的面试由贝克先生主持。贝克先生是全球闻名的大企业家，从一个报童成长为某公司董事长、总经理，他的经历充满了传奇色彩。张先生一连几天，从英语口语、广告业务及穿戴方面都做了精心准备，以便向贝克先生顺利“推销自己”。

复试是单独面试。张先生一走进小会客厅，坐在正中沙发上的一位老外便站起来，正是贝克先生。戏剧性的一幕发生了:“是你？你是张。”贝克先生一脸惊奇，并激动地对在座的另外几位老外嚷道：“先生们，向你们介绍一下，这就是救我女儿的那位年轻人。”

震惊之余，张先生的心开始狂跳，脑子高速运转着。贝克先生继续热情洋溢地说：“很抱歉，那天我光顾着女儿了，没来得及向你道谢。”

张先生回过神来，抑制住狂跳的心，说道：“很抱歉，贝克先生，我想您是认错人了，我没有救过您女儿。”

贝克先生继续说：“肯定是你，我记得你脸上有颗痣，年轻人，你骗不了我。”“贝克先生，我肯定您弄错了。我没有救过您女儿。”张站起来，肯定地说。

看张说得坚决，贝克先生愣住了。忽然，他又笑了：“年轻人，我很欣赏你的诚实。现在，我决定，录取你了。”

几天后，张先生与新同事聊天，问起贝克先生女儿的救命恩人是否找到。同事一愣，随即说：“哦，有7个人因为贝克先生的女儿被淘汰了，可是，贝克先生根本没有女儿。”

点评

一个人如果在生活中的小事上都不能做到诚实，那么怎么能在原则性问题上做到坚守？细节体现一个人的品质，诚实的品质会赢得他人的尊重，赢得未来。

失足，你可以马上恢复站立；失信，你也许永难挽回。

——富兰克林

（三）突出个性

面试中，个性鲜明的语言和行为，能够给人留下深刻的印象，获得用人单位的青睐。具有独创精神的语言和行动，能够帮助我们在强手如云的求职竞争中脱颖而出。

案例 6-11 憨豆急中生智，关键时刻亮奇招

憨豆在成名前，到英国一家著名的马戏团应聘滑稽演员。考官面试出的题目是当场让人捧腹大笑。憨豆又讲笑话又演哑剧，可考官没有一人露出一丝笑意。憨豆急了，亮出绝招，转身打开面试房间的门，对着外面其他等候面试的应聘者们大叫：“喂，你

们都可以回家吃饭了！他们已决定录用我了！”这时，已经憋了很久的考官们一下大笑了起来。憨豆终于找到了一份可以发挥自己特长的工作，最终成为世界著名的滑稽大师。憨豆关键时刻急中生智，想出招聘方负责人欣赏的谋略，说出招聘方负责人欣赏的话语，做出招聘方负责人欣赏的事情，从而获得自己人生的重要拐点。

点评　悬崖上的花，越芬芳越无常。鲜明的个性展现了自信的人格魅力，恰当的场合恰当的展示，会带给人意料之外的惊喜。

（四）幽默机智

幽默是说话的一种技巧。幽默的谈吐使人感到被理解或受启发，也会使面试轻松自如，气氛融洽，富有情趣，给人留下好感。求职者在面试的过程中应采用积极的心态化被动为主动，适时恰当的幽默可化解紧张、尴尬的局面，体现自身的应变和睿智。

案例 6-12　一次尴尬的面试

一名男同学身着西装去参加一次重要的面试。公共汽车上人很多，挤掉了一枚西服扣子。主考官在问问题时有意问及为什么穿掉了扣子的西装，小伙子回答说：“我今天坐公共汽车时人多挤掉了。假如我是咱们公司的一员，我的形象已经严重影响到了公司的形象，请扣我百分之二十的薪水吧。”说完后，双方都心照不宣地笑了。

点评　诚实的态度、巧妙幽默的语言化解了尴尬，证明了自己的能力。

（五）适当提问

求职者面试中向主考官发问合适吗？主考官是否会反感？这种顾虑是多余的。面试中应聘者提问是应当的，必需的。很多主考官还是希望求职者提出问题的。关键是提什么问题？注意少问以自己为中心的问题，不问无关痛痒的问题，多问与职业岗位或与公司发展前景相关的问题。

（六）切忌滔滔不绝

面试时，求职者诚恳聆听，是必备的礼貌，主要通过主考官的发问及你的回答，让他了解你是否胜任工作。有个年轻人向著名的哲学家、演说家苏格拉底请教演讲术。他为了表现自己，便夸夸其谈、滔滔不绝，以求得到认可。谁知，他谈完之后，苏格拉底却让他交双倍的学费。那人不解，苏格拉底说："因为我要教你两门功课，一门是怎样演讲，一门是怎样闭嘴。"那人听了，脸色通红，不好意思地走了。

（七）不要任意插话

随意插话是很不礼貌的，应该让主考官把话讲完，恭恭敬敬地听，认认真真地想。学会倾听，不可随意打断话题，要耐心地等待主考官把话讲完后，再回答或阐明自己的意见。

（八）善于利用信息

求职者要想获得理想的职位，还必须对招聘单位的用人准则和职位特点做到胸中有数，因为只有这样才能在面试回答中，有的放矢，成功推销自己。

行动训练

训练一 传话游戏

训练要求：

（1）各组成员纵向排列。教师下发写有内容的纸条。小组第一名同学在指定的时间内记住纸条上的内容。老师收上纸条后，各组的第一名同学开始以口头的方式传递给第二名同学，以此类推，到最后一名同学，完成传话游戏。

（2）各组最后一名同学陈述听到的纸条内容，谈谈抓住关键信息记忆和准确表达的重要性。

训练二 我当"主考官"

训练要求：

（1）每位同学以"主考官"的名义针对应聘设置问题，把问题写在纸条上并上交。

（2）同学们以应聘者的身份抽签回答"主考官"的问题，教师给予点评和总结。

项目 3 求职礼仪——迈向职场的通行证

案例引导

情景面试看修养

公司要招一个办公室助理，办公室的几个同事一起讨论了招聘标准、职责和要求后，有人提议用情境面试的方式来试试，看看招聘的效果会怎样。

面试安排在早上 9 时，办公室的同事们基本上都在 8 时 50 分左右到的。按照之前设计好的招聘方案，办公室的四个人：小王在整理近期报纸；小张在打扫个人卫生；HR 王女士在看近期文件；小李待在隔壁的办公室，等到 9 时的时候，打电话给王女士，说老总要求尽快把报告整理出来，9 时 10 分必须给总经理。

三个面试者 A 君、B 君、C 君，都被通知面试时间在 9 时，他们的到达时间分别为 8 时 55 分、9 时 02 分和 9 时 10 分。

A 君来了，小王边让他在沙发上等等，边忙于整理报纸，告诉 A 君：他可以自己去倒杯水，看会报纸。A 君连忙道谢。看到小王在整理报纸，A 君说："反正现在也没事，我来帮您一块整理吧。"小王说："不必不必"，A 君说："您负责日期，我帮您按版面进行整理，这样会快些。"然后就干开了。

B 君到达后，打扫卫生的小张解释因为 HR 总监王女士有急事，需要他等等，面试 9 时 20 分开始。同样，也是告诉 B 君可以自己倒杯水，看会报纸。B 君说谢谢后，就规规矩矩地待在那里。这时，A 君忙倒了四杯水，给小王、小张和 B 君一人一杯，自己留了一杯。

看到 A 君在帮小王整理报纸，小张一个人在打扫卫生，B 君有些不自在，就拿了报夹上的报纸翻起来。

C 君 9 时 10 分到达。他是通过某一关系介绍过来的。进来后，冲着办公室里面的人点点头，自己就找位置坐下来。沙发边上杂志乱糟糟的，C 君胡乱翻了一下，抽出其中一本，跷着脚，看起来。

9 时 12 分，隔壁打电话的小李过来招呼打扫卫生的小张，要把办公室的一张桌子搬出去。

B 君看到桌子必须从沙发边搬出去，知道碍事，便站了起来；A 君又一副"我是男的，我可以帮忙"的架势来帮忙；而 C 君仍然跷着腿看杂志。

最后 A 君被录用了，并且在所在的岗位上很快获得了晋升。

案例启示

从面试中的行为来看，A君遵守时间，提前5分钟到场，体现出对招聘方的尊重。他行为举止彬彬有礼且乐于帮助别人，而办公室助理这样的岗位要求就是要灵活、善于协调和沟通、喜欢帮助人等。B君和C君都迟到了，B君老实、缺乏灵活性。C君从一开始就不值得录用，迟到且举止随意，他冷眼旁观这些事的态度也不可取。可见职场礼仪是一种重要的修养，它可以内化为一个人独特的气质，外化为有礼有力的行动，在职场中发挥着不可忽视的作用。

知识提升

一、仪表得体，留下清晰的第一印象

面试是与招聘单位主考官的正式接触。应试者应该懂得仪表的重要性，应试者留给考官的第一印象好坏将直接影响应聘结果。在求职中，毕业生必须按照职场的规则来着装。夏奈尔曾说过："当你穿得邋邋遢遢时，人们注意的是你的衣服；当你穿得无懈可击时，人们注意的是你。"

（一）女士妆容

1. 衣服的选择

选择职业装的时候也要注意颜色。黑色、深蓝、灰色等稳重的颜色是比较理想的选择，款式不要过于新颖前卫；如果买的是裙装，就一定要注意裙子的长度，不要在膝盖以上，裙子太短是不专业的表现，会给主考官的印象大打折扣；如果上衣是V领的，也要注意开口不能太低，如果很低的话，可以通过丝巾或者内衬上衣来弥补。

2. 饰物的佩戴

为了在过于素净的套装上做一些点缀来提点精神，女性可以选择一些小巧、精致的饰物来进行搭配。所配饰物不用名贵，面试评估表上招聘经理的评分与你身上佩戴饰物的市场价格并不构成正比。只要简单、明快、大方就可以了，过于扎眼和复杂的饰物反而会喧宾夺主，徒增累赘。

3. 妆的浓淡

一般去正规中外企业面试，女性需要稍微化一些淡妆，显得更有朝气。如果素面朝天地去面试，很容易因为"面黄肌瘦""灰头土脸"的本色而丢分。通常，女性至少应该在眉、唇、颊三个部位上稍下功夫。面色红润、朝气蓬勃才显得更有亲和力，更加干练，也更会受到同事及客户的尊敬。

4. 指甲

如果你不是艺术家，也不是阔太太，而是一个追求正规职业的女性，就不要涂指

甲油，不要留长指甲。作为求职的毕业生，一切装扮都应当以职业化为原则。你不妨观察一下正规公司的女性，她们很少有涂抹指甲油的，而且会经常修剪指甲。

案例6-13 没有文字的自荐书

我所在的单位要招聘一名电脑操作员。在人才交流中心，很多职专毕业的女学生都来应聘。和我同去的高主任对女学生们说："不要挤，不要着急，大家都有机会，从这边开始，请按顺序把你们的自荐书交上来。"女孩子们依次交上自己的自荐书，高主任一份份接过来，并不急着翻看里面的内容，却稍稍闪身，在每份自荐书上都用铅笔做了一个标记。自荐书收完以后，高主任说："好，现在我开始念名字，被念到的人明天到我们单位参加面试。"我注意到，他念的名字都是做了圆圈标记的，而三角标记的都被他舍弃了。

等女同学们或欣喜或沮丧地离去，我迫不及待地问主任："您都没看里面的内容，是以什么标准选人的呀？"

高主任微微一笑，说："我给你讲个故事吧。有个外国老妇人要招一个园丁。她不听应聘者夸耀自己的技术如何高，干活如何卖力，却让他们把平常劳动时穿的工装裤拿来给她看。在几条工装裤面前，她很快就选出了自己最满意的人选。你知道她是如何挑选的吗？她舍弃了那个在裤子的屁股上打了补丁的人，因为这样的人太懒惰，平常总是坐着。她录用的是在裤子的膝盖处打了补丁的人，因为这样的人勤快，每天都或蹲或跪地干活，自然就磨损了膝盖部位。刚才我收女孩子们的自荐书，其实是借机观察她们的手。那些指甲长长尖尖、涂得五颜六色的女孩子，一看就不是干活的料。你想，她如果整天敲键盘，哪能留这么长的指甲呢？这样的女孩子根本做不了好的电脑操作员。"

我恍然大悟，原来，应聘者除了那一份白纸黑字的自荐书以外，还有一份比有形的文字更有说服力的"自荐书"，它是膝头补丁说出的勤劳，是朴素的指甲道出的敬业，是一种藏不住的精神。

点评 你的一举一动都带有你生活方式、行为方式的烙印，这是一份无声的自荐信。所以要注重行为方式的培养和外在形象的塑造，你是你自己最好的证明。

（二）男士着装

西装通常是公司企业从业人员、政府机关从业人员在较为正式的场合男士着装的一个首选。其之所以长盛不衰，很重要的原因是它拥有深厚的文化内涵。主流的西装文化常常被人们打上“有文化、有教养、有绅士风度、有权威感”等标签。

西装也一直是男性服装王国的宠物，“西装革履”常用来形容文质彬彬的绅士俊男。西装的主要特点是外观挺括，线条流畅，穿着舒适。若配上领带或领结后，则更显得高雅典朴。

穿着西装时应注意三个“三”：

三色原则：穿西装时，包括上衣、西裤、衬衫、领带、鞋子、袜子在内，全身的颜色不宜超过三个色系。

三一定律：男士在重要场合穿西装时，身上要有三个要件是同一个颜色。这三个要件分别是鞋子、皮带、公文包，而且首选是黑色。

三大禁忌：其一，袖子上的商标不能不拆掉。买到西装后的第一件事，就是让服务生帮你把商标拆掉。其二，重要的涉外商务交往中忌穿夹克时打领带。夹克一般属于休闲装，一般来说，和领带这种正装搭配，并不协调。其三，忌穿白袜子和尼龙袜子。穿西装、皮鞋的时候，袜子和皮鞋是一个颜色最好看，绝不可穿浅色或者花色的，否则会显得不伦不类。另外，袜子最好选择棉袜或毛袜，而不宜选择尼龙袜。尼龙袜不吸湿，不透气，容易产生异味，会妨碍社交。

西装讲究宁长勿短，衬衫袖口比西服袖口长约 1 ～ 2 厘米。背部的长度要盖过臀部，长约 3 ～ 5 厘米。标准的西裤长度为裤管盖住皮鞋。

西装的扣子是不能全扣上的。如果是两粒扣的，只能扣上面的一个；如果是三粒扣的，只能扣最上面的两个。

领带是西装的灵魂。凡是参加正式交际活动，穿西装就应系领带。领带长度以到皮带扣处为宜，如穿马甲或毛衣时，领带应放在它们后面。最好的领带，应当是用真丝或羊毛制作而成的，以涤丝制成的领带有时也可以选用。除此之外，由棉、麻、绒物制成的领带均不宜佩戴。

选好了领带，再选衬衫。一般而言，领带上的图案应该比衬衫上的更显眼。有时可以选择图案都很鲜明的衬衫和领带。但是，千万不要让衬衫上的图案压过领带上的。领带的颜色搭配很重要。

领带的经典搭配：永恒的时尚搭配是白色或浅蓝色衬衫配单色或有明亮图案的领带。这是永不过时的领带的颜色搭配，而且适合任何场合。

二、举止优雅，体现良好的内在修养

（一）把握进屋时机

如果没有人通知，即使前面一个人已经面试结束，也应该在门外耐心等待，不要擅自走进面试房间。自己的名字被喊到，就有力地答一声“是”，然后再敲门进入，敲两三下是较为标准的。敲门时千万不可敲得太用劲，以里面听得见的力度。听到里面说：“请进”后，要回答：“打扰了”再进入房间。开门关门尽量要轻，进门后不要用后手随手将门关上，应转过身去正对着门，用手轻轻将门合上。

（二）专业化的握手

面试时，握手是最重要的一种身体语言。专业化的握手能创造出平等、彼此信任的和谐氛围。怎样握手，握多长时间，这些都非常关键的。在主考官的手朝你伸过来之后就握住它，要保证你的整个手臂呈L形（90度），有力地摇两下，然后把手自然地放下。握手应该坚实有力，有“感染力”。双眼要直视对方，自信地说出你的名字，即使你是位女士，也要表示出坚定的态度，但不要太使劲，更不要使劲摇晃。

（三）无声胜有声的形体语言

正如“模块四　学会有效沟通”中所说，个人给他人留下的印象，7%取决于用词，38%取决于音质，55%取决于非语言交流。非语言交流的重要性可想而知。在面试中，恰当使用非语言交流的技巧，将为你带来事半功倍的效果。

除了讲话以外，无声语言是重要的公关手段，主要有：手势语、目光语、身势语、面部语、服饰语等。通过仪表、姿态、神情、动作来传递信息，在交谈中往往起着有声语言无法比拟的效果，是职业形象的更高境界，比如面部表情的适当微笑，就显现出一个人的乐观、豁达、自信；服饰的大方得体、不俗不妖，能反映出大学生风华正茂，有知识、有修养，青春活泼，独有魅力。它可以在考官眼中形成一道绚丽的风景，增强你的求职竞争能力。

1.“如钟”坐姿显精神

进入面试室后，在没有听到“请坐”之前，绝对不可以坐下，等考官告诉你“请坐”时才可坐下，坐下时应道声“谢谢”。坐姿也有讲究，“站如松，坐如钟”，面试时也应该如此，良好的坐姿是给主考官留下好印象的关键要素之一。坐椅子时最好坐满三分之二，上身挺直，这样显得精神抖擞；保持轻松自如的姿势，身体要略向前倾。不要弓着腰，也不要把腰挺得很直，这样反倒会给人留下死板的印象；应该很自然地将腰伸直，并拢双膝，把手自然地放在上面。有两种坐姿不可取：一是紧贴着椅背坐，显得太放松；二是只坐在椅边，显得太紧张。这两种坐法，都不利于面试的进行。要表现出精力和热忱，松懈的姿势会让人感到你疲惫不堪或漫不经心。切忌跷二郎腿并不停抖动，两臂不要交叉在胸前，更不能把手放在邻座椅背上或加些玩笔、摸头、伸舌头等小动作，容易给别人一种轻浮傲慢、有失庄重的印象。

2. 眼睛是心灵的窗户

面试一开始就要留心自己的肢体语言，特别是自己的眼神。对主考官应全神贯注，目光始终聚焦在面试人员身上，在不言之中，展现出自信及对对方的尊重。眼睛是心灵的窗户，恰当的眼神能体现出智慧、自信及对公司的向往和热情。注意眼神的交流，这不仅是相互尊重的表示，也可以更好地获取一些信息，与主考官的动作达成默契。

正确的眼神表达应该是：

礼貌地正视对方，注视的部位最好是考官的鼻眼三角区（社交区）；目光平和而有神，专注而不呆板；如果有几个主考官在场，说话的时候要适当用目光扫视一下其他人，以示尊重；回答问题前，可以把视线投在对方背面墙上，约两三秒钟做思考，不宜过长；开口回答问题时，应该把视线收回来。

3. 微笑的表情有亲和力

微笑是自信的第一步，也能为你消除紧张。面试时要面带微笑，亲切和蔼，谦虚虔诚，有问必答。面带微笑会增进与主考官的沟通，会百分之百地提高你的外部形象，改善你与主考官的关系；赏心悦目的面部表情，应聘的成功率远高于那些目不斜视、笑不露齿的人。不要板着面孔，苦着一张脸，否则不能给人以最佳的印象，争取到工作机会。听对方说话时，要时有点头，表示自己听明白了或正在注意听，同时也要不时面带微笑，当然也不宜笑得太僵硬，一切都要顺其自然。表情呆板、大大咧咧、扭扭捏捏、矫揉造作，都是一种美的缺陷，破坏了自然的美。

4. 适度恰当的手势

说话时做些手势，加大对某个问题的形容和力度是很自然的，可手势太多也会分散人的注意力，需要适度配合表达。

在求职中控制好自己的手和胳膊是十分重要的，我们来看看手会传递出什么样的信息。

（1）两臂交叉在胸前，说明对对方的抗拒，不愿接受对方或藐视对方。

（2）抓后脑勺、抓头、抓脖颈，这些动作说明求职者很慌乱，心中无数且紧张不安。

（3）双手自然交叉，手心面对自己，显得坦率和诚实。

（4）揉眼睛、挠耳朵、皱鼻子这些小动作在不经意中透露了你的烦恼、不解和困惑。

（5）两手紧拧在一起或不停地相互揉搓，让招聘官清晰地感受到了你的焦虑和紧张。

要克服不适当的手部动作并不难，关键是要学会自然放松，保持轻松自在的坐姿。

行动训练

训练一 职业礼仪操训练

训练要求：

（1）课后各组自编一套与未来职业有关的礼仪操，并集体练习。

（2）按教师规定时间，各组在全班面前表演各具特色的职业礼仪操，并解说创意。

训练二 模拟招聘训练

训练要求：

（1）各组成员分别扮演招聘人员和应聘者，模拟招聘情景，使用求职礼仪。表演结束后，其他小组派代表进行点评。

（2）以小组为单位，各组讨论求职过程中的常见问题及应对方案，并派代表谈谈讨论结果，教师给予点评和总结。

同步校园活动：职业礼仪大赛

活动要求

（1）“职业礼仪”大赛由院团委主办，各分院承办。比赛分为初赛、复赛两个阶段，初赛由各分院组织并推荐选手组成代表队参加决赛；决赛由院团委组织，在各分院之间展开角逐。

（2）举办“职业礼仪”大赛旨在提升大学生自身素质，增强大学生职业礼仪修养。比赛共分为自我介绍、礼仪短剧、才艺展示三个环节，同学们可以通过比赛努力塑造最佳的职业礼仪形象，结合行业和企业要求演绎职业礼仪规范，展现大学生多才多艺的青春风采。

拓展阅读

阅读一 面试中的常见难题

1. 你希望得到的薪水是多少

面试时，招聘者会针对应聘者的心理，提一些较难回答的问题来检测应聘者的综合能力。有些问题看似非常简单，实则危机四伏，一不小心会使自己陷入困境。如果你对薪酬的要求太低，那么你的能力就会受到怀疑；如果太高，公司用不起；如果不假思索，报一个数字，会让人觉得你唐突。所以在面试前对要从事工作的大约薪酬有所了解，不慌不忙地说：“我听别人说这个职位的薪酬大概是……”这样的回答有回旋的余地。如果事前无法了解到相关信息，礼貌性地反问也不失为一种好的方法。

2. 请你谈谈你自己

这个题目很大，也是面试开场白较典型的问语。首先，回答的重点应该放在工作业绩、专业水准、特殊技能及潜在能力和发展方向上。不要以为招聘者对你个人私事感兴趣，便说一大堆跟工作无关的琐事。其次，以实例证明你的言论。回答问题要中心突出，最好举出一些特殊的例子，强调取得的成就。最后，言简意赅地总结。自我介绍一般不要超过三分钟，回答完毕后，最好询问招聘者，是否还需要介绍自己别的方面的信息。

3. 你如何评价自己的优缺点

这也是较棘手的问题。招聘者实际上是要看求职者是否对自己能做出客观的评价，判断求职者的价值观，了解求职者的优劣势。因此，应聘者介绍自己的长处时不要过分谦虚，要举例说明并结合所应聘的岗位谈自己的优点。暴露缺点时，做到适度、婉转，并能提供改善自己不足的方法。

参考回答："我认为自己最大的优点有一个高度理性的头脑，能够从混乱中整理出头绪来。我最大的弱点是，急于完成任务，缺乏足够的耐心。我相信我的组织才能可以帮助企业更快地实现目标，而且有时候，我处理复杂问题的能力也能影响我的同事。"或"我的学习能力、适应能力很强，人际关系很好，可是我投入工作就旁若无人，会忽略了周围的问候招呼等，可能让人产生了误会。"

4. 你为什么想到本公司工作

这类问题相似的问法还有"为什么应聘这份工作？""你对我们公司有多少了解？""你为什么想为我们工作？""你认为这份工作最吸引你的是哪些地方？不吸引你的是哪些地方？"等。

这个问题是问你到公司工作的动机是什么，进公司想干什么。据此发现求职者对应聘岗位的了解程度和求职诚意，并在此基础上判断你是否对获得这个职位有足够的动力和自信心。比较蹩脚的回答是："贵公司工作环境好，福利设施完备。"应围绕"公司提供的难得的机会或最符合自己的经历、能力"这方面谈。要让招聘者知道，你愿意并有能力效力于公司的充分的理由，比如你通过调查分析了公司的产品在市场上的优劣势，以表示对公司的关注及对求职岗位的盼望。

参考回答："从我的经历来看，我能够胜任贵公司这一职位。我一直在关注贵公司，也一直希望能有这样的面试机会。我拥有的技能可以证明我非常适合这一职位，比如，……"（事例证明）。

5. 谈谈别人对你的评价

类似的问法还有"你身边的人都要怎样评价你？""你和同事（朋友）怎样相处？""你会帮助自己的竞争对手吗？""能介绍你的朋友吗？"等。

这类问题也是要了解求职者的人品、性格、价值观、人生态度等，与招聘者的两种期望有关：一是你是否容易相处；二是主考官可能会在录用之前咨询你简历上的证明人，看看是否与你说的一样。这时你应该坦诚且要有策略，不能什么都讲，两三点足矣。要向考官表明自己是一个积极向上的人，有良好的个人修养，待人诚恳，讲信用，有责任感，值得信赖。一定要提供一个真实的事例，虚假的事例只会损害自己的形象。

参考回答："我很重视自己身边的每一个人，在我看来彼此之间的信赖是最重要的，即使是一个充满竞争的环境中，我都尽力照顾和我在一个团队里的人。进入一个新的团队，我会想办法了解每一个人的长处；当他们有困难时我会伸出援助之手，当然在需要时我也会向他们求助。"

6. 你对以后有什么打算

相似问题有"如果你被录用了，你将如何开展工作？""为了实现自己的目标你会怎样努力工作？”“你个人的长期和短期目标分别是什么？你是如何确定这些目标的？你准备怎样实现这些目标？”“你在五年内的个人目标和职业目标分别是什么？”等。

这个问题一是考察你能否把工作长久地干下去；二是考察你的志向是否好高骛远；三是考察你对生活、工作的计划性，了解求职者的工作、组织、管理、计划能力等。同时通过回答确认求职者是否是一个努力工作的人，最终判断求职者是否适合该岗位需求。你应根据自身情况，就一点出发，简单作答。关键在于要显示自己履行责任的意愿和能力，并能通过具体的案例反映自己的计划和组织能力，同时要表明自己管理个人事务的能力及对未来的设计规划能力。

参考回答：“同所有现实目标一样，我的目标经常改变。不论在长期还是短期，我的个人策略是根据当前评价自己所处的位置，然后相应地修改自己的计划。比如，我每五年就制定一项个人计划，这个计划中包含一个总体目标和一系列短期目标。每六个月我就回顾一下自己的进展，然后做出必要的修改。很明显，我当前的计划就是实现职业转变，也就是找到更满意的工作。除此之外，我已经实现了近期制定的个人目标。”

阅读二 网络求职注意事项

1. 不登录非正规的网站

一般而言，正规网站上的招聘信息来源比较可靠。在校的大学生尽量在高校就业网上寻找自己满意的职位，因为学校会对招聘单位的资质与招聘信息的合法性、真实性和有效性进行严格审查。

2. 不向任何网上“雇主”发送个人重要资料

个人的重要资料包括身份证号码、信用卡号及银行账号等。由于网络的安全性还无法控制，个人或企业在网络上输入的信息有可能被他人窃取、利用，造成损失。

3. 不盲目地发送自己的简历

网上的信息量很大，自己要有准确的定位，根据个人的专业、爱好、特长，有目标、有方向地向招聘单位求职，否则会让你疲于奔走，应接不暇。

4. 不同时应聘同一单位的数个不同岗位

不少大公司的软件系统会直接删除应聘信息含糊不清的简历。这样做容易给招聘单位留下随意、不专业的不良印象，甚至认为你缺乏必要的诚意和诚信。

5. 不以同一份简历来应聘不同的公司或不同的职位

简历的作用，是让招聘单位在最短的时间里获得应聘者的最多的有用信息。针对不同的岗位要求，量身定做求职语句，表现出你对该行业的了解，以及对该岗位工作的重视。

6. 不申请不符合自己实力的职位

衡量自己所申请的职位是否和自己简历中的描述相称，如果学历、工作经验、年龄、职称、认证等条件只有一至两项符合的话，很可能第一轮就被按照条件设置进行检索的HR们淘汰。

7. 不以附件的形式来发送自己的求职简历

某些招聘单位的电脑无法打开附件，有的附件会感染病毒也不会打开。最好按公司网站招聘的要求直接发送，或者用纯文本格式。

8. 不以很高的频率发送简历

避免在一周内重复发送简历至一家公司，这种行为很可能引起招聘单位的反感从而过滤掉你的邮件，让大好的工作机会白白溜走。

9. 不忽视已经发送的简历

最好对发出的简历做一份跟踪档案，分类并随时关注它的进展，要记录下应聘公司的信息。如果你在接到面试通知时满头雾水或者张冠李戴，招聘公司很可能会因为你的没有用心而就此取消面谈。

模块七

规划职业生涯

素养提升目标：1. 具备规划职业生涯的能力；
2. 学会适应职场环境，不断提升自身修养。

项目 1　规划职业生涯，做好充足准备

案例引导

找到你生命中的北斗星

现在，比塞尔是西撒哈拉沙漠中的一颗明珠，每年有数以万计的旅游者来到这儿。可是在肯·莱文发现它之前，这里是一个封闭而落后的地方。这儿的人没有一个走出沙漠，据说不是他们不愿意，而是尝试过很多次都没能走出去。

肯·莱文用手语向这儿的人问原因，结果所有人的回答都一样：从这儿无论往哪个方向走，最后都还是回到出发的地方。肯·莱文当然不相信，于是他做了一次试验。他什么也没带，从比塞尔村向北走，结果用了不到 10 天，就走了出来。

比塞尔人为什么走不出来呢？为了解开这个谜底，肯·莱文雇了一个比塞尔人阿古特尔，让他带路，看看到底为什么。他们带了半个月的水，牵了两峰骆驼。肯·莱文照例把指南针等现代设备收起来，只拄一根木棍跟在后面，也从不对带路者发号施令。

10 天过去了，他们走了大约 800 英里（约 1287.47 公里）的路。第 11 天的早晨，他们果然又回到了比塞尔。这一次肯·莱文终于明白了，比塞尔人之所以走不出大漠，是因为他们根本就不认识北斗星！

在一望无际的沙漠里，一个人如果只凭感觉往前走，他会走出许多大小不一的圆圈，最后的足迹十有八九是一把卷尺的形状。比塞尔处在浩瀚的沙漠中间，方圆几百里没有一点参照物，若不认识北斗星，又没有指南针，想走出沙漠，确实非常困难。

肯·莱文在离开比塞尔前，把阿古特尔叫到面前，指着北斗星告诉他：只要你白天休息，夜晚始终瞄准天空上那七颗星的方向走，就能走出沙漠。阿古特尔照着去做，三天后果然平生第一次来到了大漠边缘。阿古特尔因此成为比塞尔的开拓者，他的铜像被竖在小城中央。铜像的底座上刻着一行字：新生活是从选定方向开始的。是的，每个人的事业也是从选定方向和目标开始的。

案例启示

在生活中，许多人之所以不能成功，缺少的不是能力，而是正确的方向和明确的目标。成功者与平庸者的区别在于：成功者始终有一个明确的目标、清晰的方向，并且自信心十足，勇往直前地走向前方；而平庸者却是终日浑浑噩噩、优柔寡断，迈不开决定性的一步。

这个故事告诉我们：“新生活是从选定方向开始的”。你的生活目标选定了吗？你生命中的北斗星在哪里？如果你还没确定，如果你想开拓自己的美好新生活，那你就及早选择吧。

知识提升

一、职业生涯规划促进人生目标的实现

当今社会处在变革的时代，到处充满激烈的竞争。物竞天择，适者生存。职场挑战不断，要想在激烈的竞争中脱颖而出并立于不败之地，必须规划好自己的职业生涯。

不少大学毕业生不是首先做好自己的职业生涯规划，而是拿着简历与求职书到处乱跑，总想着会碰到好运气，找到好工作，结果浪费了大量的时间、精力与财力，到头来感叹招聘单位不能慧眼识英雄，叹息自己英雄无用武之地。其实，这与他们没有充分认识到职业生涯规划的意义和重要性有很大关系。很多学生认为职业生涯规划纯属纸上谈兵、费时费力，他们没有奋斗目标，随波逐流，对自己的未来盲目地充满信心，最终导致到毕业找工作时才发现自己并不能满足专业的要求、社会的需要，造成了“毕业即失业”这一严重的社会现象。

你今天站在哪里并不重要，但是你下一步迈向何方却很重要。

——佚名

案例 7-1 人生就像爬楼梯

有两兄弟，他们住在一幢公寓楼里。一天，他们一起去郊外爬山。傍晚时分，他们爬山归来，回到公寓楼的时候，发现大厦停电了。这真是一件令人沮丧的事情！这两兄弟是住在大厦的顶楼——八十楼！！！两兄弟还都背着大大的登山包！但看来，别无选择！于是，哥哥对弟弟说：“我们爬楼梯上去吧。”他们就背着一大包行李开始往上爬。

到了二十楼的时候，哥俩觉得累了。弟弟提议说："哥哥，行李太重了，不如这样吧，我们把它放在二十楼，我们先上去，等大厦恢复电力，我们再坐电梯下来拿吧。"哥哥一听，觉得这主意不错："好啊。弟弟，你真聪明呀！"于是，他们就把行李放在二十楼，继续往上爬。卸下了沉重的包袱之后，两个人觉得轻松多了。他们一路有说有笑地往上爬。

到了四十楼，两人又觉得累了。想到只爬了一半，还有四十楼要爬。两人就开始互相埋怨，指责对方不注意停电公告，才会落到如此下场。他们边吵边爬，就这样一路爬到了六十楼。

到了六十楼，两人筋疲力尽，累得连吵架的力气也没有了。哥哥对弟弟说："算了，只剩下最后二十楼，我们就不要再吵了。"于是，他们一路无言，安静地继续往上爬。

终于，八十楼到了。到了家门口，哥哥长吁一口气，摆了一个很酷的姿势："弟弟，拿钥匙来！"弟弟说："有没有搞错？钥匙不是在你那里吗？！"原来，钥匙还留在二十楼的登山包里！

点评

这个故事其实是在反映我们的人生。二十岁之前，我们活在家人、老师的期望之下，背负着很多压力，不停地学习、考试、升学，就好像是背着一个很重的登山包，加上自己也不够成熟，能力不强，所以走得很辛苦。二十岁以后，从学校毕业出来，踏上工作岗位，开始自己的职业生涯，自己喜欢做什么就做什么，想怎么做就怎么做，就好像是卸下沉重的包袱。所以说，从二十岁到四十岁，是一生中最愉快的二十年。到了四十岁，人到中年，发现青春早已逝去，但又有很多遗憾，于是开始抱怨，骂老板不识货、怪家人不体恤、埋怨政府、埋怨国家、埋怨社会……就这样在抱怨和遗憾中又过了二十年。到了六十岁，发现人生所剩不多，于是告诉自己，不要再埋怨了，珍惜剩下的日子吧。于是，默默走完自己最后的岁月。到了生命的尽头，突然想起：好像有什么忘记了。是什么呢？是你的钥匙，你人生的关键。你把你的理想、抱负、规划都留在二十岁，没有完成。

想一想，是不是你也要等到四十年之后、六十年之后才追悔莫及？想一想，你希望将来的自己和现在的自己有哪些不同？我们究竟想要什么？我们如何把“我想做的事情”和“我能做的事情”有机结合起来？我们要未雨绸缪，先做好职业生涯规划，有了清晰的认识与明确的目标之后再把求职活动付诸实践。磨刀不误砍柴工，这样的效果会好得多，也更经济、更科学。

二、认知职业生涯规划

职业生涯规划是针对个人职业选择的主观和客观因素进行分析和测定，确定个人的奋斗目标并努力实现这一目标。大学生职业生涯规划就是在明确自己兴趣、爱好的前提下，在认真分析个人性格特征的基础上，结合自己的专业特长和知识结构，对将来从事的工作所做的方向性的探索方案。它是求职就业乃至将来职业升级的关键环节。

其实，职业生涯规划就是帮助我们理顺以下几个问题：你打算选择什么样的行业？什么样的职业？什么样的组织？达到什么样的成就？想过一种什么样的生活？如何通过你的学习与工作达到以上的目标？

三、做好职业生涯规划的准备工作

做好职业生涯规划应该从以下两方面入手：

（一）认知自我

分析自己适合从事哪些职业 / 工作，是职业生涯规划的关键和基础。回答这个问题，要考虑以下几方面的因素：

1. 所处的职业发展阶段

（1）探索阶段：15 ~ 24 岁之间，可以多做些学习、尝试和探索，在学习和工作中摸索出个人的职业兴趣，逐步找到最适合自己的职业，在校大学生处在这一阶段。

（2）确立阶段：24 ~ 44 岁之间，这一阶段是大多数人工作周期中的核心部分。这一阶段包括了三个子阶段：尝试子阶段（25 ~ 30 岁之间）、稳定子阶段（30 ~ 40 岁）、职业中期危机子阶段（在 30 多岁和 40 多岁之间的某个时段上）。

（3）维持阶段：45 ~ 60 岁，不宜做过多的尝试，而应认真分析，明确自己的职业兴趣、职业理想等，选择本人有优势的职业，做长远的打算。

（4）下降阶段：60 岁以上，退休临近的时候。

这里的年龄阶段划分还应该针对不同的职业加以区分。例如，在中国，作为职业足球运动员，30 岁已经该退休了，而作为教师，30 岁还是非常年轻的。

2. 兴趣的自我认知

爱迪生几乎每天都在实验室里工作十几个小时，在那里吃饭、睡觉，但丝毫不以为苦，“我的一生从未间断过一天工作”，他宣称“每天快乐无穷”。一个人如果能根据自己的兴趣去选择职业生涯，他的主动性将会得到充分发挥，即使疲倦和辛劳也总是兴致勃勃，即使面对困难也毫不丧气，甚至废寝忘食、如痴如醉。

职业兴趣可以是对某一职业的向往，也可以是从某一职业中得到的幸福感和满足感。人们很早就意识到了兴趣对职业选择的重要影响。一个人如果为了自己感兴趣的职业和喜欢的工作，会废寝忘食，即使遇到一些困难也不会轻易退缩。相反，如果做不喜欢的工作，就很难有持久的工作热情。可见，兴趣对于能否在工作中充分发挥潜力，能否长期从事这个职业，起着重要的影响作用。职业兴趣的探索是认知自我的重要方面，要搞清楚这个问题，需要一个过程。因为大多数大学生理解的职业兴趣或许只是一种朦胧的认识，只有少数人的职业兴趣是来自于对职业的充分认知或亲身体验的。另外，职业兴趣的产生不仅仅取决于职业本身，还与职业以外的因素有关。虽然职业成千上万，比较复杂，一时难以全面掌握，但可以从自己的职业兴趣的角度出发进行选择。通常，我们把职业选择与职业兴趣的关联性分为以下几种情况：

（1）愿意与事物打交道。喜欢同事物打交道，而不喜欢与人打交道。相应的职业有制图、工程技术、勘探、会计、出纳、建筑、机械制造等。

（2）愿意与人接触。喜欢与人交往，对销售、传递信息、采访一类的活动感兴趣。相应的职业有推销员、教师、行政管理人员、外交联络、记者、服务员等。

（3）愿意做有规律的工作。喜欢常规的、有规则的活动，习惯于在预先安排好的程序下工作。相应的职业有邮件分类、办公室工作、打字、统计、档案管理、图书管理等。

（4）喜欢从事社会福利和助人的事情。乐意帮助别人，试图改善他人的状况，帮助他人排忧解难。相应的职业有医生、护士、律师、咨询人员、科技推广人员等。

（5）愿意做领导和组织工作。喜欢掌管一些事情，希望受到众人尊敬和获得声望，在单位中担任重要职务。相应的职业有各级各类组织的领导管理者，如行政人员、企业管理干部、学校领导等。

（6）喜欢研究人的行为。对人的行为举止和心理状态感兴趣，喜欢谈论人的问题。相应的职业大都是研究人、管理人的工作，如心理学、政治学、思想政治教育、人类学、人事管理、行为管理等。

（7）喜欢从事科学技术工作。对需要分析、推理、测试的活动感兴趣，擅长于理论分析，喜欢独立地解决问题，也喜欢通过实验发现问题。相应的职业有生物、化学、工程学、地质学、物理学等。

（8）喜欢抽象的和创造性的工作。对需要想象力和创造力的工作感兴趣，喜欢独立地工作，对自己的学识和才能颇为自信，乐于解决抽象的问题，而且急于了解周围的世界。相应的职业大都是科学研究和实验室工作。

（9）喜欢操作机器的技术工作。对运用一定技术、操作各种机械、制造新产品或完成类似任务感兴趣。喜欢使用工具，特别是喜欢大型的、马力强的、先进的机器，喜欢具体的东西。相应的职业有飞行员、驾驶员、机械制造、建筑、石油、煤炭开采等。

（10）喜欢具体的工作。希望能很快看到自己的劳动成果，愿意从事制作能看得见、摸得着的产品的工作，并从完成产品中找到满足感。相应的职业有室内装修、园林、手工制作、机械维修、厨师、美容、理发等。

我们可以通过约翰·霍兰德职业兴趣理论了解自己的职业兴趣。不同的人有不同的兴趣和个性，我们称其为人格特征，不同的人格特征适合从事不同的职业，约翰·霍兰德将其分为六种职业兴趣类型：社会型、研究型、实际型、常规型、企业型和艺术型。每一种职业类型适合于特定的若干职业。通过一系列测试，可以确定一个人的职业兴趣。职业者如果确定了自己的职业兴趣，就可以从对应的若干职业中选择。

一个人在与其人格类型相一致的环境中工作，容易感受乐趣和内在满足，最可能充分发挥自己的才能。

——霍兰德

3. 能力的自我认知

能力是一个人职业发展最为现实的方面，是能否进入职场的先决条件以及能否胜任职业工作的主观条件。无论从事什么职业总要有一定的能力保证。人在其一生中要进行各种各样的职业活动，必须具备多种能力与之相适应。

一般认为，与职业选择、职业发展相关的能力可以分为三个层次。第一个层次为一般能力，诸如言语理解能力、判断推理能力、数量关系把握能力等，它可以反映一个人是否具有职业发展的潜力，一般能力的高低几乎影响到所有职业活动的效能。第二个层次为管理能力和人际交往能力。这两类能力对于许多职业活动有重要的影响，它们的高低在一定程度上决定了人们职业选择的范畴。第三个层次为专门能力和技能，如处理法律事务的能力、电工操作技能等，它们只对某类特定的职业活动有影响。大学生正处于能力的提升期，因此，我们应该根据自己的能力倾向特点加强学习，努力提升自己的能力。

知人者智，自知者明。

——老子

（二）职业环境分析

每个人都生活在一定的环境中，其成长与发展都与环境息息相关。在制定个人的职业生涯规划时，要分析职业环境的特点、职业环境的发展变化、自己与职业环境的关系、自己在特定职业环境中的地位，职业环境对自己提出的要求或挑战以及职业环境对自己的有利条件与不利条件等。只有对这些职业环境因素充分了解，才能做出与职业环境相适应的职业生涯规划，才能做到在复杂的职业环境中趋利避害，使自己的职业生涯规划得以实现与发展。

国家经济的发展和科技的进步，会引起社会职业结构的变化，新的职业会出现，一些职业会衰退，或是有些职业虽然存在，但其相关属性和内涵已经发生了变化。

是否能预测一种职业的发展趋势，是否能预测职业内涵的演化以及对一种职业是否有深刻的认识，关系到我们能否在把握社会环境变化的基础上，为自己人生的发展找到或创造适宜的职业平台，从而有效地规划职业生涯。社会发展的趋势对目前所从事的职业有何影响和需求？所选择的职业是不是社会越来越需求的职业？在此行业里，企业是否具有竞争力和发展机会？如何让自己在选择的职业中保持核心竞争力？可能的风险是哪些？……我们可以通过对社会环境、行业环境、组织环境（包括校园环境、家庭环境、企业环境）以及岗位环境等有效的职业环境分析得到答案。

在以上对自我和对环境的综合分析和认识的基础上，我们就可以给自己做职业生涯规划了。

四、制定职业生涯规划

最简单的职业生涯规划方法，是归零思考的方法，就是通过认真思考、回答六个问题，找到它们之间的最高共同点，来规划自己的职业生涯。这六个问题分别是：

我是谁？

环境评估、环境支持或允许我做什么？

我想做什么？

我的路线是什么？

我怎么做？

我如何能做得更好？

（一）自我评估（我是谁？）

自我评估包括对自己的兴趣、特长、性格的了解，也包括对自己的学识、技能、智商、情商的测试以及对自己思维方式、思维方法、道德水准的评价等。自我评估的目的，是认识自己、了解自己，从而对自己所适合的职业和职业生涯目标做出合理的抉择。

（二）职业生涯机会的评估（即环境评估、环境支持或允许我做什么？）

职业生涯机会的评估，主要是评估周边各种环境因素对自己职业生涯发展的影响。在制定个人的职业生涯规划时，要充分了解所处环境的特点、掌握职业环境的发展变化情况、明确自己在这个环境中的地位以及环境对自己提出的要求和创造的条件等。只有对环境因素充分了解和把握，才能做到在复杂的环境中避害就利，使你的职业生涯规划具有实际意义。环境因素评估主要包括组织环境、政治环境、社会环境、经济环境。

世界上有成就的人都是能放开眼光找他们所需要的境遇的人，要是找不着，就自己创造。

——萧伯纳

案例 7-2 **所长无用**

有个鲁国人擅长编草鞋，他妻子擅长织白绢。他想迁到越国去。

友人对他说“你到越国去，一定会贫穷的。”

“为什么？”

“草鞋，是用来穿着走路的，但越国人习惯于赤足走路；白绢，是用来做帽子的，但越国人习惯于披头散发。凭着你的长处，去用不到你的地方，怎么能不贫穷呢？”

点评

一个人要发挥其专长，就必须适合社会环境需要。如果不考虑环境因素和自身技能的关系，其专长也就失去了价值。因此，我们要根据社会的需要，设计职业生涯，更好地去发挥自己的专长。

（三）确定职业发展目标（我想做什么？）

俗话说：“志不立，天下无可成之事。”立志是人生的起跑点，反映着一个人的理想、胸怀、情趣和价值观。在准确地对自己和环境做出了评估之后，我们可以确定适合自己、有实现可能的职业发展目标。在确定职业发展的目标时要注意自己性格、兴趣、特长与选定职业的匹配，更重要的是考察自己所处的内外环境与职业目标是否相适应，不能妄自菲薄，也不能好高骛远。合理、可行的职业生涯目标的确立决定了职业发展中的行为和结果，是制定职业生涯规划的关键。

案例7-3 目标决定人生

五十多年前，一个十多岁的穷小子，身体非常瘦弱，却在日记里立志长大后做美国总统。如何能实现这样宏伟的抱负呢？经过思索，他拟定了一系列目标。做美国总统首先要做美国州长——要竞选州长必须得到雄厚的财力支持——要获得财团的支持就一定得融入财团——要融入财团最好娶一位豪门千金——要娶一位豪门千金必须成为名人——成为名人的快速方法就是做电影明星——做电影明星前得练好身体，练出阳刚之气。

按照这样的思路，他开始行动。某日，当他看到著名的体操运动主席库尔后，他相信练健美是强身健体的好点子。他开始刻苦而持之以恒地练习健美，他渴望成为世界上最结实的壮汉。三年后，借着发达的肌肉，一身似雕塑的体魄，在以后的几年中，他囊括了各种世界级的“健美先生”称号。

22岁时，他踏入了美国好莱坞。在好莱坞，他花费了十年时间，利用自身优势，刻意打造坚强不屈、百折不挠的硬汉形象。终于，他在演艺界声名鹊起。当他的电影事业如日中天时，女友的家庭在他们相恋九年后，也终于接纳了这位“黑脸庄稼人”。他的女友就是赫赫有名的肯尼迪总统的侄女。

2003年，年逾五十七岁的他，告老退出影坛，转而从政，成功竞选为美国加州州长。他的下一个目标就是美国总统。他就是阿诺德·施瓦辛格。他的经历告诉我们：科学规划，行动有力，就能成功。

点评 从这个职业规划案例可以看出，职业规划制定得越早、步骤越详细，越能早日实现自己的梦想。不管这个目标多么艰难、自己的现实和理想之间相差多远，只要自己有恒心、有切实可行的、细致的计划，并一步一个脚印踏踏实实地去完成，就一定能实现自己远大的理想！

（四）选择职业生涯发展路线（我的路线是什么？）

在职业目标确定后，向哪一路线发展，是走技术路线，还是管理路线，是走技术+管理即技术管理路线，还是先走技术路线、再走管理路线等，此时要做出选择。由于发展路线不同，对职业发展的要求也不同。因此，在职业生涯规划中，必须对发展路线做出抉择，以便及时调整自己的学习、工作以及各种行动措施沿着预定的方向前进。

（五）制定职业生涯行动计划与措施（我怎么做？）

在确定了职业生涯的终极目标并选定职业发展的路线后，行动便成了关键的环节。这里所指的行动，是指落实目标的具体措施，主要包括工作、培训、教育、轮岗等方面的措施。计划自己的行动应该对应职业目标，并将目标进行分解，即分解为短期目标、中期目标和长期目标。短期目标为三年以内的规划，规划近期完成的任务；中期目标一般为三年至五年；长期目标其规划时间是五年至十年。

分解后的目标有利于跟踪检查，同时可以根据环境变化制定和调整短期行动计划，并针对具体计划目标采取有效措施。职业生涯中的措施主要指为达成既定目标，在提高工作效率、学习知识、掌握技能、开发潜能等方面选用的方法。行动计划要对应相应的措施，要层层分解、具体落实，细致的计划与措施便于进行定时检查和及时调整。

案例7-4 用智慧战胜对手

1984年，在东京国际马拉松邀请赛中，名不见经传的日本选手山田本一出人意料地夺得了冠军。当记者问他凭什么取得如此惊人的成绩时，他说了这么一句话：用智慧战胜对手。当时许多人都认为这个偶然跑到前面的矮个子选手是在故弄玄虚。马拉松赛是体力和耐力的运动，只要身体素质好又有耐性就有望夺冠，爆发力和速度都还在其次，说用智慧取胜确实有点勉强。

两年后，意大利国际马拉松邀请赛在意大利北部城市米兰举行，山田本一代表日本参加比赛。这一次，他又获得了冠军。记者又请他谈经验。山田本一性情木讷，不善言谈，回答的仍是上次那句话：用智慧战胜对手。这回记者在报纸上没再挖苦他，但对他所谓的智慧迷惑不解。

10年后，这个谜终于被解开了，他在他的自传中是这么说的：每次比赛之前，我都要乘车把比赛的线路仔细地看一遍，并把沿途比较醒目的标志画下来，比如第一个标志是银行，第二个标志是一棵大树，第三个标志是一座红房子……这样一直画到赛程的终点。比赛开始后，我就以百米的速度奋力地向第一个目标冲去，等到达第一个目标后，我又以同样的速度向第二个目标冲去。40多公里的赛程，就被我分解成这么几个小目标，轻松地就跑完了。起初，我并不懂这样的道理，我把我的目标定在40多公里外终点线上的那面旗帜上，结果我跑到十几公里时就疲惫不堪了，我被前面那段遥远的路程给吓倒了。

点评 在现实生活中，我们做事之所以会半途而废，这其中的原因，往往不是因为难度较大，而是觉得成功离我们较远，确切地说，我们不是因为失败而放弃，而是因为倦怠而失败。在人生的旅途中，我们稍微具有一点山田本一的智慧，一生中也许会少许多懊悔和惋惜。

没有目标，哪来的劲头？

——车尔尼雪夫斯基

（六）评估与调整（我如何能做得更好？）

影响职业生涯规划的因素很多，有的变化因素是可以预测的，而有的变化因素难以预测。在此状态下，要使职业生涯规划行之有效，就必须不断地对职业生涯规划执行情况进行评估。首先，要对年度目标的执行情况进行总结，确定哪些目标已按计划完成，哪些目标未完成。然后，对未完成的目标进行分析，找出未完成原因及发展障碍，制定出相应解决障碍的对策及方法。最后，依据评估结果对下年的计划进行修订与完善。如果有必要，也可考虑对职业目标和路线进行修正，但一定要谨慎考虑，当计划进行调整后还要坚持实施，以达到最终的目标。

案例 7-5 鹰的重生

传说鹰是世界上寿命最长的鸟类，它可以活 70 年。但要度过搏击长空 70 年的峥嵘岁月，在 40 岁的时候，它必须做出艰难却非常重要的一次抉择。

40 岁的老鹰爪子已经老了，无法有力地抓攫猎物，喙变得又长又弯，几乎碰到胸膛。羽毛长得又浓又厚，翅膀十分沉重，使飞翔变得十分吃力。这个时候，它只能有两种选择：或者等死，或者经过一个十分痛苦的蜕变过程。后一种选择要经过 150 天漫长的重新修炼。它必须飞到山顶悬崖上筑一个巢，停留在那里，不再飞翔。

老鹰首先用它的喙击打岩石，直到完全脱落。然后静静地等候新的喙长出来。它会先用新长出的喙把指甲一根一根地拔出来。当新的指甲长出来后，它们便把羽毛一根一根地拔掉。

5 个月以后，新的羽毛长出来了。后 30 年，老鹰开始重新在高空自由翱翔！

点评　凤凰涅槃，浴火重生。老鹰在经历生命转折点时，作出了重要的抉择，并经受了巨大的痛苦后，才能重新在天空翱翔。

在我们的生活中，即使有积极正确的职业规划，有时候还是会因为各种外界或自身因素的影响要面临着巨大的转折。在这个时候我们要正确的回顾和思考：我有什么缺陷和短处？一件事情做不好，为什么做不好？是自己的能力达不到？还是方法出了问题？还是客观上的原因？如果是自己的问题，如何改正？成长往往是在否定过去中实现的，每一次修正和适应，必然就是一次严峻的自我考验和自我挑战，甚至是一种撕心裂肺的重新整合，一种脱胎换骨的崭新磨砺。但只要我们愿意放下过去，愿意学习新的技能，就能发挥我们的潜能，找到全新的道路，通往事业的新巅峰。

行动训练

训练一 自我认知训练

训练要求：

（1）运用职业生涯规划理论全面剖析自己，形成自我认知总结。

（2）请老师或同学帮助自己客观剖析自我，调整、完善自我认知总结。

训练二 制作《职业生涯规划书》

训练要求：

（1）每人结合自身实际，制作一份《职业生涯规划书》的PPT演示文稿。

（2）各组评出最佳规划书，派代表进行PPT展示，分享职业生涯规划心得。

项目2 了解企业文化，提升职业素养

案例引导

铁路企业文化中的优秀基因

文化是人类文明的一个侧面，无论国家与民族、企业与社团、社会与家庭，都有自己独特的文化。主动也好，被动也罢，理性看待企业文化，理性地认知与传承，维护与发展优秀企业文化，特别是理性地传承和发展企业文化中那些优秀的基因，是先进企业之所以先进的要因。

自新中国成立以来，中国铁路在漫漫70多年的成长壮大历程中，毫无疑问地积累了一系列的优秀文化，特别是持续不断地衍生了种种优良基因，在推动铁路现代化进步与发展方面，这些优良的企业文化基因，有待于更加完美地传承与发扬。

归纳起来，中国铁路优良的企业文化基因，主要有五大类：一是精神文化类，二是建筑类，三是设备类，四是图标类，五是着装类。

在精神文化类企业文化方面，“人民铁路为人民”“高、大、半（高度集中、大动脉、半军事性质）”“统一领导、单一指挥、逐级负责、按图行车、安全迅速、准确可靠”，都是中国铁路传统文化基因的典型代表。人民铁道报社有限公司、中国铁道出版社有限公司等文化出版单位出版发行的许多出版物，都在传递着一代又一代铁路人的心声。

在建筑类企业文化方面，庄重大方的北京站、洋溢现代气息的北京南站、朴素淡雅的分散在祖国各地的具有当地民间风格的中间小站、京广线上的武汉长江大桥、京沪线上的南京长江大桥、青藏线上的拉萨河铁路大桥等都是中国铁路站房、桥梁建筑的典型代表。

在设备类企业文化方面，前进型蒸汽机车、东方红内燃机车、东风型内燃机车、韶山型电力机车、CRH系列动车组等都是中国铁路机车装备的典型代表。

在图标艺术类企业文化方面，在美学艺术上与“国徽、党徽、军徽”相辉映的“路徽”，色彩稳重、质地厚重的信号旗、各类臂章胸章，已经远去的臂板式信号机、久经风雨的磨盘式道岔表示灯、表示板（鱼尾板）等都是中国铁路的典型标志。

在着装类企业文化方面，中国铁路的典型代表有与时俱进的各类制服，劳动保护服，为生产与安全默默奉献。

回顾与总结中国铁路优秀的种种文化基因，对新时代中国铁路企业文化建设乃至安全生产等，有着潜移默化、不可估量的作用，是一个企业生生不息、奋发向上、与时俱进、永不枯竭的力量源泉。

案例启示

企业文化建设与企业发展息息相关，是企业发展的灵魂，是关系到企业前途命运的大事，是做好企业发展战略规划的重要组成部分。没有文化，一切将平淡无味。拥有文化，拥有属于自己的文化，发展强大企业文化，企业才会持续兴旺发达、前程似锦。而发展强大企业文化的根本焦点，在于不要忽视甚至是遗忘企业文化中那些原生态的、独特的、闪耀光芒的优秀基因。

知识提升

一、求职前为什么要了解企业文化

近年来，高校毕业生与用人单位供需矛盾日益突出，一方面仍有相当数量的高职毕业生并不能很快适应岗位的要求，甚至对用人单位产生种种抱怨；另一方面，不少企业管理者反映高职毕业生对现代企业文化知之甚少，难以迅速融入企业。高职毕业生与用人单位之间的磨合阵痛与供需矛盾已成为当前高职院校人才培养的突出问题。产生这一现象的原因虽是多方面的，但高职毕业生对企业文化缺乏了解与认同是其中的重要原因之一。因此，强化高职院校学生企业文化教育，提升高职学生企业文化素质，完成从“高职学生”到“企业员工”的角色转换，是高职院校人才培养的重要内容，也是高职学生职业发展的内在需要。

二、探知企业的灵魂——企业文化

企业文化是在一定的社会历史条件下，企业生产经营和管理活动中所创造的具有该企业特色的精神财富和物质形态，包括文化观念、价值观念、企业精神、道德规范、行为准则、历史传统、企业制度、文化环境、企业产品等。其中价值观念是企业文化的核心。

企业文化是企业的灵魂，是推动企业发展的不竭动力。它包含着非常丰富的内容，其核心是企业的精神和价值观。这里的价值观不是泛指企业管理中的各种文化现象，而是企业或企业中的员工在从事商品生产与经营中所持有的价值观念。

世界上一切资源都可能枯竭，只有一种资源可以生生不息，那就是文化。

——任正非

案例 7-6 蒙牛奇迹

蒙牛创造了什么样的奇迹？

1999 ~ 2003 年，蒙牛销售收入从 0.37 亿元飙升至 40.7 亿元，年平均发展速度高达 323%！在中国乳制品企业中的排名由第 1116 位上升为第 2 位，创造了在诞生之初 1000 余天里平均每天超越一个乳制品企业的营销奇迹！ 3 年时间，打造“中国驰名商标”；3 年时间，完成销售额 19.5 倍的增长；2002 年，在《当代经理人》杂志举办的 1999 ~ 2001 年中国成长百强企业评比中，蒙牛荣登“成长冠军”宝座。这就是蒙牛乳业创造的奇迹。

蒙牛是如何做到的呢？

蒙牛从诞生第一天起，就把自己定位成“百年蒙牛，强乳兴民”，就在寻找成长秘诀、长寿基因。经过对世界上多个成功企业的成长历程进行分析，蒙牛终于发现，文化是一个企业快速成长并长盛不衰的秘诀。

蒙牛创建之初，没有厂房、没有资金、没有产品。牛根生认为，企业所需资源无处不在，它可以在企业体内，也可以在企业体外，关键是企业领导用什么样的方式将这些资源快速有效的聚合，成为企业发展的核心要素，推动企业成长。

“科学技术是第一生产力。”借用这一思想，蒙牛集团提出了“文化是企业的第二生产力”的说法。因为，科技影响着资源的使用效率，文化则决定着资源的使用方向。

走进蒙牛的厂区，你可以感受到独特的企业文化。在销售部的墙上贴着这样的标语“从最不满意的客户身上学到的东西最多”；走进生产车间，标语则是“产品质量的好坏，就是人格品行的好坏”；人力资源部的标语则是“有德有才，破格重用；有德无才，培养使用；有才无德，限制使用；无德无才，坚决不用”……挂在不同场合的百余幅标语无不体现着蒙牛的管理智慧。也正是优秀的企业文化促进了蒙牛乳业的快速发展，使蒙牛乳业成为中国液态奶的佼佼者，创造了企业发展的奇迹。

点评

蒙牛善用简单上口的标语、口号来建设企业文化。虽然简单，但是有力，更容易让员工认同企业的价值观，使公司上下形成重视企业文化的氛围。蒙牛的企业文化关键在对人才的态度，蒙牛发展注重人才，也注重人才的更新。在蒙牛的企业文化里，对人才的要求很明晰，且以德才二字来确定人才的培养和发展方向。

企业文化好像空气一样存在于企业之中，作为一种氛围，企业文化看似无形，却渗透到企业生产、经营和管理的每一个细节当中。它不是管理方法，而是形成管理方法的理念；不是行为活动，而是产生行为活动的原因；不是人际关系，而是人际关系反映的处世哲学；不是工作状态，而是这种状态所蕴含的对工作的感情；不是服务态度，而是服务态度中体现的精神境界。总之，企业文化虽然游离于一切企业活动之外，却又渗透于企业一切活动之中，员工的一切行为都可以在这里找到标准和方向。因此，要想打造一流的企业，就必须营造优秀的企业文化。

三、不同的企业、不同的文化

不同的企业以不同的方式创造着不同的文化，不同的文化以不同的力量塑造着不同的企业。企业可以行业相同、产业相同、地域相同，但各企业之间的文化不会相同。企业可以有相同的法律形式、相同的组织形式、相同的组织机构，但企业不可能有共同的企业文化；不同的企业可以生产同一产品，甚至是同一型号的产品，但他们各自不同的企业品牌代表着不同企业的文化。企业文化是企业的个性文化。

企业文化是社会文化的有机组成部分，它的产生、发展、演变，都与社会文化及其他文化（诸如民族文化、地域文化、行业文化、社区文化等）有着密切的联系。东西方在企业文化建设上的共同点都是以人为本、以市场为导向、以承担社会责任为宗旨，都具有很强的民族特征。但是，由于各自的历史发展与文化背景不同，在企业文化建设方面也具有不同的特点。

东方人善于按照“天人合一”的模式进行思维，几千年的文化传统使人们难以割断历史的脐带，总是按照把人与自然的关系统一起来考虑，不愿违背最基本的价值准则。由于特定的文化背景，以中国为代表的东方企业文化通常具有以下几个特征：

（1）求同心理，强调集权式管理。

（2）企业社会化，强调企业的社会责任。

（3）人本管理，重视人的精神作用。

（4）情感伦理突出，倡导在组织内形成一种温馨和谐的家庭气氛。

（5）仁和哲学，善于用含糊与微妙的管理艺术，淡化组织冲突。

西方企业文化则强调科学性和精确性，讲究效率，重视质量、技术等物质要素，鼓励个人奋斗，英雄主义与个人主义突出，具有创新和进取精神，在管理上制度比较完善，规则意识很强。

案例7-7 联想的企业文化

我们可以把联想的企业文化发展历程大致可分成三个主要阶段:

第一个阶段: 以目标导向的创业文化。

20 世纪 90 年代之前，这是联想求生存阶段，主要通过代理、服务等手段累积资金。创业阶段的口号是“不看过程看结果，不看苦劳看功劳”“质量是生命，用户是皇后”“信誉比金子还贵”等等。这时的联想文化以目标导向的创业文化为主。

第二个阶段: 管理文化、严格文化、亲情文化。

1990 ~ 2000 年，这一阶段是联想创立自有品牌的阶段，成功打造了“联想电脑”这个金字招牌。2000 年联想集团实现销售收入 284 亿人民币，联想电脑以 28.9% 的市场份额保持国内第一，并且蝉联亚太电脑第一，跻身全球电脑十强。这个阶段的发展以 1990 年通过的《联想集团管理大纲》为标志，联想集团进入了规范化管理阶段，开始倡导“求实、进取”的管理文化。1996 年柳传志总结出了著名的“管理三要素”。到 90 年代中后期，联想的发展从助跑进入起跑状态，公司迅速扩张。要将更多的人组织起来，必须有强有力的规则与流程。于是，1997 年杨元庆在联想电脑公司提出了“认真、严格、主动、高效”的“严格文化”。要求过于认真严格，公司内缺少一种“湿润的空气”。1999 年 9 月，以杨元庆举着“请叫我元庆”的牌子在大门口迎接员工为例，联想电脑公司推行“无总称谓”的“亲情文化”。

第三个阶段: 重提“创业文化”。

从 2000 年开始，联想集团迈向新台阶的时期，追求在 IT 领域的多元化发展，进行新的创业。为适应网络大潮以及矩阵管理模式的需要，2000 年 5 月，联想集团将“亲情文化”概括为“平等、信任、欣赏、亲情”; 2001 年向大企业迈进，重提“创业文化”，重新提倡创业企业管理; 2002 年，倡导以客户体验为主的“服务文化”，追求“精细化管理”; 2003 年，随着越来越多的高级人才加入联想，联想文化中又加进了“包容、尊重、沟通”的要素，从“无障碍沟通”前进到“朋友式沟通”。

联想的核心价值观:

• 成就客户 —— 我们致力于每位客户的满意和成功。

• 创业创新 —— 我们追求对客户和公司都至关重要的创新，同时快速而高效地推动其实现。

• 诚信正直 —— 我们秉持信任、诚实和富有责任感，无论是对内部还是外部。

• 多元共赢 —— 我们倡导互相理解，珍视多元性，以全球视野看待我们的文化。

点评

联想文化的发展历史就是一个企业不断学习、完善、适应、创新的历史。其企业文化是一种“以人为本、客户至上”的文化。联想的巨大成功，在某种意义上说，是文化建设的成功。正如哈佛商学院的著名教授约翰·科特的一句话：企业文化对企业长期经营业绩有着重大的作用，在下一个10年内企业文化很可能成为决定企业兴衰的关键因素。

案例7-8 惠普（HP）的企业文化

作为美国硅谷的第一家高科技公司，惠普不仅致力于技术的研发，在企业文化的建设上也极富远见。惠普创始人之一戴维·帕卡德曾说过：“回顾一生的辛劳，我最自豪的，很可能是协助创设一家以价值观、做事方法和成就，对世界各地企业管理方式产生深远影响的公司；我特别自豪的是，留下一个可以永续经营、可以在我百年之后恒久作为典范的组织。”而戴维·帕卡德所说的“价值观、做事方法”，就是现在广为人知的“惠普之道”。

惠普公司把“以员工为导向”的理念称之为“惠普之道”（The HP Way）。

强调“企业价值观”“企业目标”及“策略与执行”三面一体的精神。在各个信念目标下又有具体的执行策略。

企业价值观：信任并尊重个人、追求卓越的成效与贡献、谨守诚信原则、强调团队精神、鼓励变通与创新。

企业目标：利润、顾客、专业领域、成长、员工、管理、企业公民。

策略与执行：走动式管理、目标管理、开放管理、全面品质。

“惠普之道”作为HP独特的企业文化，体现了HP以人为本的管理精神，受到了HP员工及其广大客户和合作伙伴的广泛赞誉。它包含了七个核心价值：

- 我们热忱对待客户
- 我们信任和尊重个人
- 我们追求卓越的成就与贡献
- 我们注重速度和灵活性
- 我们专注有意义的创新
- 我们靠团队精神达到共同目标
- 我们在经营活动中坚持诚实与正直

这七大核心价值观成为HP的工作方式及待人接物的基础。HP企业文化与多种优秀的传统文化相结合，形成了平等、尊重、宽容和稳健的人性化氛围，吸引了众多不同文化背景的优秀人才，使他们的梦想和公司的目标紧密结合，实现最大限度的公司发展和个人提升。

点评

惠普的成功与之拥有优秀的企业文化是密不可分的。没有文化支持的企业不会长久。用优秀的企业文化，引导员工相互学习、相互信任、相互支持，使大家充分发挥个人的潜力，心情舒畅地得到发展，并形成合力，才能将企业规模做大、形象做优、实力做强。

联想和惠普是PC（电脑）行业中中美两国的成功企业典范。两家公司的企业文化在行业中都有比较好的借鉴和指导意义。但通过对联想和惠普企业文化的研究和分析比较，可见因民族、地域、发展等文化的不同，两个企业的文化也各不相同：

第一，对员工的管理方式不同。联想崇尚员工与领导之间自由平等关系，以建立员工之间绝对自由平等的关系氛围，使大家放下包袱为企业创造更大的价值；而惠普推崇开放式管理，鼓励员工向管理层或者人事部门直接地公开地反映问题或陈述不同意见，保证员工不会因此受到任何批评与指责，打造信任与正直的人际关系。

第二，用人机制不同。联想集团内人员会频繁流动，称职的会给予更大的舞台、更重的职责或尝试新的岗位；不称职的会降级或者辞退，这样既保证了员工对岗位的适应性，发现人的潜能，做到人尽其才，又能保证公司员工的整体质量；而惠普采用的是“不解雇”的方式，惠普绝不会轻易地解雇任何一名员工，只要员工表现良好，公司就会永远雇用；对于被裁掉的员工，惠普并不是立即扫地出门，而是给予了尽可能多的关怀。这些关怀性措施，使被裁者不但不会憎恨惠普，反而会充满感激，而留下的人也会安心工作，不受影响。

虽然每家公司的企业文化都有其独特性，企业文化类型也并无绝对好坏之分，但优秀的企业文化也会有一些共性，就是重视文化、重视创新、重视人才。因此，要想在职场中受到重视，就必须力争做懂文化、能创新的人才。

四、企业文化影响企业的生存和发展

成功的企业文化可以成就一个企业，失败的企业文化也可以毁灭一个企业，企业文化绝不是装点门面的摆设，而是每个成功企业必须具有的理念，它在市场大潮中发挥着无可替代的作用，是企业治理的重要部分，更是企业的核心竞争力。

其实，企业文化更类似于化学反应中的“催化剂”。“催化剂”不能让无法发生化学反应的两种试剂发生反应，但却可以加快参与反应的试剂的反应速度，提高原料利用效率。

企业文化也是这样，很多问题必须由制度规范、战略规划、流程再造来解决，是硬性的，企业文化解决不了，但是通过注入优秀的企业文化，可以打造共同愿景，激活组织氛围，鼓舞员工士气，指明前进方向，让平庸的企业变得优秀，让优秀的企业变得卓越。

案例 7-9 海尔“激活休克鱼”

激活休克鱼法是海尔在兼并青岛红星电器厂时独创的一种企业兼并方法。用文化、用无形资产来激活休克的企业。青岛红星电器厂在1995年之前也是一个非常著名的生产洗衣机的电器厂，曾经是同行业内的前三名，由于它后期的管理不善，到了1995年初期的时候已经资不抵债，亏损达到一个多亿，而且3500多个职工基本上都没有工作干，出厂的洗衣机常常在发出去之后又被退了回来。当时，青岛的市政府就做了一个决定，让海尔兼并红星电器。对于海尔来说，这是一个非常重大的兼并事件。因为在1995年之前，海尔还没有大规模的扩张它的企业，去兼并企业。随后，海尔的总经理对红星电器做了一个全面的分析，在分析的过程中，他们发现青岛红星洗衣机总厂第一，不缺资金；第二，有现代化的生产流程和设备；第三，不缺技术力量。分析之后得出结论：红星电器败在它的管理模式和企业文化上。于是，海尔通过分析研究后，对红星电器厂做了一个收购战略：目标——2 ~ 3年使红星电器厂成为同行老大；策略——用文化、用管理盘活红星电器厂；资源——海尔文化加红星电器厂现有资源；行动——立即行动。

在做出战略之后，海尔迅速地派出第一批人进驻红星电器厂。海尔派去的第一批进驻红星电器厂的人，不是总裁，不是财务人员，也不是盘库的，而是海尔文化中心的人，他们做的第一件事情就是文化先行，并作为他们整个兼并的战略。到了红星电器厂之后，现在海尔集团最高的首席执行官张瑞敏曾经几次亲自到红星电器厂，给所有的员工讲企业的价值观、讲文化。他们到了之后，以市场为中心，告诉全员职工，我们卖的是信誉，要先卖信誉，后卖产品；第二，发动所有的员工找自己的问题，要降成本，要增大盈利；第三，给员工们定出了未来的发展目标，就是用2 ~ 3年的时间成为洗衣机行业的老大。三个月时间，红星电器厂扭亏为盈。到了第五个月，它第一次盈利了150万，两年后，红星电器厂洗衣机总厂成为洗衣机行业的第一名。

点评　这是一个典型通过优秀企业文化激活休克企业的案例，可见企业文化可以使一个企业败落，也可以使一个企业兴盛或者持续发展。

案例 7-10 “责任和卓越”的企业文化打造卓越的中国移动

中国移动经过10多年的历练，其优质服务、良好信誉赢得了社会各界和广大客户的认可与信赖。中国移动之所以列入世界500强企业，成为通信主导企业，关键所在，就是优秀的企业文化为企业发展起到了积极的促进作用。随着社会的前进步伐，中国移动不断为自己规划更高远的奋斗目标，那就是努力实现“从优秀到卓越的新跨越”“做世界一流企业”。

2005年中国移动提出“培育先进企业文化、锤炼持久核心能力、塑造卓越企业形象”三大措施，作为“从优秀到卓越”战略的重要举措，就是要使企业文化成为推动企业发展，实现迈向卓越的强力支点。2006年初，最终整合提炼成的中国移动追求卓越的企业文化理念体系，就是由核心价值观、使命、愿景三部分构成，全面阐述“我们是谁？”“我们要做什么？”“我们的目标是什么？”三大问题。“正德厚生、臻于至善”这一核心价值观是企业文化理念体系的核心，“责任”和“卓越”则是企业文化理念体系的核心内涵，体现了中国移动作为企业、中国移动人作为社会中的一员，将成为“负责任”和“最优秀”的企业和个人作为自己的追求。

点评

“一桥飞架南北，天堑变通途。”卓越的企业文化成就一流的企业。如果说实现“从优秀到卓越”的过程是一道天堑，那么，先进的企业文化就能使天堑变通途。

在确定企业文化时，每一个企业都是以积极上进的态度去打造的，但是，企业文化的性质有时并不是一眼能辨清的。有些企业文化，表面上是健康的，对企业发展是有积极作用的，但可能因为内部协调不好而产生负面作用，制约企业的发展，甚至葬送企业本身。

案例 7-11 企业文化定位不准导致安然公司的毁灭

世界500强排名前10位的安然公司，在它陷入信誉危机濒临破产前，对它的企业文化，称道的却绝对是主导，很少见到对它的批评。但最终企业却是栽在它的不良企业文化上。

美国《华盛顿邮报》曾刊发过一篇署名文章《安然企业文化导致毁灭》，是乔·斯蒂芬斯讨论企业文化对企业发展带来灾难的案例分析。

在安然公司，有两个非常重要的价值观念，一是只能成功，二是只看结果。

从表面看，这两个价值观念反映出来的似乎是一种务实认真的企业文化，这本身似乎也没有什么不良的问题。但它却埋下了不良的种子。

正是安然公司的企业文化中过分强调“只能成功”这一价值观念，因而使它实际上成了诱使人们做假的原因。

在安然公司，企业文化的核心价值就是“赢者获得一切”，失败是绝对的耻辱。不允许失败，失败者只能中途出局，成功者才能留下来。当企业已实实在在难以通过自己的主观努力取得发展时，就会迫使人们在两种选择中做出决策：要么自认失败走人；要么弄虚作假欺人，暂时保住自己的地位，图谋寻找机会，扭转乾坤。安然公司的最后一届领导人选择了后者。该公司的一些员工说，必须保持安然股价持续上升的压力，诱使高级管理者在投资和会计程序方面冒更大的风险——虚报收入和隐瞒越来越多的债务。而这种假账被揭穿后，被社会和投资人唾弃，就不得不破产。

在安然公司的企业管理中，过程不被重视，做事的人也不被重视，所重视的仅仅是结果。这就不免使人们不择手段地寻求结果，甚至不惜放弃做企业和做人的基本准则——诚信，而弄虚作假。做假账可维持企业的“好业绩”，使之在股票市场获得“好表现”，从股民手中骗钱。尽管做假账只是饮鸩止渴，但毕竟暂时止了渴。这总可以缓解经营领导人的即刻危机，使之还有机会改变现实。不做假账，立马走人，这就连机会也没有了。并且，做假账，只要不东窗事发，其结果相对于经营者个人而言是一样，可得到奖金和奖励股份。

企业文化把结果与过程分离了，也就把企业经营领导人的利益与企业的真实利益分离了，导致了虚假繁荣，最终将企业推向灭亡。

点评

“周公吐哺，天下归心”，良好的企业文化凝聚人才，推进企业发展；“商纣不道，众叛亲离”，不良的企业文化阻碍企业发展。安然的决策层显然是忽视了这一点，所以导致了企业的灭亡。

五、主动了解和适应企业文化

人的一生，其实质是一个不断适应的过程。新员工对企业文化的适应只是人生某一阶段的一个新起点。作为高职毕业生初入职场要尽快地适应新环境，主动地适应新规则，用新思想提升自己各方面的能力，尽快实现由学生向职业人的转换。

员工进入一个新的企业后，如果能够事先了解企业的文化，然后把企业文化融入到自己的工作行为中去，便能使自己的工作轻松顺利、如鱼得水；如果不能融入这个企业的文化，或者说排斥所在企业的文化，就会导致新员工在企业文化上的障碍，要么在工作岗位上无所事事，要么被迫离开。

因此，新员工应当主动去了解和适应新的企业和企业文化，包括企业的发展史、经营理念、决策机制和关键的人际关系等。新员工适应企业文化的时间因各自情况而不同，一般是 3 ~ 6 个月。适应快的人，一个月就能进入角色；适应慢的人，或许需要半年时间才能把握住企业文化的脉搏。因此，如何快速地融入到新企业的文化中，避免自己的职业生涯就此搁浅，是每一个新员工必须考虑的问题。

案例 7-12 不主动适应注定被遗忘

一知名企业中有一位女员工。在大学期间，她是有名的才女，专业能力很强，文采更是无人能敌。毕业时，她在学校的大力推荐下进了这家企业。谁知这位被学校引以为荣的高材生，在该企业工作了不到半年就被解雇了。

原来，这家人才济济的企业，每周都有一次例会讨论企业的发展计划。每次开会时，与会人员都会争先恐后地表达自己的见解和看法，而她却安静地坐在一边，一言不发。其实她也有很多想法和创意，但是她怕自己表达出来会被认为是锋芒毕露，是个性张扬，她还怕自己的想法不合领导的思路，被人看作幼稚可笑。因此，只要别人不问，她就绝不开口。

于是，在一次又一次的激烈辩论中，这位在校期间的佼佼者就像是被人遗忘在角落里的布娃娃一样。逐渐地，同事们因为看不到她的实力而视她为“花瓶”。最后，她在沉默中失去了工作。

这位女员工只是众多“沉默”的员工中的一个。每个企业里都有一些这样的员工，他们本来才华横溢，很有创新能力，但如果上司和老板不问，他们一般不会主动说出来。很多时候，团队中的一些事情如果不细分，有些员工们就不会主动去完成它。被问及原因时，他们的答案是：“这与我无关，又不是分到我头上的任务。”他们认为，不是自己分内的事就没必要操心。

点评

能否融入企业文化，体现着员工的职业成熟性和对社会的适应能力。但是，融入企业文化不等于被企业文化吞噬，不等于不可以有自己的独特见解，不等于不再拥有自身的特征。融入正是为了更深刻地认识企业背景、价值观念、管理战略和工作模式等，从而能准确定位，在团队合作中有所发挥。

在企业高度重视企业文化建设的情况下，作为职场新人如果能尽快适应、理解并融入企业文化中，无疑为个人的职业发展打开了更为广阔的局面。融入企业文化是一个步步推进的过程。首先，要认真对待新员工培训。它不但可以帮助员工了解企业的行为规范、福利待遇、可用资源等，更重要的是将企业文化渗透到员工的大脑。其次，在工作中多学、多问、多了解。老员工对企业文化了解得更多，吸收他们的经验可以少走很多弯路。第三，尽快融入团队。企业文化最终体现在员工的行为上，想要被一个团队所接纳，就得想办法接受和认同他们的价值观念，在这个团队找准自己的角色和职责。

行动训练

训练一 职业调查

训练要求：

（1）以小组为单位，各组对与所学专业相关的职业进行调查，从未来发展趋势、职业晋升空间、职业回报（物质和精神）、上班工作时间、工作人群、工作环境、能力要求、职业资格证书等方面展开调查，并形成调查报告。

（2）各组派一名代表与全班同学交流调查结果，增强同学们对职业岗位的认知度。

训练二 企业调查

训练要求：

（1）以小组为单位，各组对所学专业对应的行业企业进行调查，调查围绕企业的历史、规模大小、企业文化、经营业绩、行业排名情况等方面展开，并形成调查报告和 PPT 演示文稿。

（2）各组派一名代表向全班同学展示调查结果，加强同学们对企业的深入了解。

项目 3 学习法律知识，护航职场发展

案例引导

莫将保护变约束

脚踏两只船，咎由自取

毕业生小博用学校发的协议书与浙江A单位签了约，又擅自借用考取研究生同学的协议书跟广州B单位签约，并将协议书返回学校盖章签证。然而，小博想来想去还是打算去A单位，于是就到B单位谎称学校要其将协议书取回补办手续，并保证某时间之前一定办好。B单位便将协议书全部还给了他，而他本人一拿到协议书即到学校又谎称是B单位欺骗了他，解决不了户口将其退回，要求学校办理相关手续。学校为谨慎起见，直接与B单位联系，得知小博有不诚实的行为，对其做出严肃批评，并责令其向B单位道歉，请求谅解。

谁知小博自以为学的是法律专业，用法律武器保护自己，声称单位没有任何证据（即协议书不在手）。B单位一气之下，打电话到学校，认为小博的行为太不像话，欺骗单位，又欺骗学校，道德品行败坏，企业肯定不会与这样的学生签约，希望学校给予其严厉处分，否则将影响学校的声誉。最终，小博落得个"身败名裂"的下场。

案例启示

签约是一件非常严肃的事情，协议一经签字盖章即具法律效力，任何一方都有履行协议的责任和义务，不得随意变更协议。上述案例中小博违背了诚信原则，知法违法，多方签约，且到处撒谎，逃脱责任。这是一种极不道德的行为，既损害自己的利益，又败坏学校的名声。

附加协议一定要权衡利弊

小毅毕业前参加了考研，但成绩尚未出来，自己又没有什么把握，于是前去某单位应聘，后该单位要求正式签约，且催得很急，否则另考虑人选。小毅担心错过良机，匆忙签约，且未仔细推敲附加内容“服务期内不得以任何理由提出升学、出国、调动等要求，否则，交违约金”。不久，研究生录取分数出来了；随即小毅又收到了某校的录取通知。他后悔莫及，单位却不答应更改协议。无奈，他只好放弃深造机会，履行协议。

案例启示

在签约过程中，有不少单位会附加一些协议条款，如“必须取得学士学位”“必须体检合格”“服务期多少年”“违约金”等等。对这些内容，毕业生应看仔细，并权衡利弊，尤其是对服务期和违约金等条款要考虑自身的实际情况和承受能力。

知识提升

一、法律就在你身边

我们生活在法制的国度，法律无处不在，处处需有法，处处需守法。作为大学生，我们要认真学习法律知识，逐步提高法制观念，要懂得在法律范围内什么事该做，什么事禁止做。怎样行使权利，如何履行义务……

案例7-13 拾金不昧为何被判赔偿？

一个阳光明媚的下午，吕苹下班回家途中拾到一个皮包，内有5600元现金及一张磁卡。自小受到良好教育的她毫不犹豫地想到要归还失主，于是她站在原地等了起来，还不停地向行人打听。

随着夜幕的渐渐降临，吕苹也心急起来，因为她还得赶路。此时，她发现一东张西望者，便跑过去问他是不是掉了钱包，那人说是，并表示已找了半天，吕苹不假思索地便将皮包、现金、磁卡交给了他。吕苹自以为做了一件好事，没料次日早晨刚上班，真正失主刘某找上门来，吕苹一再解释，刘某也不予谅解，还告上了法院。

法院判决吕苹赔钱。主要理由是：其一，吕苹无权处分拾得物。根据《民法通则》第七十二条之规定，拾得某物并不成为取得该物所有权的途径，在未取得所有权或经失主授权的情况下，吕苹不具有对此钱包的处分权。她将钱物交给他人，其实质是一种处分。这种处分损害了失主的权益，客观上造成失主损失，吕苹因而应承担责任。至于她日后向冒领者追偿，则属另一法律关系，应另作他论。其二，吕苹仅凭他人东张西望的表现，随便问几句便交出失物，具有主观上的过失。

吕苹是个好人，但是她为什么做了好人好事后反而还要赔钱呢？这并不是社会不公平，这倒恰恰体现了法律的公平。法律讲究的是证据和依据，而吕苹正是因为不懂法，因此在无意中触犯了民法，对自己反而带来了损失。

点评

从以上求职和生活中的案例我们不难发现，其实法律往往就在我们身边，只有具有一定的法律意识，并时时严格遵守法律，才不会犯法，更不会像案例中的人物那样受到法律的禁锢。

二、用法律的武器保护自己

根据目前大学生就业政策和有关法律、法规的规定，毕业生在求职就业过程中主要享有以下几方面权益。

（一）平等就业权

毕业生在参加就业求职过程中，享有平等就业权。平等就业，不仅包括就业机会的平等，也包括就业帮扶的平等。具体而言，包括及时、全面、有效地获取就业信息，能被公平、公正、择优推荐，参加“双选”时与用人单位自主洽谈协商等。根据国家有关规定，在国家就业方针、政策指导下“双向选择，自主择业”，对于就业有困难的大学生群体，政府、社会、高校有提供就业帮扶的义务。

（二）公平待遇权

用人单位在录用毕业生的过程中，必须公平、公正，一视同仁。公平录用是毕业生最迫切需要得到维护的权益。除此之外，按照我国相关法律规定，劳动者提供劳动，按照同工同酬的原则进行劳动报酬分配，也是公平待遇权在就业过程中的表现。

（三）违约求偿权

毕业生就业协议一经签订，毕业生、用人单位、学校三方都应严格履行。任何一方提出变更或解除协议，均须得到另外两方的同意，并应承担违约责任。对于用人单位无故要求解除就业协议的，毕业生有权要求对方严格履行就业协议。给毕业生造成损失的，应该按照违约赔偿分配责任，承担相应的赔偿责任。

案例 7-14

难忘的打工经历

某报纸报道，家住江苏省连云港市的小李是南京某高校的大三学生。暑假，他为了减轻家庭经济负担，多赚一些下学期所需要的费用，经人介绍来到了一家私营摄影社打工。他本想借此机会学习些经商经验，并获得一些劳动报酬，但由于店里遗失了顾客的一张相片，老板就以赔偿为由，扣发了他10天打工的全部报酬，一时让他有口难辩。回到学校后，当他把相关情况与教法律课的老师交流了以后，老师利用法律武器与私营摄影社的老板进行了交涉，并最终为小李要回了他所有的打工报酬。

点评

法律不仅仅是约束行为的重要条款，同时也是为受害者提供保护、帮助受害者的重要武器。小李的经历正说明了当遇到侵害时，大学生应该学会合情、合理、合法地用法律维护自己的权益。

三、用法律意识提升职业基本素养

（一）提升三种意识

大学生是建设社会主义法治国家的重要力量，因此必须加强社会主义法律修养。作为一名合格的大学生，在走向职场前需要培养三种意识：

1. 法律意识

法律意识，是人们的法律观点和法律情感的总和。大学生法律意识是大学生群体对法律的情感、认知、评价和信仰等的内心体验。大学生作为一个特殊的社会群体，也是未来社会的支撑主体，其法律意识如何，直接影响到公民的法律素质和整个社会法治文明的程度。

案例 7-15

她用法律保护了自己的权益

大学生小窦在就业指导课上，了解到就业市场有很多不规范的地方。因此学计算机专业的她除了在大一时认真学好法律基础课外，还利用业余时间比较系统地学习了《劳动法》、《合同法》等与就业有关的法律法规。毕业签约时，单位提出“试用期8个月，试用期满后签订劳动合同”的要求时，小窦依据自己掌握的法律知识，以劳动法规定的“试用期最长不得超过6个月，试用期必须包含在劳动合同期限内”的条款与单位据理力争，最终单位按照劳动法的规定与小窦签订了劳动合同，较好地保护了自己的合法权益。

点评 大学生需要了解与就业相关的法律法规、政策制度，特别是劳动用工的相关规定；同时在此基础上，逐步培养法律意识，并合理加以运用。

2. 契约意识

契约是社会文明进步的产物。从某种意义上说，市场经济就是契约经济。契约意识要求当事人尊重平等、信守契约。由于我国就业体制的特殊性，就业协议在明确单位和毕业生权利义务等方面扮演着重要角色，因此契约意识的作用在毕业生就业过程中显得更加突出。培养大学生的契约意识有助于大学生责任意识的强化、诚信品格的培育及权利义务意识的树立。

案例 7-16 契约意识不可小视

某高校毕业生小张到一家公司实习。在实习过程中，公司表达了在其毕业后录用他的意向，并就录用的相关事项进行了口头约定。小张认为自己工作的事就这么定了，没想到等他毕业后正式到公司报到时，公司却以暂无空缺岗位为由拒绝了他。由于双方没有签订书面就业协议，小张也只有“哑巴吃黄连，有苦诉不出”。

刚刚走出大学校园的小杨按企业要求，在试用期期间参加了企业的相关培训，并缴纳了培训费。该企业承诺，如果实习生在培训后因企业原因没有被录用，将退还培训费。结果，由于企业人事调整，小杨没有进入该企业工作。当他向该企业要求退还培训费时，却因拿不出交费证明而被拒绝。

点评 契约意识在就业过程中主要体现在三个方面：一是要求毕业生充分重视和深刻理解就业协议的重要性，要有通过就业协议来保护自己合法权益的意识；二是就业协议一旦签订即具有法律效力，必须具有严格遵守、履行就业协议内容的意识；三是要求毕业生要注意收集、保存、运用与就业协议有关的证据，法律是靠证据说话的。

3. 维权意识

当我们在法律意识和契约意识的指引下，认识到自己的合法权益受到了侵害时，是积极运用法律手段维护自己的合法权益呢？还是息事宁人、当作什么事都没发生过？不同的处理方法就体现了维权意识的不同。我们只有养成了积极主张权利的维权意识，不畏法、不畏仲裁诉讼，据理力争，才能切实保障自己的合法权益免受侵害。

案例 7-17 把我的工资还给我

小吴毕业后到一家公司上班。工作一段时间后，发现公司存在无故克扣员工工资和不缴纳社会保险费的现象。员工们对公司的这一做法感到义愤填膺，但是考虑到自己的工作岗位和发展机会，没有人敢站出来对此提出质疑。小吴知道公司的做法是违反《中华人民共和国劳动法》的。他认为一定要采取措施保护自己和同事的合法权益。于是他以匿名的方式向当地劳动监察部门举报了公司的恶劣行径。劳动监察部门接到举报后，在查证属实的基础上马上对公司进行了处罚，同时责令公司返还克扣的员工工资，并按规定补交社会保险费。小吴用自己的行动维护了自己和同事的正当权益。

点评 当权益受到侵害时，大学生可以采用下列途径维护自己的权利：学校出面调解，向劳动监察部门申诉、举报，向劳动仲裁机构申请仲裁，向人民法院提起诉讼等。

在从“学校人”向“职业人”转化的过程中，我们必须注意这“三种意识”的培养，进而真正做到面对人生种种选择的时候，学会应对，学会维权，学会自控。只有这样，你才能成为一个合格的职业人。如果我们能从上述几个方面吸取一点经验或者教训，学会自我控制，那么你在从学生到职业人的转化过程中就可能少走弯路，更早到达理想的彼岸。

（二）维护社会主义法律权威

社会主义法律权威的树立，既有赖于国家的努力，也有赖于公民个人的努力。从国家角度来说，应当采取各种有效措施消除损害社会主义法律权威的因素。例如，要进一步提高立法质量，保证法律的科学性、合理性；改善法律实施的状况，保证有法必依、执法必严、违法必究；深入开展法制宣传教育，增强全社会的法律意识。从个人角度来说，应当通过各种方式努力维护社会主义法律权威。对于大学生来说，至少应做到以下三个方面。

1. 努力树立法律信仰

一个人只有从内心深处真正认同、信任和信仰法律，才会自觉维护法律的权威。

大学生应当通过认真学习法律知识，深入理解法律在现代社会中的重要作用，深刻把握我国法律的精神，从而树立起对国家法律的信仰。

2. 积极宣传法律知识

大学生在自己学习和掌握法律知识的同时，还要向其他人宣传法律知识。特别是要宣传社会主义法制观念，帮助人们彻底根除“权大于法”“要人治不要法治”等封建残余思想，宣传我国社会主义法律的优越性，使人们了解、熟悉和认同我国社会主义法律，从而推动全社会形成尊重和维护社会主义法律权威的良好风尚。

3. 敢于同违反犯罪行为作斗争

违法犯罪行为既是对社会秩序的破坏，也是对法律权威的蔑视。大学生不仅要有守法意识，自觉遵守国家法律，而且要敢于和善于同违法犯罪行为作斗争，自觉维护法律权威。同违法犯罪行为作斗争的方式是多种多样的，既包括事前采取有效措施预防违法犯罪行为的发生，也包括事中和事后遏止、检举、揭发违法犯罪行为。

（三）从他人呵护向自我保护转型

作为就业市场弱势方，许多高职毕业生在急于想得到一份工作的时候，忘记维护自己的权益，从而丧失了许多本该属于自己的权利，糊里糊涂签下不平等条约。

许多高职学生在进入职场时，往往对就业的相关期限、实习权益一知半解。原来依赖家长，现在需要自立，需要自己判断、自己选择。如果选择去一个根本不了解的公司，这是一种冒险，不要轻易决定第一份工作。一般来说，新人第一次对职场的体验是刻骨铭心的，它会使新人对职场产生一种固定印象，形成固定心理状态，从而影响到今后的职业心态和职业规划。因此，走好职场的第一步，能够使大学生更好地为企业及社会服务，更大地发挥自己的潜力。若是为了在毕业前找到一份工作，或者迫于其他同学签约带来的压力而草率接受一份自己并不满意的工作，都是不明智的。

对于一家自己向往的公司，当然应该全力以赴地做好自己的工作，争取最终能被录用。但是我们也要警惕，一些用人单位由于制度不完善而造成职场新人有苦难诉，最终侵犯了我们自己的合法权益。而我们自己还不自知，或者知道了却无可奈何。所以，在毕业以前，作为“学校人”我们无法享受劳动法的保护，但一旦走入职场，我们就要懂得保护自己，以防一些不法企业将自己作为廉价劳动力使用，学会在社会上独立生存，学会保护自己，在面对种种挫折时，要学会应对，学会维权。

行动训练

训练一 "职业法规大比拼"

训练要求：

（1）熟悉《劳动合同法》《就业促进法》《劳动争议调解仲裁法》等与就业相关的法律。

（2）全班以小组为单位进行职业法规知识竞赛。

训练二 法律案例小讲堂

训练要求：

（1）以小组为单位，各组搜集有关大学生求职和就业方面的法律案例。

（2）各组派一名代表讲述法律案例并进行分析、点评，从而增强同学们的法律观念和维权意识。

同步校园活动:“职业法规”知识竞赛

活动要求

(1)“职业法规”知识竞赛由院团委主办,各分院承办。比赛分为初赛、复赛两个阶段,初赛由各分院组织并推荐选手组成代表队参加决赛;决赛由院团委组织,在各分院之间展开角逐。

(2)举办“职业法规”知识竞赛旨在引导同学们认识到法律的重要性,提高法律意识,学会用法律的武器保护自己。比赛分为必答题、抢答题、风险题和案例分析题四个环节,同学们通过用竞赛的方式加深对法律知识的了解,增强法律意识。

拓展阅读

阅读一 职业生涯规划模板

在当今人才竞争的时代,职业生涯规划逐渐成为就业争夺战中的另一重要利器。对于每一个人而言,职业生命是有限的。由于不进行科学有效的规划,许多毕业生在择业的时候存在盲目性,造成了时间和精力的浪费。作为当代的大学生,若是一脸茫然踏入这个竞争激烈的社会,怎能使自己占有一席之地?所谓“知己知彼,百战不殆”,有目标才有动力和方向。因此,在大学入学之后,我们就需要为自己拟定一份职业生涯规划书,做好大学学习和生活的管理和规划,进行职业探索,为今后的职业生涯发展打好基础。以下是职业生涯规划书的模板,供同学们参考。

(一)基本信息

职业规划人姓名:李 × ×

性别:女

年龄:19

学校:× × 职业技术学院

专业:道路与桥梁设计专业

规划期限:5 年

(二)自我分析

1. 职业兴趣

我在中职阶段读的是房屋建筑专业,但我并不爱好它,而是热爱我现在的路桥专业。

2. 职业价值观

我希望我的工作非常充实，并且能够管理他人。同时，我希望通过自身努力工作，能够晋升，过上在物质方面比较充裕的生活。当然，较宽松的人际关系对我也比较重要。

3. 个性特点

尽管职业测评结果显示我的性格倾向于内向，但我依然自信，并敢于展示自己，我想这跟我多年一直担任学生干部，接受了较多锻炼是分不开的。同时，我吃苦耐劳，做事稳重踏实，能冷静理智地待人接物，有很强的责任心。

4. 能力分析

专业方面，我具有较好的理论知识，但实践经验还欠缺，动手能力不足，还需要进一步弥补。综合能力方面，由于长期担任学生干部，校园实践活动经历丰富，我的公众表达、组织管理、文案整理能力较强。

总之，我希望以自信稳重的品格展示自我，充分发挥自己公众表达、组织管理、文案整理方面的综合能力，加大专业实践，从艰苦忙碌的专业第一线干起，在事业上逐步赢得物质、精神双丰收的局面。

（三）职业环境分析

1. 专业发展趋势分析

根据重庆的道路最新规划：2008 年起至 2010 年全市将新建成 900 多公里共计 14 条高速，以实现“8 小时重庆”的目标。到 2012 年底，全市高速公路将达到 2100 多公里，重庆交通有望从“8 小时重庆”变为“4 小时重庆”。到 2020 年全市交通将形成“两环六射”的交通网。由此可见，道桥专业在西南地区，特别是重庆，在未来十几年内都有较大的发展空间，轻轨、高速、隧道、桥梁等都会得到快速发展。

2. 职业分析

与专业相关的职业有：路桥施工、资料整理、工程造价、工程测量等。

根据以上的自我分析，我锁定了路桥施工这个职业，理由是：

（1）尽管多数同专业的女孩子会选择工作相对轻松、稳定，环境条件相对优越的施工资料整理工作，但因为我的兴趣所在，我选择了工作难度稍大、环境条件相对恶劣的路桥施工。

（2）我是一个怕闲的人，充实的工作能给我带来精神上的满足。对于路桥施工的艰苦，我也很早就做好了心理准备，并且我身体健康，我相信自己能够胜任。同时，一线施工的晋升机会比起资料整理、合同管理等工作的机会更多。通过一线的工作积累，我更有希望快速成长，进入管理层，实现我的职业价值观。

3. 目标企业分析

通过分析我初步把目标企业锁定在：重庆市 ×× 路桥工程有限公司。

重庆市 ×× 路桥有限公司是一家拥有注册资金 ×××× 万元的私营企业。该公司成立于 1996 年，是一家技术力量强、机械化程度高的公路工程施工企业。公司施工总承包一级、桥梁工程专业一级、公路路基工程专业承包一级、房屋建筑工程施工总承包三级。近年来，公司先后承建 ××× 高速公路D合同段，×× 高速公路F合同段 ×××、××× 特大桥，×××× Ⅱ号路特大桥梁等重点工程项目，工程符合率100%，优良率90%。公司连续七年被主管部门评为“明星企业”，被重庆市建委、×× 区建委评委“先进企业”，连续六年被重庆市工商局、×× 区工商局评为“重合同、守信用”先进企业，获“中国质量万里行先进单位”，获中国企业家联合会“中国优秀企业”荣誉称号。2003年被重庆市人民政府授予“重庆市民营企业五十强”的称号。

选择该企业主要是因为：首先，通过调研该公司的用人标准，相信经过大学后两年的积累准备，我能够顺利进入的可能性较大；其次，该公司积极支持员工参加专业资格考试，鼓励员工提高专业技能，这为我在积累实际工作经验的同时，加强专业知识学习、提高学历水平提供了良好的环境支持；最后，该公司属于一家民办私营企业，相对国有企业来讲，拥有相对宽松的人际环境，符合我的个性特点。

（四）制定职业目标

长期职业目标（生涯顶峰）：一家路桥企业的核心管理者。

中期职业目标（五年左右）：成为一名专业技术能力突出的一线路桥施工技术员。

第一阶段（大学毕业）：以优异的专业成绩和突出的实践能力毕业，顺利进入目标企业。

第二阶段（工作第三年）：获得重庆交通大学本专业自考本科学历，成为熟悉一线操作、专业技术能力突出的施工技术员。

（五）行动方案

1. 大学二年级

学好专业核心课程，积极准备，通过高级制图员、中级测量员、中级施工员考试；通过计算机二级考试；利用假期，进入至少两家企业进行实习，了解一线施工，形成初步认识和比较。

2. 大学三年级

通过国家英语四级考试和高级施工员考试；完成专业课程学习，争取取得优异成绩，顺利完成毕业论文及答辩；利用毕业前学院安排的实习时间，到目标企业至少实习三个月，获得认同，毕业顺利进入目标企业。

3. 工作前两年

利用工作之余学习专业本科自考科目，两年内完成自考，获得重庆交通大学本专业本科自考学位；熟悉一线操作，跟现场工程师、技术员、管理人员积极交流，获取技能经验，收集专业见解，拓展人脉圈；撰写专业论文1～2篇，争取在公开刊物上发表；积极在企业的各项公众活动中有准备地展示自己，扩大影响力。

4. 工作第三年

工作之余学习专业知识，积极准备建造师考试；争取在公开刊物上发表2篇论文；通过前两年的积累，进一步拓展专业技术能力，扩大人脉和影响力，做一名熟悉一线操作、专业技术能力突出的施工技术员。

阅读二 大学生涯规划的10个误区

1. 错把梦想当目标

在职业发展的道路上，你的心有多大，舞台就有多大。但有些大学生却把职业理想当作了目标。目标应当是可以实现的，是在实现职业理想过程中的阶段划分。只有把宏大的职业理想转化为无数的可实现目标，职业理想才会最终得以实现。

2. 错把手段当目的

把职业理想转化为职业目标后，要看看有哪些手段可以实现职业目标。在这个过程中，不要把实现目标的手段当作做事的目的。很多人在选择操作手段时忘了选择手段是为了什么，从而导致做了事却没有实现目标，或者为了做事而做事。

3. 错把途径当结果

实现职业目标有很多的途径，要结合自己的综合因素去选择一条最适合自己的途径。只有实现了职业目标才是最终结果。如有的同学的职业目标是销售总监，他的晋升途径是：销售代表——业务员——销售主管——区域销售经理——销售部经理——销售总监。这个途径的每个阶段都是为实现销售总监这个结果而服务的。有些同学在做了销售主管后，就没有向区域销售经理发展的意识和冲动了，销售总监的目标自然落空了。

4. 错把行业当岗位

许多大学生的求职简历上这样写着求职意向：建筑设计院、建筑施工单位、市政工程公司、与建筑相关的公司。显然，这是求职的意向行业，而不是求职的具体岗位。

5. 错把就业当择业

相当多的大学生把就业当作了择业，他们以为做着工作总会学到些东西；其实不然，在职业发展这个层次上，选择方向比努力更重要。如果方向都错了，那走得越远，离目标也越远。

6. 错把择业当专业

在选择职业和就业岗位时，许多大学生把自己所学的专业当作择业的关键因素。其实，只有我们的职业目标与专业高度相关时，专业才是影响择业的关键因素，否则，就不必为专业所限。

7. 错把专业当能力

如果所学的专业并非是将来要从事的，无论你的专业知识学得多么好，那都不能完全反映你的能力，因为它对减少你的岗位差距起不到任何的作用，更不要指望以专业来提升核心竞争力了。

8. 错把知识当技能

在应聘目标岗位时，许多大学生把自己所学的理论知识当作了岗位要求的操作技能。任何一个工作岗位，除了要求你必须具备一定的理论知识外，还必须掌握相应的操作技能。知识更多地表现你知道什么，你了解什么，而技能则表示你会做什么，能做好什么。

9. 错把兴趣当工作

有些大学生把兴趣爱好作为选择职业的关键因素，或者为兴趣爱好所左右，这种误区影响着毕业生的择业观。其实，能把兴趣和爱好作为职业的人很少，也很难。兴趣、爱好有时不一定适合职业。

10. 错把经历当能力

一些大学生确实也有过一些社会实践的经历，如做过家教、促销员、服务员等。事实上，经历并不代表能力，每个人都有经历，但并不是每个人都能在此基础上形成能力。

模块八

发起职场冲刺

素养提升目标： 1. 认识自我，调整心态，面对求职挑战；

2. 了解职场生存技巧。

项目1　盘点大学生活

案例引导

今天的努力就是明天的位置！

高飞是一所高职院校的毕业生，所学的专业是铁道车辆，毕业时以优异的成绩、出色的表现被一家大型企业运输部门所聘用。由于他为人谦和、工作认真，又有一定的文字功底，不到一年就被单位调到了机关，做了行政工作。事业发展远好于与他同年进入单位的大学生。

回首大学生活，高飞深刻地认识到，他之所以能够在工作岗位上迅速脱颖而出，源于他有一个充实的大学生活。当年，他还是一个不谙世事的高中生，踏入大学的校门，虽然没有想象中那样华丽的教学楼、超大的体育馆，但设备齐全的实验室、模拟现场的实训中心，校园各处的铁道线、机车、货车、信号灯……让他瞬间感到自己离一个职业人不远了！学校强调“素质与技能并重”、追求“与职场零距离”的特色教育模式，使高飞逐渐成熟、成长起来。了解到自己将来要从事的行业及岗位，他为自己设定了专业学习目标、实践锻炼目标。在校期间，他积极参加各种校园活动，不断提升自身能力素质；寒暑假期间，他又申请到车站做志愿者，体验未来工作的环境。高飞的大学生活，每一天都是充实的、紧张的。虽然既忙碌又辛苦，但与那些整日“潇洒”、浪费青春的同学相比，高飞一天比一天强大。

一次，他给母校的老师打电话时说：“我一直记得辅导员老师对我们说过的那句话，‘今天的努力，就是明天的位置！’虽然我的大学生活缺少了风花雪月，但是我实现了自己青春资本的最大化，我增值了，我很自信自己是一个对社会有用的人，感谢老师、感谢母校！”

案例启示

成功等于努力、实力加机遇。大学就是试验田，是走入职场之前的充电期。只有充足电量，才能勇往直前。

知识提升

一、回首象牙塔

走过大学的青葱岁月，当我们即将离开这个播种梦的地方，踏上圆梦的征途时，回头望一望，在这里，这个梦开始的地方，我们到底收获了什么？还记得大学的第一堂课——军训吗？在那里，我们学会了服从，感受到了集体的力量；还记得第一次专业实践吗？原来，想象中的职业与现实相差得很远，为了生存，我们必须掌握技能。还记得大学校园里丰富多彩的活动吗？如果没有把时间浪费在游戏、睡大觉上，而是参与甚至组织活动的话，我们会收获朋友，学会合作、创新、表达乃至更多。每个人的大学之路都不同，差别在于我们在面对大学里每一天时的选择不同。其实，我们每时每刻都在面临选择问题，目标可以选择，路径可以选择，方法可以选择，态度也可以选择……选择不同，收获就不同。盘点大学收获，怀揣职业梦想，亲爱的同学们，你们准备好了吗？

全面审视自己

（1）大学期间最想做的十件事我做了几件？
（2）毕业前我还可以做的十件事有哪些？
（3）大学期间对你影响重大的人或事？你的收获是什么？
（4）入学期间曾经写下了自己的优点和缺点，还记得是哪些吗？
（5）现在，我的优势和劣势都分别是什么？我有提高吗？
（6）从性格、兴趣、理想、能力、素质和人际关系等几个方面，谈谈真实的自己和理想的自己。
（7）请三个同学或老师从性格、兴趣、理想、能力、素质和人际关系等几个方面，谈谈他们眼中的你。

二、做一次全面的扫描

曾经有人给大学生算过这样两笔账：第一笔是时间账，第二笔是金钱账。无论从时间管理的角度还是从机会成本角度分析，每一个大学生都应该理性地认识到，我们付出高昂的费用，花费青春的大好时光，这样大的投入，其产出比是否能够达到我们的预期？大学三年或四年的历练，我们是否真正成长了？同学们不妨深入思考这样几个问题，对读过大学的自己做一个检验。

三、做好求职准备，实现角色转换

（一）具备高尚的思想道德品质

中华民族五千年的历史，崇尚道德一直是我们伟大民族亘古不变的追求。从儒家思想核心“仁、义、礼、智、信、恕、忠、孝、悌”的传承，到今天“以爱国主义为核心的民族精神，以改革创新为核心的时代精神”的中国精神的弘扬，思想道德一直是我们的强国之本、发展之源。我们青年学生是祖国发展的希望，是实现中华民族伟大复兴的脊梁，而大学正是青年学生个性品质、道德意识形成和成熟的重要阶段。因此，我们每一个大学生都应该抓住这个成长成才的黄金时期，学会客观地认识社会、认识自我，树立正确的世界观、人生观和价值观，把握人生的思想追求方向，修炼良好的道德品格，锻炼坚强的意志品质，为未来的成长发展打下坚实的思想基础。

案例 8-1 我为祖国引吭高歌

上海师范大学行知艺术学院少女合唱团在参加某次国际音乐节合唱比赛时，她们发现在比赛现场除了悬挂中国国旗之外，还悬挂了所谓台湾的“旗子”。学生们认为组委会不应该悬挂所谓台湾的“旗子”。她们马上和组委会进行了严正地交涉。组委会当时便同意把所谓台湾的“旗子”降下。但翌日清晨，组委会又把所谓台湾的“旗子”挂到了旗杆上，学生们再次和音乐节组委会交涉，可一直到比赛开始进行，那面“旗子”仍没有降下。在这种情况下，同学们非常冷静而果断地采取了如下措施：一是提交了一份抗议的书面文件；二是在比赛开始时，她们充满激情地演绎了一首中国民歌《茉莉花》，随后当众发表退出比赛声明，并向到会的各国代表解释了终止比赛的原因；最后，她们高举祖国的五星红旗向全场展示，骄傲地退场。在场的各国参赛代表被这群坚定、勇敢的中国女孩儿们深深地感动；有人竖起大拇指，有人热泪盈眶。观众对她们报以热烈的掌声，表达了对中国青年的钦佩与尊重。

点评 爱国主义是千百年来每个人对自己祖国最深厚的情感；是对生于此、长于此的家园、手足最真挚的眷恋；是对悠久历史和文化传统发自内心的自豪感；是对民族命运的高度责任心。我们都深爱我们的祖国。我们有知识、有文化，有爱国的热情，有民族的自豪感；我们应该理智、理性地表达我们的爱国情感。理性爱国才是真正的爱国。

（二）积蓄坚实完备的知识力量

知识的迅猛发展给人类社会带来的好处是十分明显的。它不仅极大地改善和丰富了人类的物质生活，如纺织和化工科技为人们提供了琳琅满目、舒适美观的衣着用品；洗衣机免除了人们手工洗衣之劳；农业和食品科技为人们提供了营养丰富、品种多样的美味佳肴；轮船、汽车、火车、飞机等使得人们的出行如添翅翼。除此之外，还对人类的精神生活产生了巨大的影响，如电影、电视、广播、录像及各种各样的书刊报纸、计算机网络给人类带来了空前的精神享受，成了左右人们思想、情操的主要传播媒介。试想一下，假如没有这些现代知识，人类的生活将会是一种怎样的状态。

我们正处在从产业社会向知识社会过渡的阶段。西方的学者则指出，发达国家已经或正在进入知识社会。知识在整个社会以惊人的速度全方位地蔓延开来，成为支配或主宰社会的力量或生产要素。作为知识社会的经济基础是知识经济。从经济学的角度来说，知识已经成为我们这个时代的“最难获得或最难替代的生产要素”。因此，谁掌握了最先进的、系统的知识，并将知识应用到工作实践中，谁就有可能成为我们这个社会先进生产力发展要求的代表。培根说：“知识就是力量。”当今社会是一个知识爆炸、信息井喷的时代，社会对大学生的要求是要有健全的知识结构、跨领域的学习能力及理论联系实际的实践能力，因此，我们必须具有足够的知识储备、熟练的操作技能，才能具备创造价值的力量。

案例 8-2 美国总统之路

1809 年 2 月 12 日，一个男孩出生在美国肯塔基州乡村一个穷苦农民的家里。虽然家境贫困，他却从未停止学习。

他七岁开始上学，每星期只去学校两三天。他把燃烧过的木头当成“铅笔”，在粗糙的木板上练习写字。九岁时，母亲去世，他和姐姐读母亲喜欢的《圣经》来送别。后来父亲再婚，继母仁慈宽厚，带来《韦氏大字典》《鲁滨孙漂流记》《天方夜谭》，慢慢他开始精通写作，善于思考，很多邻居请他来帮忙写信。十几岁时，他从五十里范围内的所有邻居那里借书读，《本杰明富兰克林自传》《华盛顿的一生》《天路历程》都是他借来并认真阅读过的书籍，他抓住一切机会认真阅读。二十一岁时外出打工，在安静的小镇上，他仍在坚持读书。他做过商场店员、邮递员等工作。在接待顾客之余，他广泛阅读了哲学、科技、宗教、文学、法律和政治学方面的书籍，并通过自学的方式完成了一个大学生的学习内容。二十八岁的他虽然连小学一年级都没读完，却已经是伊利诺依州的执业律师了。

他成名后，由于是鞋匠的儿子，受人侮辱。他的一个手下在纸条上写了“笨蛋”两个字传给他。他看后，不但没有生气，反而幽默地说：“我们这里只写正文，不记名。而这个人只写了名字，没写正文。”正因他如此坚持，让噩运也“俯首称臣”：

1816 年，家人被赶出了居住的地方，住的地方没了。

1818 年，母亲去世。

1831 年，经商失败。

1832 年，竞选州议员，但落选了！

1832 年，工作丢了。

1833 年，向朋友借钱经商，但年底就破产了。

1835 年，订婚后即将结婚时，未婚妻却死了，因此他的心也碎了！

1836 年，精神完全崩溃，卧病在床六个月。

1838 年，争取成为州议员的发言人，失败了。

1840 年，争取成为选举人，失败了！

1843 年，参加国会大选，落选了！

1848 年，寻求国会议员连任失败了！

1849 年，想在自己的州内担任土地局长的工作，被拒绝了！

1854 年，竞选美国参议员，落选了！

1856 年，在共和党的全国代表大会上争取副总统提名得票不到一百张。

1858 年，再度竞选美国参议员，再度落败。

1860 年，参选美国总统。

1861 年，他通过参加竞选，成为美国第十六任总统。这个人就是林肯！

"问渠哪得清如许？为有源头活水来"。生下来就一贫如洗的林肯，终其一生都在面对挫败。八次竞选八次落败，两次经商失败，甚至还精神崩溃一次。他有好多次本可以放弃，却没有如此，他还是坚持学习，不懈地努力，才成为美国历史上最伟大的总统之一。

歌德说："读一本好书，就是和许多高尚的人谈话。"丰富的知识阅读让林肯成为博学善辩、包容隐忍、勇于承担、正直坦诚的人。知识改变了他的命运，改写了美国历史，使林肯成为美国历史上最伟大的总统之一。

少而好学，如日出之阳；壮而好学，如日中之光；老而好学，如炳烛之明。

——刘向

（三）具备高竞争力的职业素养

职业素养可以通过个体在工作中的行为来表现，而这些行为以个体的知识、技能、价值观、态度、意志等为基础。良好的职业素养是企业需要的，是个人事业成功的基础，是大学生进入企业的"金钥匙"。

“素质冰山”理论认为，个体的素质就像水中漂浮的一座冰山，水上部分的知识、技能仅仅代表表层的特征，不能区分绩效优劣；水下部分的动机、特质、态度、责任心才是决定人的行为的关键因素，才能鉴别绩效优秀者和一般者。

大学生的职业素养也可以看成是一座冰山。冰山浮在水面以上的只有 1/8，它代表大学生的形象、资质、知识、职业行为和职业技能等方面，是人们看得见的、显性的职业素养，这些可以通过各种学历证书、职业证书来证明，或者通过专业考试来验证；而冰山隐藏在水面以下的部分占整体的 7/8，它代表大学生的职业意识、职业道德、职业作风和职业态度等方面，是人们看不见的、隐性的职业素养。显性职业素养和隐性职业素养共同构成了应具备的全部职业素养。由此可见，大部分的职业素养是人们看不见的，但正是这 7/8 的隐性职业素养决定、支撑着外在的显性职业素养，对求职成功与否乃至职场发展如何产生关键性的影响作用。因此，大学生在校期间不但要学好本领、练好技能，更要充分利用各种资源锻炼提升沟通、组织、表达、协调乃至艺术能力，以适应社会和企业的要求，提高职场竞争力。

（四）培养迈向职场的健康心态

1. 改变态度

“无论你愿不愿意毕业，你的大学终究会毕业；不管你如何看待就业，你终究会就业。”我们改变不了事情，就改变对这个事情的态度。事情本身不重要，重要的是人对这个事情的态度。改变了态度就有了激情，有了激情就有了奋发向上的斗志，结果就会变化。

有一个经典案例，一个小孩和一个水手聊天，小孩问水手：“大海那么恐怖，你怎么敢到海上去呢？”水手说：“大海也有很美丽的时候。”小孩问“你爷爷死在哪儿？”水手说：“我爷爷死在海上。”小孩问：“你父亲死在哪儿？”水手说：“我父亲也死在海上。”小孩接着说：“那你怎么还敢到海上去呢？”水手反问小孩：“你爷爷在哪儿死的？”小孩说：“我爷爷是在床上死的。”水手问：“你父亲在哪儿死的？”小孩说：“我父亲也是在床上死的。”水手问：“那你怎么还敢到床上去呢？”别人掉到海里，你不一定掉到海里，别人出问题你不一定出问题。

再来看看一个中国的经典案例，古时候有甲、乙两个秀才去赶考，路上遇到了一口棺材。甲说：“真倒霉，碰上了棺材，这次考试死定了。”乙说：“棺材，棺材，升官发财，看来我的运气来了，这次一定能考上。”当他们答题的时候，两人的努力程度就不一样，结果乙考上了。回家以后他们都跟自己的夫人说，“那口棺材可真灵啊。”心态影响人的能力，能力影响人的命运。生命的质量取决于你每天的心态。如果你能保证每天心情好，你就会获得很好的生命质量，体验别人体验不到的靓丽的生活。

2. 坦然面对竞争

从校园迈向职场，求职应聘是大学生面对的第一次真正意义上的竞争。我们知道，有竞争，就会有成功者和失败者。但是，关键是正确对待失败，要有不甘落后的进取精神。其次，对自己要有一个客观的、恰如其分的评估，努力缩小“理想我”和“现实我”的差距。制定目标时，既不好高骛远，又不妄自菲薄，要把长远目标与近期目标有机地统一起来，脚踏实地，一步一个脚印地做起，这样才有助于“理想我”的最终实现。再者，在竞争中要能审时度势、扬长避短。

当然，成功了固然可喜，失败了也不必灰心丧气。如果从中悟出了一番道理或在竞争中学到了知识，增长了才干，那么这种失败或许更有价值。

3．树立自信心

自信是一种力量。一个人如果没有自信，就看不到自己的优势。即使身处优越的环境中，也会垂头丧气，心灰意冷；即使还是青春年少，心境也会显得苍老衰弱。正如一位哲人所说，多数情况下，我们不是被对手打倒，而是被自己打倒的。一个人如果充满自信，就更容易发挥长处和潜能，全身心地投入，使原本不可能的事变为可能。

如今，就业形势十分严峻，就业面试时的屡屡碰壁以及初涉职场的种种不适应，都会对我们的自信心构成极大挑战。这时，我们千万不能放弃，而应该信心满满地坚持到底。让青春在时代的进步中焕发出绚丽的光彩，为祖国的富强贡献青春的力量。

案例8-3 外交官的自信与努力

前菲律宾外交部长、世界著名的外交家罗慕洛，身材矮小，穿上高跟鞋，也只有160cm。年轻时，他曾想用高跟鞋弥补自己身材的不足，但不久就发现这不是个好办法。于是，他努力锻炼自己的心理素质，拔高自己的心理“高度”，并毅然选择了一般人看来矮个子不适宜的工作——外交。

为了做一名优秀的外交家，他经常对着镜子矫正自己的表情，使自己的形象不卑不亢；他苦练口才，使自己真正成为一个雄辩者；他强化与各种类型的人物交往；在交往中表现自己，并不断完善自己的形象。终于，他成功了，成为菲律宾杰出的外交家。

有一次国际会谈中，某大国的代表说：“你不过是一个小国的小人物罢了。”他稳坐在那里，用并不高昂、但十分庄重的声音回答：“这位代表对我的形容是正确的。在此时此地，把真理之石向狂妄的巨人的眉心投去，是矮子的责任。”那位大国代表在全场的嘘声中偷偷溜掉了。

点评

努力是成功的阶梯，而信心却是建造阶梯的力量。萧伯纳曾说：“有信心的人，可以化渺小为伟大，化平庸为神奇。”正因为罗慕洛将自己不懈的努力和坚定的自信相结合，才改变了他的命运，成为一名出色的外交家。

先相信自己，然后别人才会相信你。

——罗曼·罗兰

行动训练

训练一 盘点我的大学

训练要求：

每个同学在老师的指导下，填写《大学生职业素养实训手册》中关于盘点大学生活的部分；对自己的目标、优势和劣势进行一个客观地分析，分析自己还可以做哪些努力？怎样成功地从一个校园人转型为一名优秀的职场人。

训练二 说出你的故事

训练要求：

（1）讲一讲你在大学期间坚持做好的一件有意义的事情。

（2）与大家分享你最失败的一次经历，并分析失败的原因和得到的启示。

项目2　变身职场达人

案例引导

快递小子的成长

他是个快递小子，20岁出头，其貌不扬，还戴着厚厚的眼镜，一看就知道刚做这行，竟然穿了西装打着领带，皮鞋也擦得很亮。说话时，脸会微微地红，有些羞涩，不像他的那些同行，穿着休闲装平底鞋，方便楼上楼下地跑，而且个个能说会道……

几乎每天都有一些快递小子到我们办公室敲门，有些是接送快递的物品，但大多是来送名片，宣传业务。他第一次来，也是送名片。只说了几句话，介绍了自己的公司，然后认真地用双手放下名片就走了。皮鞋踩在楼道的地板上发出清脆的响声。有同事说，这个傻小子，穿皮鞋送快件，也不怕累。

几天后，接了他名片的同事有信函要发，兴许丁军辉的名片在最上面，就给他打了电话。电话打过去，十几分钟的样子，他便过来了。还是穿了皮鞋，说话还是有些紧张。单子填完，他慎重地看了好几遍才说了谢谢，收费找零钱，谨慎地用双手递过去，好像完成一个很庄重的交接仪式。也许是刚做不久的缘故，他确实比别人谨慎许多，要确认签收人的身份，又等着接收后打开，看其中的物品是否有误，然后才走。所以他接送一个快件，花的时间比其他人要多一些，由此推算，他赚的钱不会太多。觉得这个行业，真不是他这样的笨小子能做好的。

转眼到了“五一”，放假前一天快中午的时候，听到楼道传来清晰的脚步声，随后有人敲门。竟然是他，丁军辉。他换了件浅颜色的西装，皮鞋依旧很亮。手里提着一袋红红的橘子，进了门没说话，脸就红了：“我的第一份业务，是在这里拿到的。我给大家送点水果，谢谢你们照顾我的工作，也祝大家劳动节快乐。”办公室里的人都有些不好意思，只是无意间让他接了几次活，谈不上照顾，但他却执意留下心意转身走了。橘子应该是街边小摊上的，个头都不大，味道还有一点儿酸涩。可是我们谁也没有说一句挑剔的话。半天，有人说道，这小子，倒笨得挺有人情味的。

也许因为他的橘子，也许因为他的认真，再有需要快递的信件和物品，整个办公室的人都会打电话找他，还顺带着把他推荐给了其他部门。这样频繁地接触，大家也慢慢熟悉起来。丁军辉在很热的天气里也要穿着衬衣，大多是白色的，领口扣得很整齐。始终穿皮鞋，从来都不随意。有次同事跟他开玩笑说，你老穿这么规矩，一点不像送快递的，倒像卖保险的。他认真地说："卖保险都穿那么认真，送快递的怎么就不能？我刚培训时，领导说，去见客户一定要衣衫整洁，这是对对方最起码地尊重，也是对我们职业的尊重。"他大概是这行里最听话的员工吧？这么简单的工作，他做得比别人辛苦多了，可这样的辛苦，最后能得到什么呢？他好像做得越来越信心百倍，我们的态度却不乐观，觉得他这么笨的人，想发展不太容易。

果然，丁军辉的快递生涯一干就是两年。两年里他除了换了一副眼镜，衣着和言行基本上没有变化。工作态度依旧认真，从来没听到他有什么抱怨。

一次办公室的人让他送一份快递到某专科学校，他看到地址居然兴奋地说："这是我的母校！"令大家没有想到的是这个快递小子竟然是正规学校的中专生，学财会的。由于家庭贫困，工作难找，所以应招做了快递员。我们都觉得很惋惜，但他却说："不会啊。送快递也需要统筹才会提高效率，比如把客户根据不同的地域、不同的业务类型明细分类，业务多的客户一般送什么，送到哪里，私人的如何送……通常看到客户电话，就知道他的具体位置，大概送什么，需要带多大的箱子……"他嘻嘻地笑，"知识哪有白学的！"没想到笨笨的他这么有心，而他的话，也真有着深刻的道理。

转眼又是一年的"五一"，我们给丁军辉打电话来取东西，电话是他接的，来的却是另外一个更年轻的男孩，"我是快递公司的，丁主管要我来拿东西。"原来，丁军辉当主管了。男孩说："年底就去南宁当分公司的经理了。都宣布了。"男孩和丁军辉明显不一样，有些自来熟，话很多，不等我们问，接着说："上次公司会议上宣布的，提升的理由好几条呢：他是公司唯一干得最长的快递员，是唯一有学历的快递员，是唯一坚持穿西装的快递员，是唯一建立客户档案的快递员，是唯一没有接到客户投诉的快递员……"

当天下午，丁军辉的快递公司送来同城快件，是一箱进口的橙子。虽然没有卡片，没有留言，我们都知道是他送的。拆开后每人分了几个放到桌上。橙子很大，色泽鲜艳，味道甜美。看着这些漂亮的橙子，我们都又想起了那些小小的橘子。它们，是那些小橘子开出的花吗？

案例启示

从一个快递小子成长为一名快递公司的总经理，丁军辉的职业成长之路不得不引起我们的思考：良好的职业形象、严谨的工作态度、创新的工作方法加上乐观向上的心态、吃苦耐劳的精神……成就了一名初入职场的毕业生。我们相信，职业素质是有力量的，这种力量，足以让小小的青涩橘子开出鲜艳的花！

知识提升

一、保持阳光的心态

在日常生活中，我们经常会听到人们对自己生活和工作不断抱怨，抱怨压力、抱怨成败、抱怨得失，抱怨“办公室政治”。一听到这个词，第一反应就是唯恐避之不及，不愿卷入办公室的尔虞我诈里。遗憾的是，她（他）们没有认清自己跟其他人身在同一条船上的事实。有些人被这些抱怨压得喘不过气，有些人却能视其为娱乐，生活工作得游刃有余。两种迥异的态度，关键在于所持的完全不同的心态，而心态在很大程度上，决定着一个人的生活和工作的状态。办公室环境本身就是由人所组成的，每个个体的言行，难免会影响到其他人的想法、整体的气氛与工作的进程。想在职场有一席之地，除了具备才华，一份阳光心态也是打造优秀职场人的关键所在。

（一）工作态度不同，结果势必不同

人们经常谈论有关态度的问题，那么，究竟什么样的态度是好的态度，什么样的态度是不好的态度呢？态度在不同的情况下有不同的表现。此处所讲的态度是不同的职业态度，你是用怎样的职业态度来对待你的工作的呢？

案例 8-4　不同的心态，不同的命运

有人问三个砌墙的工人：“你们在做什么呢？”第一个工人没好气地嘀咕：“你没看见吗，我正在砌墙啊。”第二个工人有气无力地说：“嗨，我正在做一项每小时 9 美元的工作呢。”第三个工人哼着小调，欢快地说：“你问我啊，朋友，我不妨坦白告诉你，我正在建造这世界上最伟大的教堂！”三年后，第一个工人仍在砌墙，第二个工人在办公室里画图——他成了一名工程师，第三个工人则是他们两个的老板。

点评

道理很简单，不同的人，需求不同，工作态度不同，工作动机不同，所产生的行为结果势必不同。我们姑且将不同工作态度的人分为以下几类：

第一类人，工作对他来讲就是按照企业的期望来实现企业的目标，他考虑的完全是企业的要求，而没有自己的需求。感觉自己像个奴隶，越干越被动。

第二类人，工作对他来说就是出卖体力和时间，赚点钱来养家糊口，像这样的人不能特别主动地工作。他只满足于安全需求的层次，他只要安全了，能活下来了就“OK”了，至于其他东西就不争了。

第三类人，具有很高的追求和远大的理想抱负，对所从事的工作非常积极乐观。对他来说，工作不仅是获得收入、取得成就，而且更是一种创造性劳动，他总是用非常积极的态度来面对工作。

这就是问题的症结。如果你只把目光停留在工作本身，那么即使做最喜欢的工作，你依然无法持久地保持对工作的热情。每当这时，你一定要提醒自己：世界本没有卑微的工作，只有卑微的工作态度。工作满意的秘密之一就是能看到超越日常工作的东西，让心情愉快起来，全身心投入，使乏味无比的事情变得妙趣横生。这正是工作顺利的法宝。

乐观是一首激昂优美的进行曲，时刻鼓舞着你向事业的大路勇猛前进。

——大仲马

一位人力资源部负责人曾经说：“我们在分析应征者适不适合某项工作时经常要考虑他对目前工作的态度。如果他认为自己的工作很重要，我们就会留下很深的印象。即使他对目前的工作不满也没有关系。因为认为目前工作很重要的人，他对下一项工作也可能抱着‘我以工作成就为荣’的态度。一个人的工作态度跟他的工作效率有很密切的关系，一个对工作没有热情、表现很消极的人，是不可能在工作上取得成就的。”

（二）调节情绪，轻松面对职场压力

每个人对工作的态度不同，对压力的反应也不同。渴望成功的人可能完全不能接受失败，而重视努力过程的人可能认为只要尽力了，就会坦然面对失败。情绪是可以控制的，关键是一个人的情绪不仅要有深度，还要有宽度。

现代人太过浮躁，欲望太多，所以，很难保持一份良好的心态。没有好的心态，面对激烈的竞争，物质再丰富，心灵还是不会感到愉悦和轻松。要知道，工作只是我们生活的一个重要组成部分，如果我们把工作的成分在生活中无限地扩大，那我们只能在无休止的压力中挣扎、徘徊。长此以往，情绪和心态都会被扭曲，这种扭曲会直接影响到你今后的生活质量和工作效率，甚至会影响到你的健康。所以，保持轻松的情绪和平和的心态，是你愉快生活和工作的基础，也是排遣压力的良药。

所谓平常心，说到底其实并非什么深不可测的学问，也不是什么玄机奇妙的东西，它只是平凡人的平常心而已，也就是说看花是花，看山是山，吃饭时吃饭，睡觉时睡觉。看似简单，做起来却不是那么容易，皆因人心太复杂了。我们常会感叹：世上本无事，庸人自扰之。生活中的我们经常会在不经意间自寻烦恼，职场里的是非纠纷往往就是由此而起。每个人都渴望成功，为此在不断付出，但如果一味地计较个人得失，为了获取成功不择手段，玩权弄术，损人利己，最终也只能是自食苦果。

保持一颗平常心去看待工作，深谙其中的生存法则和其固有的游戏规则，并顺着这个规则去行事，从中寻求最为有效、最具智慧的方法来达到目标。同时还要切记，周边的同事是我们的团队伙伴，要想成功，需要靠彼此的合作、互相的帮助才能获得。

有了一颗平常心，我们就可以看清很多人和事的真实面目，使我们更加重视工作本身，全身心地投入其中，那样你就会活得很开心，活得很精彩。

（三）专注目标，成就自我

很多人分不清楚自己到底喜欢什么。实际上，人应该选择自己喜欢的事情去做，而且一旦选择就不放弃和后悔。世上没有倒闭的行业，只有倒闭的公司；没有做不成的事，只有做不成事的人；归根结底，只有人才是各种事物的主宰者。

真正有本事的人，无论从事什么行业，都可以做得很出色，然而没有真本事的人，任何工作都很难做好。如果一个人无论在什么公司都抱怨，那么是永远无法成功的。也许有些时候上天并不是公平的，但是当上天给你创造机会的时候都无法成功，那么一旦出现不公平就更无法创造成功！所以，我们唯一可以做的就是改变自己。

作为员工，要脚踏实地从基础做起，要求自己三年变成优秀员工，五年变成精英员工，八年变成行业专家，十年到十五年变成行业无可替代的人。

二、保持艰苦奋斗的精神

什么是艰苦奋斗？我们的理解可能是“小米加步枪”“节衣缩食”。而现在，艰苦奋斗已不再仅仅是勤俭朴素的生活作风，更是奋发向上、一往无前的精神状态；是不畏艰难、百折不挠的坚强意志；是自强不息、开拓进取的思想品格；是脚踏实地、锲而不舍的坚韧毅力；是兢兢业业、无私奉献的工作态度。我们大学生只有励精图治、艰苦奋斗、努力拼搏，才能成长为无愧于我们伟大时代，无愧于先辈和民族的优秀人才。

案例 8-5 吃苦耐劳是一种工作态度

曹靖宇在一家公司干了十年了，却始终没有升职的机会。一次老板找到他，说："小曹呀，你在公司的时间也不短了，应该多为公司分担一些责任。最近你们部门主任的任务太重了，我把其中的一部分分给你吧。"曹靖宇一想，自己现在的工作就已经很繁重了，如果再分担了主任的一部分业务，那不得忙死，于是就推说最近家里有事，恐怕难以完成领导交付的任务。老板听后，摇了摇头，不再说话了。

谁料，三个月后，主任居然辞职了，而同事梅芳顺利升职。曹靖宇不服，找到老板说："部门里我资历最老，业绩也最突出，为什么是梅芳升职？"老板说："三个月前我就已经想安排你逐渐接替部门主任的业务，锻炼锻炼，可你没时间。我又找到了梅芳，她爽快地答应了，并且做得很好！"曹靖宇听后懊悔不已！而且，通过这件事，曹靖宇给老板留下了不愿意吃苦、不肯承担责任的印象，以后再有升职的机会，老板也不会想到他。

点评

艰苦奋斗对个人来说是立世之本，对一个国家和民族来说是立国之本、立族之本。社会、学校、家庭都要重视对学生吃苦耐劳、艰苦奋斗的教育和培养，因为这是民族兴旺的需要、国家昌盛的需要。"能吃苦"已成为诸多企业，尤其是中小企业选人、用人的一个重要标准。

案例 8-6 那几个月，这一些年

我常这样描述自己的经历：放过牛、插过秧、打过工、扛过枪。在我记忆的长河中，打工的经历虽然仅仅几个月，但刻骨铭心，常常浮现在我的眼前。

那年高中毕业后，由于离理想的大学差距甚远，得知分数那天，我就拿上几件简单的行李，告别父母那失望而不舍的眼神，到县城打工。

听说一个药品公司招销售员，我迫不及待地赶了过去。没想到应聘很成功，第二天就上班。这种叫"今天"胶囊的药品，专治心脑血管病，我们一行人每天的任务就是拿着宣传单和药品，跟着几个大夫到各个村里进行"义诊"，目的就是让"患者"买药。干了半个来月，当得知这是一家不正当的公司后，我愤然选择离开。

在同学的帮助下，我又在他们家开的超市进了一批牙刷，进价 5 毛钱，卖 1 块 5.

每天早上，我背上一包各式各样的牙刷，然后再在胸前挂上一串，开始走街串巷叫卖。天气酷热难耐，我掏一块钱买了瓶矿泉水，为省钱我还不敢大口喝。一直到太阳落山，我还没吃早饭和午饭，却一只牙刷也没卖出去。一周过去了，身上带的300多块钱除了交房租，生活费已所剩无几。刚开始，我每天还能保证两顿饭，后来一顿饭都难吃饱了。我给自己规定，卖不到10块钱，坚决不吃饭。整整一个月，我没吃过一顿肉。那种饥饿感，现在想起来就是胃绞痛。

一次到建筑工地上卖牙刷，那些大哥大叔们看我可怜，每人买了一只。我还记得一个40多岁的农民工大叔，一下买了20只，同情地摸着我的头，并让工友从大木桶里给我舀了一大碗苦丁茶让我喝。牙刷卖了这么多，还有水喝，我高兴地坐在那儿和他们聊天。看着他们人多也热闹，工资比卖牙刷挣得多，我跑到包工头那儿，恳求他收下我。挑剔的包工头斜着眼看着我单薄的身体，跷着二郎腿，话也懒得搭理。在工地上几个大叔的说情下，工头终于答应收下我。

我没技术，被安排去抬河沙。为了不让替我说情的大叔们失望，我每抬一桶河沙都咬紧牙，憋足了全身的劲。仲夏的太阳让整个大地如热锅，空气中弥漫着滚滚热浪，残酷的太阳毫不留情地往我身上恣意地泼洒着它的酷热，背上、脸上就像一根根烫针往肉里扎。

我半个小时就得脱下背心拧一下水，然后再跑到茶水桶旁边猛灌几口凉茶。汗水流得太快，导致眼镜都戴不住。几天工作熟练后，我干脆把眼镜也摘了。热，是那一段时间的敏感字眼；饥饿和劳累，从早到晚不停地折磨着我那瘦弱的身躯！

到了年底，我报名参了军。在部队的日子里，打工那几个月的经历一直影响着我。新兵连队口号是："苦不苦，想想长征二万五，累不累，想想革命老前辈"，我却在笔记本上写道："苦不苦，想想牙刷一块五，累不累，想想烈日炙烤背。"这么多年来，除了请客吃饭，我自己从没吃过超过10块钱的饭菜，把自己的生活要求降到最低；不管领导交派再苦再累的活，我从来没有推辞过，总是以最高的热情和最大的耐心去圆满完成。我想，这跟我打工的经历分不开，打工的经历将影响我一生！

所有的磨砺，都将成为一种生活的厚重；所有的困苦，都会演绎成一种成熟的高度。再苦再累，我坦然面对，再艰再难，我昂首挑战。

点评

泰然处之遭遇的困苦，人会变得更加坚强。穷人家的孩子早当家，他们没有舒适的生活环境，或者说有人放弃了安逸的生存空间，为了生存下去要不停地和困难作斗争。在这个过程中，他们学会了如何面对挫折、经历磨难；他们认识了世界，体味了人生的艰辛；身处逆境的他们积累了大量的资本，不但锻炼了生存能力，而且磨炼了意志，挖掘了自身的潜力，这种历练将成为他们一生的财富。

天将降大任于斯人也，必先苦其心志，劳其筋骨，饿其体肤，空乏其身，行拂乱其所为，所以动心忍性，曾益其所不能。

——孟子

三、培养追求卓越的意识

（一）不遗余力地突破自我

一项工作，做到什么程度算好？做到最好才算好。好到不能再好了，也就达到了完美。比如你得了80分，要想办法达到85分，达到85分了，再想办法达到90分，然后是95分、100分，不断努力，不断在否定中提高自己，直至做到最好。

我们对待工作，绝不要抱有无所谓、马马虎虎、得过且过的态度。面对每份工作都积极开动自己的大脑，勇于承担责任，不为失败找理由，不让抱怨成习惯，每个环节都力求完美，那么你的结果就会是最好的。

案例 8-7 要做就做到最好

一位利用假期到东京帝国饭店打工的女大学生，在这个五星级饭店里所分配到的工作是清洗厕所。

当她第一天将手伸进马桶刷洗时，差点当场呕吐。勉强撑过几日后，实在难以为继，决定辞职。但就在此关键时刻，大学生发现，和她一起工作的一位老清洁工，居然在清洗工作完成后，从马桶里舀了一杯水喝下去。大学生看得目瞪口呆，但老清洁工却自豪地表示，经他清理过的马桶，是干净得连里面的水都可以喝下去的！

这个举动给这位大学生很大的启发；此后再进入厕所时她不再以之为苦，却视为自我磨炼与提升的场所。每次清洗完马桶，她总是扪心自问："我可以从这里面舀一杯水喝下去吗？"假期结束，当经理验收考核成果时，女大学生在所有人面前，从她清洗过的马桶里舀了一杯水喝下去！

毕业后，大学生果然顺利进入帝国饭店工作。而凭着这种敬业精神，37岁以前，她是日本帝国饭店最出色的员工和晋升最快的

人。37岁以后，她步入政坛，最终成为日本内阁邮政大臣！这位女大学生的名字叫野田圣子。

点评　即使在基层做工作，也要把工作做到极致。当我们刚开始工作时，一定要干一行爱一行，要么不做，要做就做到最好。

（二）竭尽全力地完成任务

有这样一种敬业精神。对上级的托付，能够立即采取行动，全心全意去完成任务。企业需要这样的员工，也只有这样的员工才是一名具有执行力、合格的员工。懒懒散散、对事漠不关心、做事马马虎虎的人都被动地工作，在领导交给一个任务时，总是抱怨、推脱，问这问那，最后可能事情还没完成。

上级交给你一个任务，就是给你一个目标，至于采取什么方式去实现目标，那是员工应该考虑的问题。目标是虚的，而执行力却是由实实在在的工作组成的，如果领导交给员工的工作，员工都能全力以赴地完成好，这样的员工还怕没有成功的那一天？

（三）与时俱进地开拓创新

"创新"一词是20世纪90年代中期以后，在我国使用频率较高的一个词。所谓创新，《现代汉语词典》中解释为"抛弃旧的，创造新的；指创新能力，新意。"当前，创新能力逐渐成为企业越来越看重的职业素质。近年来，很多著名企业的面试都在考查应聘者的创新能力。例如，微软的面试题目中就有"美国的汽车总数有多少辆？""如果停电5分钟广州会是什么样？"之类的面试题目。对这些题目的回答反映了一个应聘者的创新能力。对毕业生而言，个人所能掌握的知识是很有限的，有句话这样说："学历只代表你的过去，创新的能力代表你的将来。只有不断创新，你才能始终站在竞争潮流的最前沿。"

大学生是祖国创新发展的希望。我们要不断完善自己的创新思维，通过不断推导，提炼新的理论观点，打破常规。不拘泥于一种思路，时常有惊人之举，用摸索出的新方法解决实践中的新问题。

四、坦诚面对批评

金无足赤，人无完人。任何人都有犯错误的时候。犯了错误，我们是坦然地接受批评，还是选择逃避？面对批评时的不同态度，可以反映出人的执行力强弱。

有些人性情比较暴躁，或者不太喜欢听取别人的意见，一旦有人向他们提出批评，他们的第一反应就是进行反驳。但是反驳并不能使问题得到解决，相反还可能会使矛盾进一步激化。因此当对方提出批评意见时，正确的做法是应该认真地倾听，即便有些观点自己并不赞同，也应该让对方先讲完自己的道理。另外，还应该坦诚地面对批评者，表现出愿意接受批评的态度。

还有一些人在进行批评时，虽然说了一大堆，却很难让人明白他具体在批评什么。如果遇见这样的批评者，我们应该礼貌地让其讲明批评的理由，最好能讲出具体的事件；这样可以使人清楚地明白自己在哪些方面还存在问题和不足。另外，这也可以让无中生有的批评者知难而退。

能够接受别人的批评，体现了一个人谦虚进步、虚怀若谷的胸怀。在接受别人批评时，不要去猜测对方批评的目的，而应该将注意力放在对方批评的内容上。面对批评者，无论批评的内容是对还是错，都要表现出认真倾听的态度。有人肯批评你，是因为他重视你，希望你更完美。在自己身边，时刻有一个督促自己积极上进的人，是自己成功的动力。

五、不找任何借口

执行力，简单来说，就是保质保量、按时完成工作任务的能力。“执”，是做事的标准和内容；“行”，是为做事情而进行的快速而高效的行动；“力”，是指做事的力度和完成情况。

执行力是建立在以正确行事标准为前提下的积极、有序、快速、高效的行为。执行力是不折不扣地贯彻决策、推行计划，通过实践将策略转化为成果的能力。执行力的核心是务实、实事求是、责任心和关注细节。

（一）执行力对职业发展的重要性

法国有句谚语这么说：“不管我们踩在什么高跷之上，没有自己的脚是不行的。”如果不动手去做，谁也不能做好本可以做好的事情。有些同学之所以缺乏竞争力，并不是因为他们不知道如何做，而是他们缺乏脚踏实地、即知即行的执行力。

“说来容易做来难”。执行力是从规划到结果的推进器。它的高低往往决定最终的成败。许多同学总在考试以后抱着一堆只草草翻过的参考资料后悔莫及，其实如果当初哪怕只集中精力研究其中的一本，也会有很大的进步。在当前快速变化的市场环境下，执行力显得尤为重要。执行力是一种用人单位极其看重的个人核心竞争力。一个人如果拥有执行力，即使光凭一把生锈的螺丝刀，都要比空有一屋子工具却只说不做的人更具备迈向成功的竞争力。

（二）执行力提升的途径和方法

第一，积极主动，自动自发。积极主动、自动自发地做事、同时为自己的所作所为承担责任，是成就大业之人和得过且过之人的最根本区别。

良好的执行力，首先表现为一种满腔热忱的意识，表现为一种高度的自觉性和主动自发的意识。主动自发不是一个口号、一个动作，而是要充分发挥主观能动性与具有责任心。在接受工作后，应尽一切努力，想尽一切办法把工作做好。自动自发就是一种可以帮助人们扫平挫折的、积极健康的人生态度。没有这种意识，就没有标准，没有规范。

自动自发必须反对拖延。拖延是一种恶习，它消耗人的能量，阻碍人潜能的发挥。处于拖延状态的人，常常陷于一种恶性循环之中，这种恶性循环就是：拖延导致工作的低效，越是处在低效状态就越容易产生情绪困扰，情绪困扰必然导致更为严重的拖延。所以，习惯性的拖延就是在培养薄弱的意志。拖延并不能使问题消失，也不能使问题变得容易，而只会使问题恶化，造成严重的危害。

第二，停止抱怨，不找借口。执行中不抱怨，不找任何借口也是执行力的表现。无论做什么事情，都要记住自己的责任；无论处在什么样的工作岗位，都要对自己的工作负责。学习就是不找借口地去完成，工作就是不做抱怨地去执行。执行力就是在每一环节都力求完美，切实执行。停止抱怨，不找借口，围绕既定目标立即行动，一丝不苟地以最快速度、最高质量实现目标，就是良好执行力的表现。

行动训练

训练一 送你职场“小锦囊”

训练要求：

（1）以小组为单位，各组讨论职场生存技巧，并制作 PPT 演示文稿。

（2）每组派代表进行 PPT 展示，为大家送上职场“小锦囊”。教师给予点评和总结。

训练二 做好职前准备

训练要求：

（1）以小组为单位，各组讨论入职后第一个星期都应该做些什么。

（2）各组派代表与大家分享。教师给予点评和总结。

同步校园活动："学会选择与放弃是一种智慧"主题讨论会

活动要求

（1）全院各班采用"团支部活动"或"班会"的形式开展讨论会。鼓励同学们利用视频、PPT 等辅助方法进行交流探讨，并邀请辅导员指导和参与，提高讨论会的效果。

（2）选择与放弃既是相互独立，又是相辅相成的两个概念。此主题旨在让同学们围绕"学会选择""懂得放弃"展开讨论，谈谈人生中有哪些重要的转折点，这些转折点应该如何选择；面对困难或挫折，如何调整心态做出正确的选择；如果选择失误，会对人生造成何种不良影响。同时，通过讨论让大家认识到有时候放弃也会让人生更加精彩，分享生活中勇于放弃、"柳暗花明又一村"的例子。最终得出选择改变命运，有时候放弃也许会让人生更美丽的结论。

（3）各班在开展讨论会时，需营造良好的活动氛围，如黑板上有主题："学会选择与放弃是一种智慧——× × 班主题讨论会"，拍摄照片等，并将主题讨论会的相关资料（如照片、总结、发言稿、PPT 等）整理存档，以备参加各类优秀集体评比活动。

拓展阅读

阅读一 个人成长 15 种关键能力

大多数人不会认为自己的能力有问题。但是，困扰人们的问题是：在相关条件差别不大的情况下，为什么有的人能成功，而有的人却不成功？无论在国企，还是在外企，凡是成功人士的身上都有独特的个人能力和人格魅力，这是他人所缺乏的。他们的成功绝不能简单地归结为机遇好，而是具备了如下能力。

1. 解决问题时的逆向思维能力

面对工作中遇到的新问题，一时又找不到解决方法，而上司可能也没有什么锦囊妙计时，他们擅长用逆向思维方法去探索解决问题的途径。他们清楚具体业务执行者比上司更容易找出问题的节点，是人为的，还是客观的，是技术问题，还是管理漏洞。采用逆向思维找寻问题的解决方法，会更容易从问题中解脱出来。

2. 考虑问题时的换位思考能力

在考虑解决问题的方案时，常人通常站在自己职责范围立场上尽快妥善处理，而他们却总会自觉地站在公司或老板的立场去考虑解决问题的方案。作为公司或老板，解决问题的出发点首先考虑的是如何避免类似问题的重复出现，而不是头痛医头，脚痛医脚地就事论事。面对人的惰性和部门之间的扯皮，只有站在公司的角度去考虑解决方案，才是一个比较彻底的解决方案。能始终站在公司或老板的立场上去酝酿解决问题的方案，逐渐地他们便会成为公司可以信赖的人。

3. 强于他人的总结能力

他们对问题的分析、归纳、总结能力比常人强，总能找出规律性的东西，并驾驭事务，从而达到事半功倍的效果。人们常说苦干不如巧干，但是如何巧干，不是人人都知道的。

4. 简洁的文字编写能力

老板通常都没时间阅读冗长的文书。因此，学会编写简洁的文字报告和编制赏心悦目的表格就显得尤为重要。即便是再复杂的问题，他们也能将其浓缩阐述在一页 A4 纸上。有必要详细说明的问题，再用附件形式附在报告或表格后面。让老板仅仅浏览一页纸或一张表格便可知道事情的概况。如其对此事感兴趣或认为重要，可以通过阅读附件里的资料来了解详情。

5. 信息资料收集能力

他们很在意收集各类信息资料，包括各种政策、报告、计划、方案、统计报表、业务流程、管理制度、考核方法等，尤其重视竞争对手的信息。因为任何成熟的业务流程本身就是很多经验和教训的积累，遇到用时，就可以信手拈来。这在任何教科书上是无法找到的，也不是哪位老师能够传授的。

6. 解决问题的方案制订能力

遇到问题，他们不会让领导做“问答题”，而是做“选择题”。常人遇到问题，首先是向领导汇报、请示解决办法，带着耳朵听领导告知具体操作步骤，这就叫让领导做“问答题”。而他们常带着自己拟好的多个解决问题方案供领导选择、决策，这就是常说的给领导出“选择题”。领导显然更喜欢做的是“选择题”。

7. 目标调整能力

当个人目标在一个组织里无法实现，且又暂时不能摆脱这一环境时，他们往往会调整短期目标，并且将该目标与公司的发展目标有机地结合起来。这样，大家的观点就容易接近，或取得一致，就会有共同语言，就会干得欢快。反过来，别人也就会乐于接受他们。

8. 超强的自我安慰能力

遇到失败、挫折和打击，他们常能自我安慰和解脱。还会迅速总结经验教训，而且坚信情况会发生变化。他们的信条是“塞翁失马，焉知非福”。上帝在一个地方为你关上一扇门的同时，一定会在另一个地方为你打开一扇窗。

9. 书面沟通能力

当发现与老板面对面的沟通效果不佳时，他们会采用迂回的办法、如电子邮件、书面信函或报告的形式再尝试沟通一番。因为，书面沟通有时可以达到面对面语言沟通所无法达到的效果；可以较为全面地阐述想要表达的观点、建议和方法；可以让老板听你把话讲完，而不是打断你的讲话或被其电话打断你的思路；也可方便地让老板选择一个其认为方便的时候来“聆听”你的“唠叨”。

10. 企业文化的适应能力

他们对新组织的企业文化都会有很强的适应能力。换个新企业就犹如换个办公地点，照样能如鱼得水般地干得欢畅并被委以重用。

11. 岗位变化的承受能力

竞争的加剧，经营风险的加大，企业的成败可在一朝一夕之间发生。对他们来讲，岗位的变化，甚至于饭碗的丢失都无所畏惧。因此，他们承受岗位变化的能力也是常人所无法比拟的。在他们看来，这不仅是个人发展的问题，更是一种生存能力的问题。

12. 客观对待忠诚

从他们身上你会发现对组织的忠诚。他们清楚地意识到忠诚并不仅仅有益于组织和老板，最大的受益者是自己。因为，责任感和对组织的忠诚习惯一旦养成，会使他们成为一个值得信赖的人，可以被委以重任的人。他们更清楚投资忠诚得到的回报率其实是很高的。

13. 积极寻求培训和实践的机会

他们很看重培训的机会，往往在招聘时就会询问公司是否有提供培训的机会。善于抓住任何培训机会。一个企业如果它的薪酬福利暂时没有达到满意的程度，但却有许多培训和实践的机会，他们也会一试。毕竟，有些经验不是用钱就能买回来的。

14. 勇于接受分外之事

任何一次锻炼的机会，他们都不轻言放弃，而把它看成是难得的锻炼机会，并意识到今天的分外，或许就是明天的分内之事。常看见他们勇于接受别人不愿接受的分外之事，并努力寻求一个圆满的结果。

15. 职业精神

他们身上有一种高效、敬业和忠诚的职业精神。主要表现为：思维方式现代化，拥有先进的管理理念并能将其运用于经营实践中；言行举止无私心，在公司的业务活动中从不掺杂个人私心。这样，就敢于直言不讳，敢于纠正其他员工的错误行为，敢于吹毛求疵般地挑剔供应商的质量缺陷。因为，只有无私才能无畏；待人接物规范化，这也是行为职业化的一种要求。有了这种职业精神的人，到任何组织都是受欢迎的，而且，迟早会取得成功。

当然，有了上述能力，不能保证一定成功；但如果没有这些能力，那肯定是无法获得成功的。

阅读二 职场抗压方法

在巨大的职业压力下，如何调整自己的心态，做到波澜不惊、坦然面对，这是每一个职场人都十分关切的问题。心态调整是一个复杂的心理和生理过程，在看似神秘的迷雾中，也有一些可以把握的规律和方法。

1. 精神超越

卡耐基说：“我非常相信，这是获得心理平静的最大秘密之一——要有正确的价值观念。而我也相信，只要我们能定出一种个人的标准来——就是和我们的生活比起来，什么样的事情才值得的标准，我们的忧虑有 50% 可以立刻消除。”人为什么会产生痛苦、不安和犹豫、彷徨？归根到底是因为不清楚自己到底要什么，也就是说，自己没有清晰的价值观和人生定位。所以，心态调整的第一步就是要彻底弄清自己的真正需要。我是一个什么样的人？我想做一个什么样的人？我的人生目标是什么？什么才是我的最爱？什么才是我最为珍贵的东西？什么才是我真正追求的东西？我如何定义成功、快乐和幸福？这些问题问清楚了，给自己一个确定不疑的答案，给自己一个生活与工作的理由，每当遇到疑难问题就用这些标准去解释、去衡量，我们自然就会心安理得，自然就会找到生命的阳光和快乐的源泉。

2. 心态调整

法国作家雨果曾说过：“思想可以使天堂变成地狱，也可以使地狱变成天堂。”你不能样样顺利，但可以事事尽心；你不能左右天气，但可以改变心情；你不能选择容貌，但可以展现笑容；你不能预知明天，但可以用好今天；你不能改变别人，但能改变自己。所有这些的关键就是积极主动地调整自己的心态。

因此，遇到危机时我们要看到危机后面的转机；遇到压力时要看到压力后面的动力；遇到挫折时要看到挫折后面的成长；遇到成功时要看到成功后面的失败。总之，任何事情都有两个以上的选择，我们要做的是选择积极的应对心态。有专家研究，一个乐观系数高的人，在处理问题时，他就会比一般人多出 20% 的机会得到满意的结果。因此正向乐观的态度不仅会平息由环境压力而带来的紊乱情绪，也会使问题导向积极正面的结果。

3. 理性反思

理性反思就是积极进行自我对话和反省。对于一个积极进取的人而言，面对压力和不良情绪时可以自问，“如果没做成又如何？”“如果真的像别人说的那样又如何？”“我真的是一个粗心的人吗？”“我真的是责任心不强吗？”等等。这样的想法并非找借口，而是一种有效疏解压力的方式，并且，在不断地自我追问中，我们会找到问题的真正症结所在。

同时，养成记心情日记也是一种简单有效的理性反思方法。它可以帮助你确定是什么刺激引起了压力和心情不好。通过检查你的日记，你可以发现你是怎么应对压力的，结果怎么样，又该如何应对外界环境对自己的影响，如何塑造自己阳光的心情。

4. 建立平衡

首先，我们的人生目标体系不能太单一，也不应该单一。我们不能一辈子活着只为了工作、事业、金钱、权力、名誉，我们还有更多的比这些更重要的东西，比如：健康、家庭、孩子、兴趣、学习、朋友、服务他人、精神愉悦等。我们不能成为世俗成功标准的奴隶。其次，我们要主动管理自己的情绪，注重业余生活，不要把工作上的压力和不良的情绪带回家。第三，留出休整的空间，与他人共享时光。交谈、倾诉、阅读、冥想、听音乐、处理家务、参与体力劳动都是获得内心安宁的绝好方式。选择适宜的运动，锻炼忍耐力、灵敏度或体力等，持之以恒地交替应用你喜爱的方式并建立理性的习惯，逐渐体会它对你身心的裨益。

5. 管理时间

现代职场人士时间总是不够用，原因在于没有很好地养成管理时间的习惯，而且误认为忙就是效率，甚至以“工作狂”为荣。时间管理的关键是不要让你的安排左右你，你要自己安排你的事。在进行时间安排时，应权衡各种事情的优先顺序，要学会“弹钢琴”。对工作要有前瞻能力，把重要但不一定紧急的事放到首位，比如做计划、学习、锻炼身体、授权等，运用PDCA循环的方法管理自己，管理工作，防患于未然。如果总是在忙于救火，那将使我们的工作永远处于被动之中，也不会常有阳光快乐的心情。

6. 加强沟通

平时要积极改善人际关系，特别是要加强与上级、同事及下属的沟通，注意与配偶、孩子、父母的情感交流。在压力过大或情绪不佳时，要坦诚地寻求上级、同事、朋友或家人的协助，不要试图一个人就把所有压力与痛苦都承担下来。要筹建自己心情的“蓄水池”和支持系统，成功时有人分享，挫折时有人倾诉。

7. 提升能力

既然压力和郁闷的来源是自身对事物的不熟悉、不确定感，或是对目标的达成感到力不从心，或是担心自己被淘汰。那么，缓解压力和减少不安的最直接有效的方法，便是去了解、掌握状况，并且设法提升自身的能力。通过读书、读人、读事，通过自学、参加培训等途径，提升自己的职业能力和职业竞争力。一旦“会了”“熟了”“清楚了”，能力提高了，你的自信心和成就感自然会增加，你的快乐与阳光指数自然会上升。

8. 把握今天

压力与消极情绪的产生都有一个相同的特质，就是突出表现在对明天和将来的焦虑和担心，而要应对压力，减少消极不安情绪，我们首要做的事情不是去观望遥远的将来，而是去做手边的清晰之事，因为为明日做好准备的最佳方法就是集中你所有的智慧、热忱，把今天的工作做得尽善尽美。“昨天是张作废的‘支票’，明天是张‘信用卡’，只有今天才是‘现金’，要善加利用。”

9. 保持健康

健康的身心是我们塑造阳光心态的基础。学会肌肉放松、深呼吸，加强锻炼，充足完整的睡眠，保持健康和营养等，这些都应该纳入我们平时工作与生活的计划之中。通过保持你的健康，你可以增加精力和耐力，帮助你抵抗压力与消极情绪的侵袭。

阅读三 清华校长送给毕业生的五句话

“未来的世界：健康比成绩重要，方向比努力重要，能力比知识重要，生活比文凭重要，情商比智商重要！”

健康比成绩重要

成绩只能代表过去，这是很多人已经认同的一句话。对于毕业后走入工作岗位的毕业生，学生阶段的成绩将成为永久的奖状贴在墙上，进入一个工作单位，就预示着新的竞赛，新的起跑线。没有健康的身心，如何应对变幻莫测的市场环境和人生变革？如何应对工作压力和个人成就欲的矛盾？而且在现代社会，拥有强健的身体已经不是最重要的，健康的心理越来越受重视。处理复杂的人际关系、承受挫折与痛苦、缓解压力与抑郁，这些都将成为工薪族乃至学生们常常面对的问题。

方向比努力更重要

现在是讲究绩效的时代。公司、企业、政府需要的是有能力且能与企业共同发展的人，而不是一味地努力，但却南辕北辙的人。自己适合哪些行业、哪些职业，有很多东西是先天决定的，只有充分发掘自己的潜力，而不是总与自己的弱点对抗，一个人才能出人头地。就像现在很多企业招聘的时候，他们相信通过培训和教育可以让火鸡学会爬树，但是还是觉得选个松鼠方便一些。方向不对，再努力，再辛苦，你也很难成为你想成为的那种人。

能力比知识重要

知识在一个人的构架里属于表象的东西，就相当于有些人可以在答卷上回答如何管理企业、如何解决棘手的问题、如何当好市长等，但是在现实面前，他们却显得毫无头绪、不知所措。他们总是在问为什么会是这种情况，应该是哪种情况等。他们的知识只是知识，而不能演化为能力，更不能通过能力来发掘他们的潜力。现在很多企业都在研究能力模型，从能力的角度来观察应聘者能否胜任岗位。当然，高能力要和高绩效直接挂钩。能力的发挥也是在一定的机制、环境、工作内容与职责之内的，没有这些平台和环境，再高的能力也只能被尘封。

生活比文凭重要

曾经有一个故事，说有个记者问放羊的小孩：“为什么放羊？”答：“为了挣钱。”“挣钱干啥？”答：“盖房子。”“盖房子干啥？”答：“娶媳妇。”“娶媳妇干啥？”答：“生孩子。”“生孩子干啥？”答：“放羊！”记得去年在中国人民大学听一个教授讲管理学基础，他说你们虽然都是研究生，但很多人本质上还是农民！大家惊愕，窃窃私语。他说你们为什么读研究生，很多人是不是想找个好工作，找工作为了什么，为了找个好老婆，吃喝住行都不错，然后生孩子，为了孩子的前途更光明，这些不就是农民的朴素想法吗？哪个农民父母不希望自己的子女比自己更好？说说你们很多人是不是农民思想，什么时候，你能突破这种思维模式，你就超脱了。当这个社会看中文凭的时候，假文凭就成为一种产业，即使是很有能力的人，也不得不弄个文凭，给自己脸上贴点金。比起生活，文凭还重要吗？很多人找女朋友或者男朋友，把学历当作指标之一，既希望对方能够给他/她伴侣的温暖与浪漫，又希望他/她知识丰富、学历相当或更高，在事业上蒸蒸日上。我想说，你找的是伴侣，不是合作伙伴，更不是同事；生活就是生活，这个人适合你，即使你是博士，他（她）没有文凭，那也无所谓，适合就会和谐融洽，人比文凭更重要。很多成功的人在回头的时候都说自己太关注工作和事业了，最遗憾的是没有好好陪陪父母、爱人、孩子，往往还伤心落泪。如果能早意识到这些，多给生活一些空间和时间，我们就不会活得那么累。

情商比智商重要

情商是成功领导者最重要的因素之一。比如在美国，“9·11”恐怖袭击时，某公司总裁 Mark Loehr 让自己镇定下来，把遭受痛苦的员工们召集到一起，说：“我们今天不用上班，就在这里一起缅怀我们的亲人，并一一慰问他们和亲属。”在那一个充满阴云的星期，他用自己的实际行动帮助了自己和他的员工，让他们承受了悲痛，并且把悲痛转化为努力工作的热情，在许多企业经营亏损的情况下，他们公司的营业额却成倍地上涨，这就是情商领导的力量，是融洽了自我情绪控制、高度忍耐、高度人际责任感的艺术。曾经有个记者刁难一个企业家：“听说您大学时某门课重考了很多次还没有通过。”这位企业家平静地回答：“我羡慕聪明的人，那些聪明的人可以成为科学家、工程师、律师，等等，而我们这些愚笨的可怜虫只能管理他们。”要成为卓越的成功者，不一定智商高才可以获得成功的机会，如果你情商高，懂得如何发掘自己身边的资源，甚至利用有限的资源拓展新天地，滚雪球似的积累自己的资源，那你也将走向卓越。

参考文献 Reference

[1] 柳晓夫．高职生职业发展与就业指导实训手册．北京：北京理工大学出版社，2012.

[2] 方志中，等．我的大学—新生入学读本．北京：新华出版社，2012.

[3] 阚雅玲，等．职业规划与成功素质训练．北京：机械工业出版社，2011.

[4] 沈斐敏．大学生职业生涯规划与职业素养．北京：高等教育出版社，2011.

[5] 陆虹璋，等．职业生涯规划与就业指导．北京：北京师范大学出版社，2011.

[6] 刘兰明，等．职业基本素养．北京：高等教育出版社，2009.

[7] 史梅，等．赢在起点—大学生职业生涯规划与职业素质拓展．北京：高等教育出版社，2010.

[8] 许湘岳．团队合作教程．北京：人民出版社，2011.

[9] 邢志丽，等．职业素质养成读本．西安：西北工业大学出版社，2012.

[10] 戚国华，等．人际沟通与口才训练．北京：高等教育出版社，2011.

[11] 李颖娟．人际沟通与交流．北京：清华大学出版社，2012.

[12] 杨会兰．现代礼仪实操教程．北京：北京师范大学出版社，2011.

[13] 李桂萍．礼仪实训教程．北京：北京师范大学出版社，2013.

[14] 杨俭修．职业素养提升．北京：高等教育出版社，2011.

[15] 潘安岚．综合素质拓展训练．北京：旅游教育出版社，2010.

[16] 幸大学，等．职业院校学生职业生涯规划．成都：西南师范大学出版社，2010.

[17] 白山．跟动物学抱团．北京：北京工业大学出版社，2011.

[18] 滕建勇．大学生行为指导与训练．上海：上海大学出版社，2008.

[19] 宋倩华．沟通技巧．北京：机械工业出版社，2012.

[20] 刘道厚，等．职业素养与就业指导．北京：科学出版社，2007.

[21] 职业生涯与发展规划课题组．大学生职业生涯与发展规划教程．北京：中国传媒大学出版社，2010.

[22] 丁立群．高职学生社交礼仪．北京：中国农业出版社，2012.

[23] 张丽娟，等. 现代社交礼仪. 北京：清华大学出版社，北京交通大学出版社，2012.

[24] 董乃群，等. 社交礼仪实训教程. 北京：清华大学出版社，北京交通大学出版社，2012.

[25] 谢珊. 大学生职业生涯发展训练. 广州：广东高等教育出版社，2011.

[26] 丁雯，等. 企业文化基础. 大连：东北财经大学出版社，2011.

[27] 刘盛贤. 大学生心理调适与发展. 北京：高等教育出版社，2012.

编者寄语

亲爱的新同学：

欢迎您成为学院这个大家庭中的一员！

大学是人生旅途的新阶段，是追寻梦想的新起点。踏入大学校门前，你还是一个被动的、为分数读书的、被家庭呵护着的高中生；从入学第一天起，你就应该对大学有一个正确的认识和规划，努力编织梦想，明确方向，更新知识，积累经验，在学习中享受快乐，在实践中提升素养，为在毕业时找到自己最喜爱的工作打下坚实的基础。

近几年来，由于高校毕业生人数不断增加，社会对大学生的接收能力降低，造成一定范围内大学生就业难，这就对我们大学生的素质和能力提出了更高的要求。然而，通过对毕业生的跟踪调查和企业的反馈，我们发现礼仪缺失、责任心不强、沟通能力不够、团队意识薄弱、长远规划缺乏等职业素养问题已严重影响了大学生的求职成功率和职业的发展。

同学们，要想在激烈地就业竞争中取得成功，要想在职场上有长足的发展，就要在提高自身素质和能力上下功夫，特别是要注重提升职业素养。经过大学生活的历练，你就要从思考中确立自我，从计划中把握时间，从学习中寻求真理，从独立中体验自主，从表达中锻炼口才，从交友中体会成长，从追求中获得力量，从实践中赢得价值，从一个青涩的校园人成长为一个成熟的职业人。

这本《大学生职业素养实训手册》是与《大学生职业素养基础教程》同步编写的，配合大学生职业素养教学，融入同学们大学阶段的全过程，旨在领航大学生活，反映成长轨迹，提升职业素养，见证大家的成长、成熟、成才。

同学们，带着梦想与憧憬开始属于自己充满激情的大学生活吧！学院将为你们搭建成长的平台，期待你们能在大学这片新天地里挖掘潜能，发挥智慧，积累资本，储蓄能量，孕育发展的蓝图，奠定成功的基础，拥有一份珍贵的回忆和一段美好的人生！

目录

第一学期　明确目标，转变角色

实训任务一　开启大学之旅

一、开展“破冰行动”

以班级为单位分成两个组，两组同学站成内外两圈。当歌声开始时两圈同学朝不同方向转动。歌声每停一次，内外两个圈面对面的两人相互握手并进行自我介绍（详见《大学生职业素养基础教程》）。

二、进行高台演讲

请每位同学在“爱好碰碰碰”展示板相应位置上标出自己的名字，然后到高台上进行演讲（详见《大学生职业素养基础教程》）。

我的高台演讲提纲

亲爱的同学们，大家好！我叫____________，我来自__________________
我是一个喜欢______________________的人

三、参加团队训练

（1）参加“找到团队”活动。

教师将 4 张图片分别剪成若干张形状不同的小图片，打乱顺序后分发给学生，要求学生根据图片去寻找团队。组成团队后，同学们讨论并设计团队名称及口号。

（2）进行团队展示。

（3）开展团队训练。

以团队为单位，所有学生手拉手围成一圈，面朝内侧，其中 1 人手臂上挂 1 个呼啦圈，在教师发出口令后，同学们迅速将呼啦圈逐个传递，直到回到初始位置。用时最短的团队为胜。注意：在传递过程中，手臂不能断开，否则视为违规，接受惩罚。

（4）记录你的团队。

我的团队

团队名称：

团队口号：

我的队长：

我的队友：

（5）评价你的表现。

团队展示综合评价表

项目 评价	态度 （20分）	创新意识 （20分）	合作意识 （20分）	执行力 （20分）	服从力 （20分）	综合评价
自　评						
队长评						

实训任务二　融入大学生活

一、谈谈你的理想

每个人都有自己的梦想和追求，而大学就是梦想起航的地方。在我们要开始圆梦之旅时，先来描绘你的梦想，让它指引你远航！

我的梦想

我想成为一个什么样的人？
技能高超□　踏实肯干□　有责任感□　有创造力□　沟通能力强□
心理素质过硬□
其他：

二、解决你的困惑

（1）大学生活刚刚开始，面对新的环境、新的挑战，你也许会有些不适，也许会存在困惑。如何尽快调整自己以适应现实呢？

我的困惑与不适

经济困难□　学习兴趣不足□　独立生活能力不强□　同学关系紧张□
迷茫□　被忽视□　心情烦躁压抑□
其他：

（2）遇到困难时，我们应该主动想办法解决，还可以向他人求助，如同学、学长、老师、父母、老乡、朋友、心理咨询师等，这样可能会更好地解决问题。把你的问题勇敢地说出来，你会发现，经过大家共同探讨，问题就会迎刃而解，你的心里也会豁然开朗。

针对不适或困惑的解决方案：

三、认识你的专业

（一）进行你的专业剖析

你所学的专业是什么？你对自己的专业了解吗？

专业名称	
开设的课程	
对应的岗位群	
需具备的素质和能力	
需考取的资格证书	
毕业去向	
就业前景	

（二）树立你的职业理想

为了学好专业课，练好本领，具备岗位所需的素质和能力，考取职业资格证书以实现职业理想，我们要抓住大学时光，明确奋斗目标，不断充实自我，度过一个精彩而有意义的大学。

（三）确定你的目标

目标类型	自我设定目标
近期目标（本学期）	
中期目标（本学年）	
远期目标（大学阶段）	

（四）写出你的打算

“老者说，我的大学在回忆里；长者说，我的大学在谈资里；少年说，我的大学在憧憬里；我说，我的大学在我手里！”

我的打算

参加社团□　　结交知心朋友□　　找到学业导师□　　制定职业规划□
参加志愿活动□　　参加社会实践□　　进行企业调查□　　考取资格证书□

大学里最想做的十件事：

（1）

（2）

（3）

（4）

（5）

（6）

（7）

（8）

（9）

（10）

四、管理你的生活

（一）时间管理训练

时间管理的步骤：列单→组织排序→删除→立即执行→评估后改进→养成习惯。

请同学们帮刘明将要做的事情按紧急重要程度排序，并填表。以下为刘明8:00 ~ 16:00要做的事情清单：

（1）和家人联络感情

（2）打篮球

（3）网聊

（4）写作业

（5）到实验室做实验

（6）专业理论学习

（7）计算机考试网络报名（截止前的最后一天）

时间管理计划表

序号	时　　间	事件名称	具体做法	完成效果 及调整办法
1				
2				
3				
4				
5				
6				
7				

（二）重视生活管理

大学生的生活管理涉及到以下几个方面：清洁、理财、社交、健康等。例如理财方面，我们在大学时代就应该养成良好的理财习惯，做一份理财支出明细表吧，确定自己每个月的“消费计划”，为自己的现在和将来“精打细算”。

理财支出明细表

支出项目	支出明细	预计金额	一个月后调整
伙食费			
服装费			
日用品费用			
上网及电话费			
学习费用			
其　他			

（三）健康状况调查

序号	状况　　选项	是	否	不确定
1	你是否抽烟			
2	你是否每天喝酒			
3	你经常吃蔬菜吗			
4	你每天都吃肉吗			
5	你喜欢吃熏、腌制食品吗			
6	你经常吃水果吗			
7	你喜欢吃甜食吗			
8	你喜欢吃较咸的菜吗			
9	你在每次吃饭前都有饥饿感吗			
10	你小便的次数是否比他人多			

续上表

序号 ＼ 状况 ＼ 选项		是	否	不确定
11	你是否经常咳嗽且痰多或胸痛			
12	你白天辛勤工作后，晚上能快速入睡吗			
13	你的头颈是否明显比他人粗并容易出汗			
14	你是否在不断消瘦			
15	你是否至少早晚刷两次牙			
16	你的指甲和眼结膜是否呈淡白色			
17	你是否很少洗手			
18	你是否每天大便一次			
19	你的牙、鼻是否经常出血或有“乌青块”			
20	每次感冒，你是否必须服药才会好			
21	你每天运动吗			
22	你是否每天看电视超过三个小时			
23	你的体重是否明显超重			
24	你定期检查身体吗			

评分标准：1 ~ 14 题，选择“是”记 1 分，选择“不确定”记 2 分，选择“否”记 3 分；15 ~ 24 题，选择“是”记 3 分，选择“不确定”记 2 分，选择“否”记 1 分。

结果说明：22 ~ 42 分：表明你的身体健康状况较差。
43 ~ 62 分：表明你的身体健康状况一般。
63 ~ 72 分：表明你的身体健康状况很好。

健康调整目标与实施措施：____

____。

实训任务三　培养责任感

一、我爱我家

（一）我家“肖像”

我的家庭

我的家乡：

家庭成员：

家庭情况：

（二）父母知多少

我的父母

爸爸、妈妈的生日是什么时间？

爸爸、妈妈穿鞋的尺码是多少？

上一次给爸妈洗脚是什么时间？

爸爸、妈妈的爱好有哪些？

爸爸、妈妈的优点是什么？

爸爸、妈妈对我的期望是什么？

二、你眼中的自己

我的优点

我的缺点

自我评价

改进措施

三、一封家书

给父母编辑一条短信或打一个电话，简单介绍自己初到大学的情况，送上遥远的祝福；写一封家书，邮寄给父母，谈谈你入学以来的收获和感悟。

实训任务四　知礼懂礼用礼 »»»

一、礼仪大考察

大学生文明礼仪自我评价表

礼仪评价内容	A（全做到）	B（基本做到）	C（未完全做到）
日常着装得体，学具齐全；上课、放学按顺序进出教学楼；自习课安静，不大声喧哗，不做影响其他人的事情			
按时起床，被褥叠放整齐，及时整理房间；自觉刷牙、洗脸、梳头；音量适中；勤洗头、洗澡；勤换衣服、鞋袜，养成良好的卫生习惯			
在图书阅览室保持安静，阅读后，将书按原位放回，爱惜书刊，借阅图书按时归还			
校园就餐有礼貌，排队打饭不高声叫喊，不敲餐具；爱惜粮食；聚餐时，先请长辈或领导入座，使用文明餐桌用语			
校园内，见到师长或客人主动问好，并礼貌谦让老师和客人先行；注意说文明话；不吐痰、不乱扔杂物，努力塑造良好的形象			
接打电话，先说“您好”，再自报姓名；打错电话，向对方道歉；接到打错的电话，不发脾气，体谅对方；说话口齿清楚，通话完毕待对方挂线后再挂掉电话；不用电话开玩笑和攀谈，以免造成浪费			
积极参加各项有益的文体活动；善于与人合作，待人真诚，懂得赞赏他人，以沟通方式解决问题			

续上表

礼仪评价内容	A（全做到）	B（基本做到）	C（未完全做到）
上网时，自觉遵守《全国青少年网络文明公约》，做到“五要五不”；正确开机，用后及时关机，养成爱护设备的好习惯，避免损坏设备，造成浪费			
在出行、就餐、购物时自觉排队，遵守公共秩序；对公共设施、名胜古迹珍惜爱护，不乱刻乱画，遵守公共道德，做遵纪守法的公民			
总　分			

注：（1）计算方法：A为10分；B为8分；C为6分。

（2）“五要五不”：要善于网上学习，不浏览不良信息；要诚实友好交流，不侮辱欺诈他人；要增强自护意识，不随意约会网友；要维护网络安全，不破坏网络秩序；要有益身心健康，不沉溺虚拟时空。

二、礼仪面面观

校园内的文明现象	校园内不文明行为

我在礼仪方面值得称赞的	我在礼仪方面需要改进的及改进措施

三、礼仪大行动

（一）参加学生会议情境演练

涉及的礼仪知识点和注意事项

（二）接待客人参观实验室情境演练

涉及的礼仪知识点和注意事项

（三）参加宴会情境演练

涉及的礼仪知识点和注意事项

（四）到领导办公室报送总结情境演练

涉及的礼仪知识点和注意事项

（五）评价你的表现

礼仪展示综合评价表

项目 评价	仪容仪表（20分）	仪态举止（20分）	着　装（20分）	谈　吐（20分）	礼仪规范（20分）	综合评价
自　评						
队长评						

四、礼仪新形象

一个学期的大学生活过去了，相信你的内在和外在都有了全新的变化。请晒一晒自己最喜欢的一或两张近照，让我们来看看现在的你。

学期盘点

序号	类　　别	收　　获	不　　足	今后努力方向及打算
1	知识积累			
2	技能增长			
3	素养提升			
4	实践锻炼			
5	其　　他			

第二学期　强化技能，提升素养

实训任务五　学会有效沟通

一、你是一个善于沟通交流的人吗

沟通测试

（1）你是否时常避免表达自己的真实感受，因为你认为别人根本不会理解你？

A. 肯定　B. 有时　C. 否定

（2）你是否觉得需要自己的时间、空间，一个人静静地独处才能保持头脑清醒？

A. 肯定　B. 有时　C. 否定

（3）与一大群人或朋友在一起时，你是否时常感到孤寂或失落？

A. 肯定　B. 有时　C. 否定

（4）当一些你与之交往不深的人对你倾诉他的生平遭遇以求同情时，你是否会觉得厌烦甚至直接表现出这种厌烦的情绪？

A. 肯定　B. 有时　C. 否定

（5）当有人与你交谈或对你讲解一些事情时，你是否时常觉得百无聊赖，很难聚精会神地听下去？

A. 肯定　B. 有时　C. 否定

(6)你是否只会对那些相处长久、认为绝对可靠的朋友才吐露自己的心事与秘密？

A. 肯定　B. 有时　C. 否定

（7）在与一群人交谈时，你是否经常发现自己驾驭不住自己的思路，常常表现得注意力涣散，不断走神？

A. 肯定　B. 有时　C. 否定

（8）别人问你一些复杂的事，你是否时常觉得跟他多谈简直是对牛弹琴？

A. 肯定　B. 有时　C. 否定

（9）你是否觉得那些过于爱出风头的人是肤浅和不诚恳的？

A. 肯定　B. 有时　C.. 否定

评分标准：选A记3分；选B记2分；选C记1分。

结果说明：9～14分：你很善于与人交谈，因为你是一个爱交际的人。

15～21分：你比较喜欢与人交朋友。假如你与对方不太熟，刚开始可能少言寡语，可一旦你们熟起来，你的话匣子就再也关不上了。

22～27分：你一般情况下不愿与人交谈，只有在非常必要的情况下，才会与人交谈。你较喜欢一个人的世界。

二、你能找到更恰当的沟通方式吗

有待改善的表达	更恰当的表达
（1）我现在太忙了，我帮不了你。	（1）
（2）我赞成你的这个提法，但是我不同意你最后一句话。	（2）
（3）你的工作应该更细一些。	（3）
（4）你在提报的总结中所犯的错误必须立即加以补救。	（4）
（5）你与同事之间的问题已经影响到了工作。	（5）
（6）让我告诉你这件事你应该怎样处理。	（6）
（7）在这件事上你大错特错。	（7）
（8）不要再说了，我把它做完了不就得了！	（8）

三、你能运用有效沟通解决问题吗

（一）解决校园沟通问题

一位寝室长因寝室中某同学床铺卫生不合格受到老师的批评，请运用有效沟通方式帮他解决问题（详见《大学生职业素养基础教程》）。

与教师沟通的方式和内容

与该同学沟通的方式和内容

与寝室全体同学沟通的方式和内容

（二）测试职场沟通能力

与同事沟通能力小测试

（1）面对同事的缺点和错误你会怎样做？

A. 跟我关系不大　B. 直言相告　C. 委婉沟通，引导发现

（2）发现同事优点或其取得好业绩你会？

A. 羡慕　B. 非常关心，想学其经验

C. 及时赞美和祝福

（3）当你听到同事在背后说别人坏话，你会怎么办？

A. 在一定范围内告诉别人　B. 有时会加以制止　C. 不传话

（4）表达自己时你会注意语气语调吗？

A. 很少注意　B. 重要场合下注意　C. 每次都非常注意

（5）你在表达时，如何把握词语的使用？

A. 经常词不达意　B. 偶尔找到合适的词语

C. 总能找到准确的词语

（6）同事对你的工作提出意见时，你是什么态度？

A. 表面接受　B. 接受意见，自我检查

C. 积极沟通，找出差距

（7）你和同事出现误会，你会怎么办？

A. 等对方找自己沟通　B. 通过第三方沟通　C. 及时沟通，消除误会

（8）当你进入一家新公司时，如何认识新同事？

A. 在工作中慢慢熟悉　B. 积极认识部门里的人

C. 主动认识每一个人

评分标准：选 A 记 1 分；选 B 记 2 分；选 C 记 3 分。

结果说明：8 ~ 12 分：与同事沟通能力差。

12 ~ 17 分：与同事沟通能力一般。

18 ~ 24 分：与同事沟通能力强。

与上级沟通能力小测试

（1）面对工作中的难题你会怎样解决？

A. 与上级沟通寻求支持　B. 与同事沟通寻求支持　C. 自己想办法

（2）你一般采取怎样的方式与上级沟通？

A. 面对面沟通　B. 电话或电子邮件沟通　C. 定期书面沟通

（3）当你和上级意见不一致时，你会怎样表达自己的意见？

A. 面对面沟通　B. 书面报告给上级　C. 通过其他方式

（4）面对不同性格的上级如何沟通？

A. 从沟通对象的角度考虑　B. 注意沟通技巧　C. 针对工作内容沟通

（5）面对控制型（强势型）的上级如何沟通？

A. 尊重权威，赞美成就　B. 先赞同，再提意见

C. 书面或电话沟通

（6）面对效率型上级如何沟通？

A. 简单明了直指问题　B. 尽量采用封闭式问题

C. 无需说明工作细节

（7）面对委婉型上级如何与他沟通？

A. 真诚交流，言之有物　B. 直接回答其提出的问题

C. 书面建议的方式

（8）面对指导型上级如何沟通？

A. 请示汇报方式　B. 书面建议的方式　C. 询问的方式

（9）如何用电子邮件与上级沟通？

A. 逻辑清晰，分析建议　B. 直接陈述观点　C. 非常注意措辞

评分标准：选 A 记 3 分；选 B 记 2 分；选 C 记 1 分。

结果说明：9 ~ 15 分：与上级沟通能力差。

15 ~ 24 分：与上级沟通能力一般。

24 ~ 27 分：与上级沟通能力强。

（三）解决职场沟通问题

小贾遇到了职场烦心事。同事小李对小贾多方刁难，已影响了工作，请帮其解决问题（详见《大学生职业素养基础教程》）。

小贾的沟通方式和内容

未等小贾找机会与小李沟通，小李又向两人的上司报怨小贾，上司知道其实小李误会了小贾，请帮其上司解开两人的误会（详见《大学生职业素养基础教程》）。

上司的沟通方式和内容

小李得知事实真相后，虽不再针对小贾，但两人关系仍很尴尬，请帮他们改善同事关系（详见《大学生职业素养基础教程》）。

小贾或小李沟通的方式和内容

实训任务六　团队强化训练

一、魅力团队大比拼

（1）以团队为单位，以 PPT 或视频的形式进行团队展示。

魅力团队展示

团队名称：

团队口号：

团队展示准备及进行过程中自己承担的任务：

团队展示的创意：

（2）请你用几个词来概括你理解的团队精神。

我理解的团队精神是：凝聚力、大局观……

二、团队精神大体验

（1）以团队为单位，进行“站报纸”“解手链”“背靠背”等团队训练项目，并进行评价（详见《大学生职业素养基础教程》）。

团队展示综合评价表

项目 评价	态　度（20分）	创新意识（20分）	合作意识（20分）	执行力（20分）	服从力（20分）	综合评价
自　评						
队长评						

（2）在进行“月球生存记”团队训练过程中，请在答案纸上将15件物品按重要性排序，并附简单说明（详见《大学生职业素养基础教程》）。

“月球生存记”答案纸

项　目	个人答案	小组答案	原　因
一盒火柴			
浓缩食物			
50米尼龙绳			
降落伞的丝质布料			
可携带式发热器			
两支手枪			
一盒脱脂奶粉			
氧气筒			
星际地图			
救生艇			
磁力指南针			
22.73升水			
信号火箭			
急救箱连注射用针筒			
太阳能无线电收发器			

实训任务七　准备求职材料 »»»

一、填写求职简历

<table>
<tr><td>姓名</td><td></td><td>性别</td><td></td><td rowspan="5">一寸免冠照片</td></tr>
<tr><td>民族</td><td></td><td>籍贯</td><td></td></tr>
<tr><td>出生日期</td><td></td><td>政治面貌</td><td></td></tr>
<tr><td>学历</td><td></td><td>身高体重</td><td></td></tr>
<tr><td>专业</td><td></td><td>健康状况</td><td></td></tr>
<tr><td>毕业院校</td><td colspan="2"></td><td>邮编</td><td></td></tr>
<tr><td>联系电话</td><td></td><td>邮箱</td><td colspan="2"></td></tr>
<tr><td>求职意向</td><td colspan="4"></td></tr>
<tr><td>主修课程</td><td colspan="4"></td></tr>
<tr><td>个人技能</td><td colspan="4"></td></tr>
<tr><td>实践经历</td><td colspan="4"></td></tr>
<tr><td>奖惩情况</td><td colspan="4"></td></tr>
<tr><td>爱好特长</td><td colspan="4"></td></tr>
<tr><td>自我评价</td><td colspan="4"></td></tr>
</table>

二、撰写求职信

尊敬的领导：

您好！

此致

敬礼！

求职人：

年　　月　　日

实训任务八　求职口才训练

一、口才提升训练

（一）读绕口令练发音

绕口令

任命是任命，人名是人名，任命不能说成人名，人名也不能说成任命。

山前有个崔粗腿，山后有个崔腿粗。二人山前来比腿，不知是崔粗腿比崔腿粗的腿粗，还是崔腿粗比崔粗腿的腿粗？

有个面铺门朝南，门上挂着蓝布棉门帘；摘了蓝布棉门帘，面铺门朝南；挂上蓝布棉门帘，面铺还是门朝南。

师部司令部指示：四团十连石连长带四十人在十日四时四十四分按时到达师部司令部，师长召开誓师大会。

石、斯、施、史四老师，天天和我在一起。石老师教我大公无私，斯老师给我精神食粮，施老师叫我遇事三思，史老师送我知识钥匙。我感谢石、斯、施、史四老师。

（二）复述故事练口才

一句玩笑话引来的官司

1991 年 8 月，美国青年梅科伊被送上法庭受审，其罪名是去年 3 月初他讲了一句玩笑话。那一天，这位 26 岁的青年在休斯敦国际机场登上了西南航空公司一架飞往伯明翰的班机。在飞机上，他对一位空中小姐说，机舱里有一枚炸弹和一支手枪。后来他又带着嬉戏的口吻重复了好几遍。机上 108 名乘客中许多人哈哈大笑。空中小姐知道他是开玩笑，但仍然向驾驶员做了例行汇报，驾驶员只得又向机场控制塔如实报告。班机在伯明翰机场安全降落以后，航空保安人员立即上来把梅科伊抓获。经仔细搜查，机舱内并没有发现炸弹和手枪，但是，鉴于梅科伊这种不负责任的玩笑有可能引起一场空中骚乱，他们认为他的行为不仅是违反社会公德的，而且已构成犯罪。观察家分析，如果梅科伊的罪名成立，法院审理结果可能会判处其 10 年徒刑和 50 万美元的罚款。

二、求职自我介绍

尊敬的各位领导：

您们好！

学期盘点

序号	类　　别	收　　获	不　　足	今后努力方向及打算
1	知识积累			
2	技能增长			
3	素养提升			
4	实践锻炼			
5	其　　他			

教师评语

“纸上谈兵终觉浅，绝知此事要躬行。”一年大学生活你到底学到了多少？走出校园，去参加一次社会实践吧！用实践检验真理，凭实践锻炼能力，靠实践积累经验！

学生假期社会实践证明

<table>
<tr><td>姓　　名</td><td></td><td>性　　别</td><td></td><td>民　　族</td><td></td><td>政治面貌</td><td></td></tr>
<tr><td colspan="2">出生日期</td><td colspan="2"></td><td colspan="2">身份证号码</td><td colspan="2"></td></tr>
<tr><td colspan="2">家庭所在地</td><td colspan="4"></td><td>班　　级</td><td></td></tr>
<tr><td colspan="2">本人联系电话</td><td colspan="2"></td><td colspan="2">所学专业</td><td colspan="2"></td></tr>
<tr><td colspan="2">实践单位地点</td><td colspan="6"></td></tr>
<tr><td colspan="2">实践单位名称</td><td colspan="6"></td></tr>
<tr><td colspan="2">实践证明人姓名</td><td colspan="2"></td><td colspan="2">证明人
联系方式</td><td colspan="2"></td></tr>
<tr><td colspan="2">实践起止日期</td><td colspan="6"></td></tr>
<tr><td colspan="2">社会实践内容</td><td colspan="6"></td></tr>
<tr><td colspan="2">实践单位评价</td><td colspan="6">实践单位（公章）
年　　月　　日</td></tr>
</table>

第三学期　全面剖析，科学规划

实训任务九　规划职业生涯

一、测试职业兴趣

如果你认为自己属于题目中所描述的这一类人，请在序号前画个圈，反之，不必做记号。答题时不需要反复思考。

（1）喜欢自己动手做一些具体的、能直接看到效果的活。
（2）喜欢弄清楚做一件事情的具体有关要求，以明确如何去做。
（3）认为追求的目标应该尽量高些，这样才可能在实践中多获成功。
（4）我很看重人与人之间的友情。
（5）我常常想寻找独特的方式来表现自己的创造力。
（6）我喜欢阅读比较理性的书籍。
（7）我喜欢生活与工作场所布置得朴实些、实用些。
（8）在开始做一件事情以前，我喜欢有条不紊地做好所有准备工作。
（9）善于带动他人、影响他人。
（10）为了帮助他人，我愿意做些自我牺牲。
（11）当我进入创造性工作时，我会忘却一切。
（12）在我找到解决困难的办法之前，通常我不会罢手。
（13）我喜欢直截了当，不喜欢说话婉转。
（14）我比较善于注意和检查细节。
（15）我乐于在所从事的工作中承当主要责任人。
（16）在解决我个人问题时，我喜欢找他人商量。

（17）我的情绪容易激动。
（18）一接触到有关新发明、新发现的信息，我就会感到兴奋。
（19）我喜欢在户外工作与活动。
（20）我喜欢有规律且干净整洁。
（21）每当我要做重大的决定之前，总觉得异常兴奋。
（22）当别人叙述个人烦恼时，我能做一个很好的倾听者。
（23）我喜欢观赏艺术展和好的戏剧与电影。
（24）我喜欢先研究所有的细节，然后再做出合乎逻辑的决定。
（25）我认为手工操作和体力劳动永远不会过时。
（26）我不大喜欢由我一个人来负责做重大决定。
（27）我善于和能为我提供好处的人交往。
（28）我善于调节他人相互之间的矛盾。
（29）我喜欢比较别致的着装，喜欢新颖的色彩与风格。
（30）我对各种大自然的奥秘充满好奇。
（31）我不怕干体力活，通常还知道如何巧干体力活。
（32）在做决定时，我喜欢保险系数比较高的方案，不喜欢冒险。
（33）我喜欢竞争与挑战。
（34）我喜欢与人交往，以丰富自己的阅历。
（35）我善于用自己的工作来体现自己的情感。
（36）在动手做一件事情之前，我喜欢先在脑中仔细思索几遍。
（37）我不喜欢购买现存的物品，希望能购买到材料自做。
（38）只要我按照规则做了，心里就会踏实。
（39）只要成果大，我愿意冒险。
（40）我通常能比较敏感地觉察到他人的需求。
（41）音乐、绘画、文字，任何优美的东西都特别容易给我带来好心情。
（42）我把受教育看成是不断提高自我的一辈子的过程。
（43）我喜欢把东西拆开，然后再使之复原。
（44）我喜欢每一分钟都花得要有名堂。
（45）我喜欢启动一项项工作，具体的细节让其他人去负责。
（46）我喜欢帮助他人，提高他人的学习能力。
（47）我很善于想象。
（48）有时候我能独坐很长时间来阅读、思考或做一件难对付的事情。
（49）我不怎么在乎干活时弄脏自己。
（50）只要能仔细且完整地做完一件事情，我就感到十分满足。

(51) 我喜欢在团体中担当主角。
(52) 如果我与他人有了矛盾，我喜欢采取平和的方式加以解决。
(53) 我对环境布置比较讲究，哪怕是一般的色彩、图案都希望能赏心悦目。
(54) 哪怕我明知结果会与我的期盼相悖，我也要探究到底。
(55) 我很看重有健壮且灵活的身体。
(56) 如果我说了我来做，我就会把这件事情彻底做好。
(57) 我喜欢谈判，喜欢讨价还价。
(58) 人们喜欢向我倾诉他们的烦恼。
(59) 我喜欢尝试有创意的新主意。
(60) 凡事我都喜欢问一个"为什么"。

请将在上面自测过程中前面画圈的序号，在下表中相同的数字上同样画圈，然后再将画圈最多的前三列所对应的字母提取出来填写在下面，确定自己的类型（R、C、E、S、A、I）。

我的职业性格类型是：________________________。

R	C	E	S	A	I
1	2	3	4	5	6
7	8	9	10	11	12
13	14	15	16	17	18
19	20	21	22	23	24
25	26	27	28	29	30
31	32	33	34	35	36
37	38	39	40	41	42
43	44	45	46	47	48
49	50	51	52	53	54
55	56	57	58	59	60

职业类型分析参考介绍如下：

1. 实际型（R）

实际型劳动者愿意从事"看得见、摸得着"的工作，喜欢使用工具，特别喜欢操作大型机器。他们做起事来手脚灵活、动作协调，但不善言辞，不善交际，在社交场合往往觉得很不自在，最不喜欢教育工作与接待他人的工作。

给人的印象是：不合群的、实利主义的、谦卑的（避免抛头露面的）、循规蹈矩的、自然的、倔强的（不可变通的）、直率的、精神健全的、节俭的、坦诚的、有毅力的、缺少见识的、固执和注重实际的。

对应职业类型：实际型职业主要是指各类工程技术工作与农业工作。

主要有：机械、汽车、飞机、土木、采矿等方面的工程师和技术员；机械操作、维修、安装、热处理工人，矿工、电工、木工、鞋匠等；公共汽车、出租汽车、工业卡车的司机；轮船、火车驾驶员；测绘员、描图员、消防队员等；农业机械师、牧民、渔民等。

2. 探索型（I）

探索型劳动者乐于解决抽象问题，喜欢运用词、符号和观念进行工作。非常好奇，急于了解周围的未知世界。宁愿思考问题而不愿动手去处理问题，喜欢独立的和富有创造性的工作，而不喜欢从事社会性的和重复性的活动。通常不愿意受人督促，也不愿意督促别人。知识渊博，为自己的学识和才能感到自豪，而对自己的领导能力缺乏信心。

给人的印象是：分析型的、独立的、理性的、细心谨慎的、有智慧的、冷漠的（沉默寡言的）、不满的（善批评的）、内向的、孤独的、复杂的、悲观主义的、不摆架子的、好奇的、精确的和不合群的（不讨人喜欢的）。

对应职业类型：探索型职业主要是指科学研究和科学实验工作。

主要有：物理、化学、数学、生物学、动物学、植物学、经济学、人类学等方面的专家和助手；化学、飞机、电子、冶金、无线电和电视等方面的工程师和技术员；飞机驾驶员、电子计算机操作人员等。

3. 艺术型（A）

艺术型劳动者喜欢在以写作、作曲、绘画、摄影、建筑等各种艺术形式表现自己的环境里工作，乐于创造新颖的与众不同的东西，渴望表现自己的个性。比较敏感，易动感情，喜欢独立工作，而不过多关心社会纠纷。一般对单调的或经营性的工作不感兴趣。

给人的印象是：复杂的、不切实际的、直观的、目无法纪的、不守常规的、感情冲动的、有独创性的、善于表达的、独立的，敏感的、理想主义的和开放的。

对应职业类型：艺术型职业主要指各类艺术创作工作。

主要有：艺术、音乐、戏剧、外语、文学、舞蹈等方面的教师；歌唱家、舞蹈家、乐队指挥等；编辑、广播节目作者；艺术、家具、珠宝等行业的设计师；文学、艺术方面的评论员等。

4. 社会型（S）

社会型劳动者喜欢从事为人服务和教育他人的工作，喜欢参与解决人们关心的社会问题。热情慷慨，善于交际，关心他人，人际关系很融洽，总是在寻求与群众接触的机会，渴望发挥自己的社会作用。平时，比较看重社会义务与社会道德。一般缺乏技术特长，不喜欢从事需要运用劳动工具的工作。

给人的印象是：向上的、乐于助人的、有责任心的、合作的、理想主义的、合群的、耐心的、八面玲珑的、友好的、仁慈的、善解人意的、慷慨的、有说服力的和温暖的。

对应职业类型：社会型职业主要指各种直接为他人服务的工作。

主要有：社会科学、历史、体育等方面的教师、保育员、教育行政人员；社会科学、政治科学、社会学、历史学等方面的专家；政治工作人员、职业护士；社会服务指导员、体育教练；食品、戏院、酒店、旅社的经理；房屋管理人员；发型师；牙科助手；福利人员等。

5. 事业型（E）

事业型劳动者喜欢竞争，敢冒风险，精力充沛，乐观自信，善于交际，能说会道，具有领导才能，喜爱权力、地位与物质财富。一般不擅长科学研究，对系统而复杂的思维工作很不耐烦。

给人的印象是：精力旺盛的、好出风头的、乐观的、大胆的、兴奋的、自信的、讨人喜欢的、外向的、合群的、野心勃勃的、滔滔不绝的、盛气凌人的、风流的和贪得无厌的。

对应职业类型：事业型是指那些组织与影响他人共同完成组织目标的工作。

主要有：家具、杂货、艺术品、礼品、零售等行业的商人；农场、家庭用品店的经理；工程师；律师；市场和商业系统分析专家；银行、固定资产工作人员；工作关系指导、管理助手；供销人员、供销人员、售货员；政府官员等。

6. 常规型（C）

常规型劳动者喜欢按计划办事，乐于完成指令性的任务，总希望知道别人期望他干什么，自己从不谋求领导职务，不喜欢冒风险，对复杂的人际关系问题不感兴趣。工作踏实，忠实可靠，遵守纪律。

给人的印象是：小心的、缺乏灵活性的、有恒心的、遵守常规的、自我约束的、实际的、认真的、有条理的、拘谨的、被动的、顺从的、节俭的、有效率的、守纪律的和缺乏想象力的。

对应职业类型：常规型职业主要是指各类科室工作。

主要有：会计、出纳、统计人员；打字人员；办公室人员；秘书与文书；商业教师；图书馆助理；旅游、外贸职员；邮递员；接线员；保管员；书刊销售员；财政专家；审计人员；人事职员等。

二、规划职业生涯

我的职业生涯规划

（一）基本信息

职业规划人姓名：

性别：________ 年龄：________

学校：________ 专业：________

规划期限：　　年（建议以5年为例）

（二）自我分析

1. 职业兴趣

2. 职业价值观

3. 个性特点

4. 能力分析

（三）职业环境分析

1. 专业发展趋势分析

2. 职业分析

3. 目标企业分析

（四）制定职业目标

我的职业目标

（五）行动方案

1. 大学二年级

2. 大学三年级

3. 工作前两年

4. 工作第三年

实训任务十　了解企业文化

一、调查企业文化

找一家你一直向往的企业，踏上探索之旅。

调查方式	
企业名称	
地　　址	
企业历史（建立时间、关键事件等）	
企业规模	
经营业绩	
企业文化概述（物质文化、行为文化、制度文化、精神文化形态等）	
令你印象深刻的企业文化中的标志性语言	

二、评析企业文化

（1）客观评价这个企业的文化。

（2）你怎样融入这个企业文化呢？

（3）你还需要做出哪些调整来更好地适应企业文化？

学期盘点

序号	类　　别	收　　获	不　　足	今后努力方向及打算
1	知识积累			
2	技能增长			
3	素养提升			
4	实践锻炼			
5	其　　他			

第四学期　做好准备，走向职场

实训任务十一　盘点大学生活

一、重新审视你眼中的自己

作为一个未来的职场人，你是否已经距离职场更近了，快来给自己做一次全面的“扫描”吧！

（1）你计划在大学里最想做的十件事已经完成了哪些？你还可以做哪些事？

（2）大学里最值得你骄傲的是什么？

（3）大学里你最遗憾的事情是什么？

（4）说说目前你的优势和劣势各是什么（可从知识、技能、素质、实践等方面谈谈你的收获和不足）？

二、他们眼中的你

“不识庐山真面目，只缘身在此山中。”想知道别人对你客观的、有借鉴性的评价吗？邀请他们帮你从性格、兴趣、理想、能力、素质、人际关系等几个方面做一次细致的“体检”吧！

序号	类别	评　　价	建　　议
1	同学		
2	朋友		
3	导师		
4	父母		
5	其他		

实训任务十二　体验职场生活 »»»

一、送上你的职场“小锦囊”

即将踏入职场的我们，有满心欢喜，也有忐忑不安，怎样才能在职场上游刃有余、尽展风采呢？那就让我们互相送上职场“小锦囊”吧！

职场小锦囊：

二、写出你的“菜鸟”便利贴

给企业留下的第一印象对你非常重要。万事开头难，想象一下你入职的第一天、第一周……你到底应该做些什么？

入职第一个星期我要做的事：

三、留下你的个人毕业照

母校，我想对您说

编后语

在梦想即将起飞的时候，你准备好了吗？你准备用什么培养你的包容心？用什么激发你的上进心？用什么壮实你的臂膀？用什么浇灌你的爱情？用什么迎接你事业的辉煌？

理想与现实中间隔着一道万里长城，需要我们不断去攀登。我们要在挑战中体会成功的喜悦，在失败中学会承担责任，在挫折中变得更加坚强，在困难中磨炼意志，在奋斗中成就辉煌。

不因成功而浮躁，不因诱惑而动摇，不因误解而苦闷，不因失败而放弃。带着母校的期盼与祝福，豪迈地出发吧！去勇敢地承担责任，去执着地追求梦想，去积极地改变世界，去开创属于你的幸福人生！